甘阳 主编

文化：中国与世界新论

*

思想的手法

如何"做中国哲学"

陈少明 等著

程乐松 张任之 陈壁生 编

生活·讀書·新知 三联书店

Copyright © 2025 by SDX Joint Publishing Company.
All Rights Reserved.
本作品版权由生活·读书·新知三联书店所有。
未经许可，不得翻印。

图书在版编目（CIP）数据

思想的手法：如何"做中国哲学"/ 陈少明等著；程乐松，张任之，陈壁生编. -- 北京：生活·读书·新知三联书店，2025.8. --（"文化：中国与世界"新论）. ISBN 978-7-108-08089-9

Ⅰ. B2

中国国家版本馆 CIP 数据核字第 2025H750T9 号

责任编辑	苏诗毅
装帧设计	薛　宇
责任校对	曹忠苓
责任印制	李思佳
出版发行	生活·讀書·新知 三联书店
	（北京市东城区美术馆东街 22 号 100010）
网　　址	www.sdxjpc.com
经　　销	新华书店
印　　刷	三河市航远印刷有限公司
版　　次	2025 年 8 月北京第 1 版
	2025 年 8 月北京第 1 次印刷
开　　本	850 毫米 × 1092 毫米　1/32　印张 9.75
字　　数	202 千字
印　　数	0,001-3,000 册
定　　价	78.00 元

（印装查询：01064002715；邮购查询：01084010542）

"文化：中国与世界"新论

缘　起

百年前，梁启超曾提出"中国之中国"，"亚洲之中国"，以及"世界之中国"的说法。进入21世纪以来，关于"世界之中国"或"亚洲之中国"的各种说法益发频频可闻。

但所谓"中国"，并不仅仅是联合国上百个国家中之一"国"，而首先是一大文明母体。韦伯当年从文明母体着眼把全球分为五大历史文明（儒家文明，佛教文明，基督教文明，伊斯兰文明，印度教文明）的理论，引发日后种种"轴心文明"讨论，至今意义重大。事实上，晚清以来放眼看世界的中国人从未把中国与世界的关系简单看成是中国与其他各"国"之间的关系，而总是首先把中国与世界的关系看成是中国文明与其他文明特别是强势西方文明之间的关系。二十年前，我们这一代人创办"文化：中国与世界"系列丛书时，秉承的也是这种从大文明格局看中国与世界关系的视野。

这套新编"文化：中国与世界"论丛，仍然承继这种从文明格局看中国与世界的视野。我们以为，这种文明论的立场今天不但没有过时，反而更加迫切了，因为全球化绝不意味着将消解所有历史文明之间的差异，绝不意味着走向无分殊的全球一体化文明，恰恰相反，全球化的过程实际更加突出了不同人民的"文明属性"。正是在全球化加速的时候，有关文明、文化、民族、族群等的讨论日益成为全球各地最突出的共同话题，既有所谓"文明冲突论"的出场，更有种种"文明对话论"的主张。而晚近以来"软实力"概念的普遍流行，更使世界各国都已日益明确地把文明潜力和文化创造力置于发展战略的核心。说到底，真正的大国崛起，必然是一个文化大国的崛起；只有具备深厚文明潜力的国家才有作为大国崛起的资格和条件。

哈佛大学的张光直教授曾经预言：人文社会科学的21世纪应该是中国的世纪。今日中国学术文化之现状无疑仍离这个期盼甚远，但我们不必妄自菲薄，而应看到这个预言的理据所在。这个理据就是张光直所说中国文明积累了一笔最庞大的文化本钱，如他引用 Arthur Wright 的话所言："全球上没有任何民族有像中华民族那样庞大的对他们过去历史的记录。二千五百年的正史里所记录下来的个别事件的总额是无法计算的。要将二十五史翻成英文，需要四千五百万个单词，而这还只代表那整个记录中的一小部分。"按张光直的看法，这笔庞大的文化资本，尚未被现代中国人好好利用过，因为近百年来的中国人基本是用西方一时一地的理论和观点去看世界，甚至想当然地以为西方的理论观点都具有普遍性。但是，一旦"我们跳出一切成见的圈子"，倒转过来以中国文明的历史视野去看世界，那么中国文明积累的这笔庞大文化资本就会发挥出其巨大潜力。

诚如张光直先生所言，要把中国文明的这种潜力发挥出来，我们需要同时做三件事，一是深入研究中国文明，二是尽量了解学习世界史，三是深入了解各种西方人文社会科学理论，有了这三个条件我们才能知所辨别。做这些工作都需要长时间，深功夫，需要每人从具体问题着手，同时又要求打破专业的壁垒而形成张光直提倡的"不是专业而是通业"的研究格局。这套丛书即希望能朝这种"通业研究"的方向做些努力。我们希望这里的每种书能以较小的篇幅来展开一些有意义的新观念、新思想、新问题，同时丛书作为整体则能打破学科专业的篱笆，沟通中学与西学、传统与现代、人文学与社会科学，着重在问题意识上共同体现"重新认识中国，重新认识西方，重新认识古典，重新认识现代"的努力。

之所以要强调"重新认识"，是因为我们以往形成的对西方的看法，以及根据这种对西方的看法而又反过来形成的对中国的看法，有许多都有必要加以重新检讨，其中有些观念早已根深蒂固而且流传极广，但事实上却未必正确甚至根本错误。这方面的例子可以举出很多。例如，就美术而言，上世纪初康有为、陈独秀提倡的"美术革命"曾对20世纪的中国美术发生很大的影响，但他们把西方美术归结为"写实主义"，并据此认为中国传统美术因为不能"写实"已经死亡，而中国现代美术的方向就是要学西方美术的"写实主义"，所有这些都一方面是对西方美术的误解，另一方面则是对中国现代美术的误导。在文学方面，胡适力图引进西方科学实证方法强调对文本的考证诚然有其贡献，但却也常常把中国古典文学的研究引入死胡同中，尤其胡适顽固反对以中国传统儒道佛的观点来解读中国古典文学的立场更是大错。例如他说"《西游记》被三四百年来的无数道士和尚秀才弄坏了"，认为儒道佛的"这些解说都是《西游记》的大敌"，但正如《西游记》英译者余国藩教授所指出，胡适排斥儒道佛现在恰恰成了反讽，因为欧美日本中国现在对《西游记》的所有研究成果可以概观地视为对胡适观点的驳斥，事实上，"和尚，道士和秀才对《西游记》的了解，也许比胡适之博士更透彻，更深刻！"。

同样，我们对西方的了解认识仍然远远不够。这里一个重要问题是西方人对自己的看法本身就在不断变化和调整中。例如，美国人曾一度认为美国只有自由主义而没有保守主义，但这种看法早已被证明乃根本错误，因为近几十年来美国的最大变化恰恰是保守主义压倒自由主义成了美国的主流意识形态，这种具有广泛民众基础而且有强烈民粹主义和反智主义倾向的美国保守主义，几乎超出所有主流西方知识界的预料，从而实际使许多西方理论在西方本身就已黯然失色。例如西方社会科学的基本预设之一是所谓"现代化必然世俗化"，但这个看法现在已经难以成立，因为正如西方学者普遍承认，无论"世俗化"的定义如何修正，都难以解释美国今天百分之九十以上的人自称相信宗教奇迹、相信上帝的最后审判这种典型宗教社会的现象。晚近三十年来是西方思想变动最大的时期，其变动的激烈程度只有西方17世纪现代思想转型期可以相比，这种变动导致几乎所有的问题都在被重新讨论，所有的基本概念都在重新修正，例如什么是哲学，什么是文学，什么是艺术，今天都已不再有自明的答案。但另一方面，与保守主义的崛起有关，西方特别美国现在日益呈现知识精英与社会大众背道而驰的突出现象：知识精英的理论越来越前卫，但普通民众的心态却越来越保守，这种基本矛盾已经成为西方主流知识界的巨大焦虑。如何看待西方社会和思想的这种深刻变化，乃是中国学界面临的重大课题。但有一点可以肯定：今天我们已经必须从根本上拒斥简单的"拿来主义"，因为这样的"拿来主义"只能是文化不成熟、文明不独立的表现。中国思想学术文化成熟的标志在于中国文明主体性之独立立场的日渐成熟，这种立场将促使中国学人以自己的头脑去研究、分析、判断西方的各种理论，拒绝人云亦云，拒绝跟风赶时髦。

黑格尔曾说，中国是一切例外的例外。近百年来我们过于迫切地想把自己纳入这样那样的普遍性模式，实际忽视了中国文明的独特性。同时，我们以过于急功近利的实用心态去了解学习西方文明，也往往妨碍了我们更深刻地理解西方文明内部的复杂性和多样性。21世纪的中国人应该已经有条件以更为从容不迫的心态、更为雍容大气的胸襟去重新认识中国与世界。

承三联书店雅意,这套新编论丛仍沿用"文化:中国与世界"之名,以示二十年来学术文化努力的延续性。我们相信,"文化"这个概念正在重新成为中国人的基本关切。

甘 阳

2007年中秋于杭州

目 录

编者前言　*1*

陈少明　"做中国哲学"再思考　·　·　·　·　·　*1*

上编　如何"做中国哲学"

陈立胜　通向"世界"的中国哲学
　　　　——路径与反思　·　·　·　*21*

陈　赟　面向日常生活经验与"做中国哲学"　·　*29*

程乐松　重访、拼图与激生
　　　　——"做中国哲学"的"手筋"　·　*38*

郑泽绵　反思"做中国哲学"的方向、领域与标准　*48*

周展安　"活的哲学"与"活的中国"
　　　　——"做中国哲学"的旨归与启示　·　*55*

李长春　做中国哲学
　　　　——从经验到实在　·　·　*72*

曾海军　从概念到观念的转换
　　　　——对陈少明"做中国哲学"的一种思考　·　·　*79*

中编　中国哲学的当代视野

陈建洪　做中国哲学与加减法　　　　　　　　　　　　　　113

朱　刚　回到中国哲学的实事本身
　　　　——从现象学看"做中国哲学"　　　　　　　　121

雷思温　经验与概念
　　　　——面向中国思想的实情本身　　　　　　　　　127

张任之　在"之间"做中国哲学　　　　　　　　　　　　136

张　曦　精神世界中的哲学操作　　　　　　　　　　　　144

下编　思想的手法

程乐松　设计思想景观的技艺
　　　　——读《梦觉之间：〈庄子〉思辨录》　　　　　153

孟　琢　游　观
　　　　——范畴之外的中国哲学风景　　　　　　　　　169

刘　伟　原　物　　　　　　　　　　　　　　　　　　　178

朱　承　新题、新证、新思与"做中国哲学"　　　　　　187

宫志翀　"做中国哲学"与文明传统的新生　　　　　　　195

龙涌霖　言说方式、经典解释与中国哲学的未来　　　　　204

陈壁生　何谓"做中国哲学"？　　　　　　　　　　　　209

附 录

"做中国哲学：思路、方案与实践"学术工作坊纪要　231
把哲学当作动词
　　——敬答"做中国哲学"工作坊上的朋友们　262
哲学是追寻意义的思想过程
　　——答《学衡》　280

编者前言

新世纪以来，在中国哲学研究领域，出现了一批基于中国哲学的历史性梳理、从事哲学理论化建构的作品。这些作品，无论是理论体系的构建，还是哲学方法的突破，都有令人瞩目的成果。其中，陈少明所提出的"做中国哲学"，提供了一种理解中国哲学在当代展开的方式。

正因如此，北京大学哲学系、中山大学哲学系、清华大学哲学系三系联合，于2021年12月8日在北京大学中关新园举办了一场以"做中国哲学：思路、方案与实践"为主题的专题讨论，邀请国内中西哲学、思想研究的学者，以中青年学者为主，围绕"做中国哲学"所涉及的理论空间、方法创新、具体议题等方面，展开跨学科讨论。

在当代中国"做中国哲学"，背后的根本关怀，仍然是延续百余年来中国学术的理论大背景，即古今问题与中西问题的纠缠。如果说哲学史的梳理，旨在对中国哲学内部的思想脉络进行系统的整理，从而考镜源流，那么强调"做中国哲学"，则更凸显在古今中西的纠缠中，直面当代问题进行哲学理论建构。"做中国哲学"既强调作为"哲学"理论的当代性质，也强调作为"中国"理论的文明性质。其当代性，表现在哲学不仅面对古代思想家的思想，而且面对古今共通的问题。其文明性，表现在中国哲学所凭借的语言是汉语，所凭借的根基是经典，必然要在文明背景中进行理论建构。因此，"做中国哲学"并非一套哲学理论体系，而是描述中国哲学的当代发展可以展开的领域。在这一意义上，"做中国哲学"的提出，最大的贡献并非建构了一套中国哲学理论体系，而是提供了一种以哲学的方式来理解普遍问题、从事中国思想研究、理解当代哲学研究的新方法。甚至可以说，当代中国几乎所有展现时代意义的哲学理论建构，或多或少，或自觉或不自觉，就广义而言都是"做中国哲学"。

而在"做中国哲学"的方法运用上，就陈少明而言，他的主要工作，是使做哲学的出发点回归生活经验——生活经验既包括古今的器物、人物、事件，也包括观物、知人、察事。在回归生活经验的基础上理解哲学问题，意味着首先要悬搁传统的某一思想体系、某一学术思潮中的形而上学概念，而直接面向生活经验中的思想观念。陈少明迄今为止的学术著作，从《经典世界中的人、事、物》对作为普遍生活经验的人、事、物如何成为哲学理解对象的揭示，到《做中国哲学：一些方法论的思考》对具体的方法论的系统阐述，再到《梦觉之间：〈庄子〉思辨录》对《庄子》的寓言、观念的解释，无不揭示了深入理解生活经验的方式。生活经验的丰富性，使陈少明"做中国哲学"方法具有强劲的延展性。例如，如何理解生活经验的古今延续性，涉及对历史哲学的理解；如何发掘古典生活经验，涉及对经典的重新认识；如何探究古今共通的对"羞耻""困惑""大小""生死"等情感或认识问题的理解，涉及宗教、伦理诸种问题。正是在这样的意义上，"做中国哲学"不仅是"哲学问题"，还是更为广阔的文化、文明问题，所提供的是当代人对自身存在处境的认识与理解，而"哲学"处理的是这种认识与理解如何不断深化且可以相互交流的问题。

本书的第一篇是陈少明的《"做中国哲学"再思考》，这是他的《做中国哲学：一些方法论的思考》一书的进一步延伸，比较完整地论述了他"做中国哲学"的方案。其后，是十九篇关于"做中国哲学"的阐述。在"做中国哲学：思路、方案与实践"工作坊中，来自国内各大高校的三十多名中青年学者围绕"做中国哲学"问题进行了深入的研讨，对中国哲学的"做"法各抒己见，本书的主体内容即是对这一会议的呈现。除学者发言之外，由北京大学哲学系整理的工作坊纪要有助于全面、精练地呈现这些发言，陈少明对工作坊进行的整体回应以及他的一篇访谈都对进一步理解"做中国哲学"有一定意义，因此也收入书中，作为附录。

"做中国哲学"再思考

陈少明[*]

"做中国哲学"原是笔者一本书的标题。该书不是一本有计划的著作,而是本人在近二十年间发表的方法论文章的结集。标题是临时草拟的,但它可能无意中触动了中国哲学领域酝酿已久的创新冲动,受到一些意外的关注。[1]其实,虽然中国哲学的方法问题的确是自己持续关注的论域,但各篇论文写作的时间跨度大,各自依托的背景不一致,全书并

---

[*] 陈少明,中山大学哲学系。本篇原载《哲学动态》,2019年第9期,系作者在刘笑敢教授主持的"如何做中国哲学?——取向、人径、评价"论坛上(北京师范大学,2018年10月20日)的报告"'做中国哲学'述要"改写而成,故部分观点取自己经发表的论文,同时,文章仍留有发言稿的特点,请读者见谅。

[1] 有关《做中国哲学:一些方法论的思考》(生活・读书・新知三联书店,2015年)这本书的评论,见诸《开放时代》(杨海文,2015年第6期)、《哲学与文化》(廖晓炜,2015年12月)、Dao(中文为《道》,Zemian Zheng,2016年12月)、《哲学研究》(陈壁生,2017年第8期)、《哲学门》(第十八卷,王格,北京大学出版社,2018年)。此外,Contemporary Chinese Thought(Issue 2, Volume 48 [2017], Routledge)有该书两篇论文的翻译,并附有主编戴卡琳(Carine Defoort)写的导言《陈少明论中国哲学方法:经验、想象与反思》(Chen Shaoming on the Methodology of Chinese Philosophy: Experience, Imagination, Reflection)。关于中国哲学领域创新动向的判断,可以从李泽厚关于"该中国哲学登场了"的呼吁、陈来《仁学本体论》的问世,以及杨国荣的《存在之维》等系列著述的出版得到印证。此外,新近杨立华的《一本与生生》、丁耘的《道体学引论》也是中国哲学创作的新成果。其他暂不一一列举。

未提供一个整合性的论述。受同道评论的鼓舞，我觉得提供某种概括性的"说法"，有利于交流的继续。当然，限于篇幅，下面的论述只是提纲式的。

"中国哲学"的界定

这个界定是整个论述的基础。为了加深印象，我先采取排除法，即从中国哲学"不是什么"入手。

首先，"中国哲学"并非中国哲学史。哲学史作为一个学科，是西学传进中国以后，我们的前辈借助西方哲学的概念框架，对中国古典思想做重新整理与叙述的产物。这个学科建立的意义，是为中西文化在形而上的层次上提供比较与沟通的知识管道。但它也具有某些缺陷：一方面，是部分重要的思想遗产，没法在哲学史中得到有效的阐明甚至没有被论述的机会；另一方面，则是把本来不属于传统的内容当作固有的思想添加进去，导致对经典思想的某种扭曲。这类哲学史研究的基本路数，就是论证中国思想中的什么观念相当于西方哲学中的什么思想。它的问题意识，是根据中国思想与西方哲学的关系来确定的。其关键词叫作"比较"。教科书中关于本体论、认识论及伦理学之类的划分，就是这种套路的体现。这种研究方式，通过中国哲学史教材的编纂，在20世纪占据主流地位。

其次，"中国哲学"也非学术史。从20世纪末到21世纪初，哲学史模式遭质疑后，学术史的研究开始成为中国哲学史研究的重要形态。它的焦点是，提出对中国哲学史的内在线索的探讨，探寻中国古典思想在演变过程中提出的问题及其变化。这种研究风格力求尽可能地贴近文本，更自觉地论述典籍所提供的资料。关键词从"比较"变成"梳理"，眼光从横向转向纵向。这种梳理一开始关注的是如孔孟、老庄、程朱、陆王这样的大家，后续工作逐渐下移到他们的传人身上，从二传到三传甚至四传。这种工作的累积把古代学术的发展脉络细密地呈现出来。它的作用是理解，而非创作。同时，由于不断增长的博士论文的选题需求，它很快就到了"无货可供"的境地。

最后，"中国哲学"也非广义的中国哲学。所谓"广义的"，泛指用中文论述的哲学，或者叫"哲学在中国"。它至少包括对当代生活的哲学研究、用西方哲学的理论对中国现象的说明，或者是用中文进行西方哲学研究。用中文研究西方哲学，目标读者主要是中国人，它与用西文研究西方哲学所依托的背景与问题意识不一样。前者的目的在于向中文世界注入西方哲学资源，本质上是中国学术的组成部分。当然，如果用西文做的哲学研究，其问题意识来自中国思想传统的话，也当看作广义的中国哲学。同时，也不能排除某些跨文化哲学研究，可能具有两栖的属性，此不详论。广义的中国哲学中，就与"中国"关系而言，不同部分所处的位置有中心与边缘的不同。但这个不同与哲学成果的优劣无关。

我的"中国哲学"概念是狭义的，指呈现中国文化经验或精神的哲学研究。它自然是广义的中国哲学的组成部分。不过，把狭义的与广义的中国哲学做比较，就其"中国"而言，狭义者处于问题的核心；但就其"哲学"来看，则狭义者与广义中国哲学各层次或分支，处于相互竞争的状态，在价值上没有先后。由于体现中国文化经验或精神的资源与中国哲学史典籍交叠，因此狭义的中国哲学与中国哲学史关系更密切，也可以说前者是从后者脱胎而来的。差别在于，中国哲学史揭示古典的精神是什么，中国哲学则告诉大家，为什么这种精神仍然是有价值的。两者一是说明，一是说服。"做中国哲学"致力于说服的工作。

研究对象的扩展

虽然中国哲学与中国哲学史研究利用的经典文献大致相同，但寻找的对象可能不一样。中国哲学史以经典文本中的概念或命题作为对象，如道、德或仁、义，人性或物性，道器或理气，等等。但中国哲学对素材的采用范围更广，不限于抽象的概念或命题。原因在于，经典文本所论述的内容包含观念与情境两个方面。古代经典尤其是先秦作品，像《老子》那样较纯粹的观念论述是鲜有的。很多文本中的概念性内容，都镶嵌在具体的生活图景中。离开相关的经验背景及话语方式，那些概念或问题会变得不可理喻。同时，经典中以非概念化方式展示的内容，本身就是观念的表达方式。

例如，《论语》是孔子和学生、时人答问的记录。但同是问仁、问孝或者问政，一个相同的问题得到的答案差别很大。为什么？如何理解？原因在于问题虽相同，但提问者不同、问题背景不一样，而答案应有具体的针对性。只有研究对话的背景，才可能掌握相关的意义。对话是行为语言，既非理论语言，也非描述语言。行为语言的功能在于影响对话者的言行，而不同的言语方式效果会很不一样。《论语》的对话与《孟子》的对话也不一样，后者是创作而非记录：其中的辩论是虚拟的，即孟子为论证其观点采取的一种形式。因此，对《孟子》与《论语》的研究方式应有不同。而《庄子》也有很多对话，其对话也是作者要表达的观点，看起来和《孟子》是相似的，即都是创作而非记录。但《庄子》的对话另有特点，它并非纯粹借助合乎逻辑的辩论以达成其目的。如我们都熟悉的"鱼之乐"的辩论，就很难通过逻辑分析判定庄子的观点是否正确。可是作者取得了其所期待的效果，至少历代大部分人都赞赏庄子的立场，而很少有人说庄子的争论是不合逻辑的。《庄子》的表达方式非常戏剧化，它通过对话把话题和对话者的性格与境界都呈现出来。对于《庄子》这样的著作，离开寓言中的故事、情景，是没法揭示它的言外之意的。因此，要把它作为做中国哲学的素材，就必须运用新的、有别于过去哲学史研究的方法。

另外，某些重要的内在道德经验，如"四十不惑"的"惑"，或"乐以忘忧"的"忧"、"知耻近乎勇"的"耻"，由于经典文本很少将其作为概念来论述，一般在教科书中没有位置，但它也是做哲学的好素材。如果"不惑"是人生的一种境界，那么"惑"是什么就不是无关紧要的问题。"乐"是儒、道共有的话题，但影响乐的不仅是"忧"，如痛苦、愤怒、嫉妒之类者都是乐的障碍，孔子为何又只是突出忧与乐的对立？本来是"勇者不惧"(《论语》)，为何变成"知耻近乎勇"(《中庸》)？揭示这些内在经验与道德人格形成的关系，未必是哲学史的任务，但它应当是重要的哲学课题。

经验是个关键词

在做中国哲学的范畴内，经验首先是古人的经验，它表达在经典所记述的内容中。一方面，古典的观念必须在古典生活经验中理解；另一方面，我们还可以直接从古典生活经验中提取自己需要的观念。这就是做中国哲学的"中国"依据。但进一步的要求是，它还必须以现代生活经验为基础。如果古代经验跟我们当下的经验没有任何可以沟通之处，则古代生活所体现的有价值的观念，对我们现代人来说就是难以企及的。做哲学者，必备的信念是人类无论古今东西，都具有可以共享的经验或问题。只有证明脱胎于古代经验的观念也能有效解释或引导当下的生活，才是具有普遍性品格的哲学工作。

当然，经验是个复杂的现象。每一个经验都包括外在经历及内在意识两方面。在此基础上，至少还有若干区别必须说明。一是意识经验与操作经验的区别。操作经验，特别是可实验证明的经验，是客观的或者在同样的条件下可以重复的经验。老派逻辑实证主义者，比较青睐这一类型的经验。意识经验指存在于每个人内心的思想或意识活动，它比操作经验复杂，但又是理解人类精神现象的基本途径。二是个人经验和集体经验的不同。所有的经验首先是个人经验，不存在与人不相关的经验。但有些经验是众人或团体共同经历得来的，它形成某种共同的记忆甚至共同的行为模式，如果共同经历者的规模足够大，我们就称其为历史经验或文化经验。这种经验由于文化的传播而可以复制并在空间与时间上传递，以至于没有直接经历者也可以知识学习的形式获得前人总结的经验。三是特定文化经验与一般人类经验的区分。我们研究的中国文化经验，是在历史上借经典传播、由制度塑造及体现在社会风俗中的。但其内容可能有既为中国历史文化所特有，也为全人类所共享的部分。例如，汉语在语种上是特殊的，但作为语言则与其他语种有共通之处。与此类似，身体行为、意识活动、道德生活等，都存在特殊与普遍的关系。那么，这些具体的经验如何导出具有当下意义的问题，或者如何把它们普遍化呢？这是做中国哲学必须面对的任务。我们无法肯定中国历史文化中的经验或问题，一定都是人类会面临的处境或问题。因此，首要的工作，是说服当下的中国人相信，现代生活与古代生活具有可以相互融贯的经验。总之，中国哲学有没有价值，首先取决于它是否被现代中国人特别是知识阶层所接受。在此基础上，才能谈它对更广泛的其他区域的人类有什么意义。后一种意义是派生出来的。中国哲学不能做成"国际旅游纪念品"，当地人不用，专门卖给外国游客。

简言之，所谓经验在做哲学中的意义，就是通过经验阐明观念的可信性。而哲学的阐明与一般常识的理解不一样，后者只是描述相关现象的活动，前者则需要寻根问底的思考，需要把问题置于生命或生活赖以存在的基础上阐明。这个基础，也许就是如维特根斯坦所说的那种生活形式。

不以形上学为前提

中国是否有形上学,一直是个有争议的问题。我的观点是,先从区分形而上学或形上学的两种意义入手。一是《易传》所说的"形而上者谓之道,形而下者谓之器",其所谓道,相对于器而言,"形而上"不是指事物的外在形态,而是指事物的内在意义。这种内在意义包括对事物本身与对人两方面。就此而论,中国思想传统具有形而上学是不言而喻的。另一种形上学指的是西文中的metaphysics,即以存在为对象的理论,是传统西方哲学的中心问题。有若干理据可以说明中国思想传统中存在类似的观念或思路。第一,所谓存在,即西文的being,汉语既可译为"存"或"在",也可译为"有"——"有无"的"有"。故ontology也译作"存有论"。这个译法是有根据的,庄子《齐物论》中,就有"有有也者,有无也者,有未始有无也者,有未始有夫未始有无也者"的说法。撇开庄子对时间有开端的质疑不论,句子中"有有"的第一个"有"是动词,第二个"有"则是名词,即存在一种叫"存在"的现象或对象。"有无"的结构相同。因此,那些认为中文的文法无法产生对存在的追问的说法,建议重新推敲。第二,关于有与无的关系,不是有什么与无什么的具体经验问题,而是有"有"有"无",或者无"有"无"无",整体的"有"靠整体的"无"来定义。可是,整体的"无"不是东西,而是理解"有"所依赖的观念。它是个真实的形而上学问题。玄学"以无为本"的论断,是一个具有哲学意义的命题。王弼在《老子指略》中提出,任何具体的东西，受限于自身的特性，"若温也则不能凉矣，宫也则不能商矣。形必有所分，声必有所属"。故一物不能作为其他事物共有的基础。"道"不同，它无声无色，无味无臭，不是东西，所以才是万有的根基。因为它没有任何特性，逻辑上只能是"无"，所以叫以无为本。这很有思辨哲学的味道。第三，从反形而上学的角度看，戴震在《孟子字义疏证》中批判理学家视"理"为"如有物焉，得于天而具于心"的"形而上"者。王国维写过《释理》，认为理本来只有主观意义，没有客观意义，把"理"看成实体，是语言误用，以为抽象概念也有外在对应物的结果。其分析手段，同逻辑实证主义者如艾耶尔在《语言、逻辑与真理》中反形上学实体论的理路如出一辙。由此反推，"理"也具备某种形而上学的性格。现代新儒家重建形而上学的热情，不只是因为西学的暗示，也有传统思想力量的鼓舞。这些搭建宏伟思想景观的努力，包括今人正在做的，都值得尊敬。

不过，我个人认为西式形上学，不必成为做中国哲学的前提。本体论形上学的思想倾向是把各种复杂的事物都归结为单一的原理，这样便有不断归因或思路不断倒退的问题，最终的概念必然是抽象的，纯有其实就是空无。这种形上学的观念与我们的经验生活距离比较遥远，生活的丰富性难以在其中充分呈现。我们可以放宽思路，在做中国哲学中探讨更多的可能性。方案之一，便是回到道器论，把形而上学理解为探讨意义的学问。孟子的性善论，不是从定义或原理出发，而是通过经验的观察说明人类行为有某种共同的价值倾向，然后借"乍见孺子将入于井"的假设，导出人类具有向善的思想根源。庄子讲庄周梦蝶，一个抽象概念也没有使用，只是在描述变蝶的梦境后，提出是否存在蝴蝶梦变庄周的可能性。如果这种可能性理论上不能排除，那"物化"的观点就很有深度，哲学就是努力揭示潜存于现象背后或观念底层的东西。因此，不以西式形上学为前提，不一定是受解构主义或者后现代主义的影响的结果，中国古典思想对此也有很好的示范。明儒提倡"随处体认天理"，不必处处讲求"得于天而具于心"的不可思议的对象，而是努力从不同角度领会生命或生活的意义。

接受方法的多样性

在道器论上，每一种事物或现象背后都有它的意义。所谓意义，抽象地说就是对事物内在要素，以及相互间的联系的理解。意义是分层次的，它可以从事物的整体秩序中把握，更可以从生活或生命价值上理解。虽然事物的意义是在意义网络中得以确定的，但是如果把这种意义抽象化，例如，把人、事、物以及观念仅仅理解为抽象的存在之表现，那物与物均可互相代替，一物等于万物，"万有"真的就会变成"纯有"，而纯有与纯无其实无区别。事物的意义是相通的，但不是相同的。每一种现象都有自己的意义，都可以单独去研究，而不一定非要追寻抽象无差别的本体。庄子说道"每况愈下"，就是提醒我们不要被"高大上"的现象所蒙蔽，要有一双善于发现的眼睛，从生活的不同角落寻找意义。庄周梦蝶从"物化"中见道，庖丁解牛是"技进于道"，观鱼之乐也是观道。道是意义的相通处，但梦蝶、解牛与观鱼，各自的意义不能互相代替。否则，对生活的理解就是抽象的、单调的。问题的关键在于，对事物的理解不能停留于常识上，需要一种寻根问底的态度与方式，深化我们对相关意义的理解。

由于现象或事物具有复杂性，因应不同对象或题材的思考，方法上也可以是多样的。不管是中国哲学，还是外国哲学，方法都不是单一的。西方哲学从大处看，也有思辨哲学、分析哲学及现象学的不同。面对中国哲学的广泛内容，不同的方法可能对不同的内容有不同的适应性。如现象学擅长对意识的结构进行分析，而中国心学传统主要涉及人内心世界的问题，所以两者之间吻合的程度较高。分析哲学也有它对应的题材，中国传统哲学有关名学，即概念探讨的内容，也可纳入现代视野来观察。总之，各种哲学方法都有其意义所在，不必囿于一见。同时，中国自己的思想传统，本身也发展出了多样的方法和思路。道家哲学和魏晋玄学讨论很多超越经验的思辨性问题，如对道究竟是"有"还是"无"的讨论，涉及是否存在超越时空的对象的问题；宋明理学除了对理的形而上关怀外，更致力于对人的内在道德经验的反思；汉学特别是清学通过训诂从概念的起源寻求哲学范畴的原始意义，从而有助于揭示相关的思想观念是如何被其背景经验所塑造的。哪种方法更有优势，不是靠标榜，而是与运用水平有关。有时候，方法是合适的，但运用能力没有得以体现，也会成为问题。虽然，每个人可能都有自己更倾心的哲学立场，但在做中国哲学上，应该提倡开放的态度。即使不主张以追求形而上学为目标的人，也仍然可以学会欣赏思辨哲学的成就。

想象力的强调

哲学是比较抽象的学问，但由于对抽象的理解的偏差，我们的哲学教育缺乏想象力内容。人们通常认为，哲学需要一种抽象的能力，而抽象跟想象力似乎是不一致甚至抵触的。其实，想象力至少有两个类型：一种是与艺术相关的，另一种则是与理智相关的。关于后者，西方哲学可以给我们提供很多启发。现代西方哲学中的很多重要观念其实都与想象相关，比如，罗尔斯的"无知之幕"、塞尔的"中文屋"，还有"道德电车"问题，这类观念的形成并不靠抽象的概念分析，而是哲学家运用想象力的结果。如果我们缺少想象力，则没法使经验与观念进行恰当的沟通。

当然，这里还涉及对抽象的理解的问题。哲学是抽象的，一般说来没有错，至少比说哲学是生动地讲故事要好。但是，究竟什么是抽象？许多人将抽象理解为思想成品的特征。比如由众多经验中提炼出一种观点，或者将复杂的现象简化成什么特点。其实，抽象首先是一个动词。它应该是一个过程，一个从具体到抽象不断演变的过程。同时，抽象是可以有程度不同的变化的，比如毕加索有一套有名的作品《牛的变形图》，就图示了抽象的过程。在这套画作中，第一幅画与通常的素描一样，是细节丰富、形象丰满的牛。此后，相继的每一幅都是对前一幅笔画的简化。最后一幅变成一个长方形加一条象征牛尾巴的斜线，成为一个抽象符号。可见，抽象就是一个不断减少具体内容的过程。在这个过程中，每一幅画的图像都是对前一个画面的抽象，每次抽象都相对于前面的具体内容而来的。所以，抽象一定要和具象相对应，如果抽象出来的符号或观念跟作者心目中的对象没有对应的关系，那么这个抽象就成了不可理喻的东西。也就是说，这种与经验或对象有结构性关系的符号或者思想图式，正是联结经验与概念的中介。这个中介既需要借助想象来构造，也需要通过想象来理解。

许多著名的思想图式，不是哲学家经验的记录，而是他们通过想象力形成的表达。比如《孟子》中的"乍见孺子入井"，孟子没有说是他亲眼见到孩子要掉下井，也没有说他认识的某个人看到小孩要掉下井，而是假定了一个有人看到小孩要掉下井的情景。这种想象出来的情景，有效地推导出了人人有恻隐之心的结论。至少，其后二千多年，未见有人给出更好的说法。故现象学家耿宁说它对古今中外的人都是有说服力的。这意味着，想象力在抽象观念的传达中作用很大。还有韩非子关于自相矛盾的例子。让一个吹牛吹破天的人推销自己的攻防装备，结果吹出一种经验中不可能发生的现象。攻无不克的矛和坚不可摧的盾，两者在经验上不能并存。一句"以子之矛，陷子之盾"的提议，根本不用试验，谎言即被揭穿。自相矛盾之所以成为描述这类思想或言论缺陷的经典表达，就是其图式准确呈现这类现象的基本结构。哲学需要的，就是这种理智的想象力。我们必须克服经典学习中常出现的狭隘的文献证据思维，让思想生动、活跃起来。

尝试比提倡重要

特定的知识依靠特定的方法去获取。但对很多知识门类来说，方法只是共同的治学手段，甚至只是约定，对之没有太多的讨论。哲学似乎很不一样，不但讨论方法，而且方法论不只是做哲学的手段，还是哲学的组成部分。不过，这种方法没有提供如做实验那样可以遵循的程序。它的约束性不强，作用更多是方向性的导引。效果好者，类似旅游导览。不同的目标走不同的路，不会南辕北辙。但相同的目标也可能有不同的路，只是路上风光及方便程度可能不一样。使用者可以自己参考选择。效果差者，则可能像绘画分类，只是让人知道油画不是水墨画、版画不是雕塑而已。不幸的是，哲学方法往往更像后者。没有人因为读了绘画方法就成为画家，正像没有人读了小说理论就成为作家一样，做哲学亦然。如果有一个固定的规则，我们照它办就能弄出来成果的话，那么这个产品肯定不是哲学，或者只是一种没有什么思想品位的哲学。哲学应当是一门思想的艺术。而艺术是需要实践的，创新建立在训练的基础上。

做中国哲学，尝试比提倡更重要。由于不以形而上学的建立为前提，我们需要选择一些问题或现象进行探讨。笔者探讨的问题中，包括两种不同的类型：内在心理经验的分析，和经典论题的重构。心理经验如乐与忧、惑与耻。其中，乐是经典道德心理论题，从《论语》的"人不堪其忧，回也不改其乐"及"乐以忘忧"，到《孟子》的"独乐乐"不如"与人乐乐"，从《庄子》的"至乐"，到宋明儒学的"寻孔颜乐处",其线索清晰且自觉。但现代教科书并没有给乐留下位置,缺乏正能量的忧就更不用说了。经验告诉我们,乐的对立面或思想障碍,不只是忧,还有苦、怒甚至妒,为何孔子要突出克服忧的必要性呢?这就是做文章的地方。当人们出于对某一对象(包括自身)的关怀,预感或判断其会面对不利或险恶的环境时产生的焦虑或担心,我们称为忧。它是指向未来的意识,其中预判与未经验证的特征很重要。它会导致忧的常态化,并可能引发无必要或过度的反应。通过对忧的情绪的描述,分析其意向结构,可以逐步揭示"忘忧"在提升精神生活上的意义。孔子自称"四十不惑",人们常言"不惑",而很少讨论什么是"惑"。分析可知,"惑"不是无知,也非质疑,而是对象无法在已有的认知结构中明确归类,它存在多种可能性,从而造成不确定性。这种现象从知觉经验到认识状态特别是在道德实践中普遍存在,因此"解惑"成了人生的常态。只有心智成熟、经验丰富者,才能减少"惑"对道德及精神生活的干扰。因此,"无惑"才会被大家所推崇。

经典论题,包括《庄子》中的"吾丧我"、庄子观梦、"小大之辩"、"鱼乐之辩"、庖丁解牛,还有孟子的仁义关系,韩非子的自相矛盾,王阳明的心外无物,等等。以小大之辩为例:庄子借小鸟对大鹏的窃议,提出小与大的相对性,并把它同贵贱、有无、是非等貌似无关的问题联系起来。要揭示这种关系,得分析词语"大小"在日常生活中的用法,和这一本来是用来形容三维空间中事物规模的用词,如何运用到无法进行度量的观念或理论上来的,以及它的用法如何从自然空间过渡到社会空间,从而表现世俗社会尊大轻小的倾向。最后,还可分析在辩证法和形而上学的不同范畴下,探讨大小与有无之间关系的哲学意义。这样,庄子用寓言展示"小大"(而非"大小")相对性的图式,其颠覆世俗价值的企图,以及这对看似平淡的日常用语所蕴含的丰富意义,在我们的分析中便多层次地呈现出来。

每个论题或个案都有自己的个性,做哲学并非要套用一种方式,将它们扁平化,而是要让各自的价值得以彰显。每个论题的处理,未必只有一种方式。因此,做哲学的过程,就是深化及丰富对世界的认识的过程。

可以共享的知识领域

现代新儒家虽多为哲学史家,但早就意识到哲学研究的重要性。冯友兰一方面写《中国哲学史》,一方面创作新理学,很自觉地进行区别。只是现代新儒家受思辨哲学影响太大,其哲学创作,总是做成形而上学的模样。如熊十力以心学与易学结合,一方面讲本心即本体,一方面讲翕辟成变、大化流行;冯友兰是实在论模式的新理学;牟宗三则是道德的形而上学或者叫无执的存有论。其共同点,是对中国精神传统提供各自的整体判断与说明。这种类型的形而上学,理论上具有逻辑的排他性。他们的后继者,如果天分不够,很少有能力发展新的理论模型。那剩下的工作,就是围绕某个大师作品的解释,争夺或垄断解释权,甚至做党同伐异的事情。这或许可以解释,为何跟大师最紧的弟子,成就一般不大了。不是形而上学不会或不该有人继续做，而是这种思想道路艰难且狭隘，不仅吸引不了太多的读者，同时也容不下太多的哲学工作者。

在讨论中国哲学史的正当性之后，肯定中国哲学立场者，不必把太多的精力继续放在解释中国传统的某些思想课题符合西方哲学的哪些标准上，而应当致力于用哲学的方法处理经典的思想文献，即做中国哲学本身。这不仅为哲学挖掘更多传统资源，同时也让传统的经验与精神影响现代哲学。因此，中国哲学的研究园地，并不是边界固定的场所。它是一个真正开放的思想园地，不同的人可以做不同的课题，也可以从不同的角度做同一个问题。由此形成多种研究方法互补、并存甚至是竞争的态势，经典和现代生活多层次的意义联系才能被更多地揭示出来。这样，中国哲学在提升现代生活的精神品质上才更有力量。

上 编

如何"做中国哲学"

通向"世界"的中国哲学

路径与反思

陈立胜[*]

一

原初的"中国哲学思想"的开启、转折与发展,是在"天下"的视域中展开的,而"中国"作为"天下之中"的信念,让中国哲学家始终有一种"大道在兹"意识。

与今人对"不可通约"的问题意识之敏感不同,在古典中国思想世界之中,旁通纵横、气吞六合始终是哲人的基本精神抱负。用《中庸》的话说:"君子之道,本诸身,征诸庶民。考诸三王而不缪,建诸天地而不悖,质诸鬼神而无疑,百世以俟圣人而不惑。"陆象山云:"宇宙便是吾心,吾心即是宇宙。东海有圣人出焉,此心同也,此理同也。西海有圣人出焉,此心同也,此理同也……千百世之上至千百世之下,有圣人出焉,此心此理,亦莫不同也。"这种洋溢着普遍

---

[*] 陈立胜,中山大学哲学系。

性、永恒性追求之旨趣，背后折射的乃是一种真正的"和而不同"的自信——一种真正的"理论自信"，这是地道的"中国特色"；中国特色不是建立在非此即彼的二元（duality）心态上面，亦不是一种故步自封的"异同意识"——这种异同意识表现出强烈的排他性（exclusiveness）。故当佛入中土伊始，即被视为"道"之一门而被称为"佛道""浮屠道"，释迦牟尼则被称为"西方圣人"，后来又有"耶道""回道"之称——耶稣、穆罕默德亦无不被视为西方圣人。在"道通心通""心同理同"的自信之中，四海（东海、西海、南海、北海）之圣哲，中西古今乃至未来之思想向度，均被纳入"道"、纳入"心"之中。明末四大高僧之一的蕅益大师言："大道之在人心，古今唯此一理。非佛祖圣贤所得私也。统乎至异，汇乎至同。非儒释老所能局也。"我曾将这种开放性的自信心态概之为：作为创造性的道之含混性、居间性，心同理同的本心观念，以及由此而衍生的阴阳互补-和而不同-忠恕之道三位一体的感通思维，四海圣人的信念，圣经系统的开放性，让中国哲人始终坚信道是天下公共之道，心是天下普遍之心。这是中国哲学思想发生、发展的底色。

而早在中晚明时期，耶稣会传教士［如高一志（Alfonso Vagnone），1568—1640］就开始自觉地将西方文化中的"哲学"（"费罗所非亚"）对接中国的"性理之学""义理之学""格物穷理之道"。艾儒略（Giulio Aleni，1582—1649）《西学凡》以"理科"翻译西学六科中的"斐录所费亚"，并以"道科"（"道学"）翻译"陡禄日亚"（神学，"所谓道学者，西文曰陡禄日亚，乃超生出死之学，总括人学之精，加以天学之奥,将古今经典与诸圣人微论立为次第,节节相因,多方证析,以明其道,使天主教中义理无不立解,大破群疑,万种异端无不自露其邪而自消灭,万民自然洗心以归一也")。艾儒略于其书结尾称其撰《西学凡》目的在于"渐使东海西海群圣之学一脉融通"。显然这些洋人对其自身哲学传统的中国化的"反向格义",既折射出耶稣会士"合儒""补儒""超儒"的传教策略,更说明当时的"西学"与"中学"观念中,"道""理"都是相通的。可以说"中国哲学"最初是在"中国"由一帮西方传教士以一种"反向格义"的方式走向"世界"的,并陆续登陆欧洲各地:《中国哲学家孔夫子》(*Confucius Sinarum Philosophus*,巴黎,1687)、《中国哲学》(*Philosophia Sinica*,布拉格,1711)、《中国哲学史》(*Historia Philosophiae Sinensis*,柏林,1724)。

二

在当今学科建制下,"中国哲学史"的"中国哲学"则是在"世界"的视域下被塑造的。无论如何,佛教以及后来的景教、伊斯兰教、天主教的传入虽然带来了一些"西方世界"知识(包括"世界"这个概念),但都没有在根本上改变传统士大夫的"天下"视界与"大道"意识。确实,没有一个"对等的他者"作为"镜子",就很难获得清醒的自我认识。只有在确立了"世界""亚洲"乃至"日本"等"他者"之时,现代意义上的"中国"才开始认清自己。[1]"天

---

[1] 葛兆光:《中国思想史》第二卷,复旦大学出版社,2001年,第458页。

下"视界的改变与"大道在兹"意识的丧失有着密切的关系。王国维《论政学疏稿》(1924年)敏锐地指出:"自三代至于近世,道出于一而已。泰西通商以后,西学西政之书输入中国,于是修身齐家治国平天下之道乃出于二。"[1]罗志田基于对近代思想史的考察得出如下结论:"道出于二"至少还是各存其"道",虽已退让而尚有所守,还是一种相对理想的状态;清末朝野的实际作为,有意无意间已开启了一种另类的(alternative)"道出于一",即"道出于西"。[2]"西"不仅具有异域的空间性,更富有未来的时间性。西方"世界"成为"放之四海而皆准"的真理发源地,向西方学习的过程便成了走向"世界"的过程。故跟第一次"西天取经"不同,这一次向"泰西"取的是"哲学",而中国古代并无"哲学"这门学科;与耶稣会传教士的"哲学"理念(经院哲学)不同,西方哲学在近现代已经开展出模样不同的形态,以西方"最新""最好""最高"的哲学形态来择取、塑造中国哲学史便成"中国哲学"诞生的基本参照系。是故有以下四点。

(1)"哲学"术语与"哲学"学科都是舶来品,无论是"中国哲学"合法性的思考,还是"汉语"哲学的倡导,其着重点都是"中国"或"汉语",但其参照系总是离不开这舶来的"哲学"。从问题意识之形成到处理问题的路径(方法)选择,都自觉或不自觉地要透过这个参照系方有可能。做"中国"哲学研究,无论如何标榜它多么本色,归根结底

---

[1] 王国维:《王国维全集》第十四卷,浙江教育出版社,2010年,第212页。
[2] 罗志田:《道出于二:过渡时代的新旧之争》,北京师范大学出版社,2014年。

是一种比较哲学的研究，至少是一种隐形的"比较"研究。（见陈少明《做中国哲学》、彭国翔《中国哲学方法论》）

（2）"中国哲学"之"中国意识"之形成亦离不开"比较"。中国哲学之中国意识在严格意义上始终与"他者意识""时间意识"纠缠在一起。"中国"不是一个现成的实体概念，而是一个生存论的概念、一个过程概念，它既在历史之中延展，又在"瞻前顾后"的历史意识之中被叙述、被建构，中国始终是在"中国化"之中成其为"中国"，这在地理意义上是如此，在思想史意义上同样也是如此。今天人们往往将儒、道、释视为中国哲学三种基本理论形态，"三教"观念的成形本身就有一个漫长的过程。而就儒、道、释各自的系统本身而言，何时之儒教/道教/佛教？谁之儒教/道教/佛教？这同样是在一种"时间意识"与"他者意识"中呈现其自身之认同性。"正统"与"异端"、"中国"与"西方"张力之形成始终离不开"他者"的"想象""介入"乃至"闯入"。没有一个"他者"的概念也就不会有"中国意识"这回事，两者完全是在"共谋"互动的过程之中不断生成的。儒家思想的主体性本身就是在与异质思想的互动过程之中建构起来的。

（3）过去一百年的"中国哲学"中的"中国"意识基本上是价值低位的，因为建构中国哲学的"哲学"是"西方哲学"，后者才是价值高位的。参照系不仅是一个或隐或显的比较标准，更是未来中国哲学的一种"指引"与"定向"。主张西化者（广义的西化）自然是奉某种最新的西方哲学为"标准"，所谓的"中国哲学史"即是某种西方哲学在"中国"的历史。这个被尊奉的最新的西方哲学犹如五岳之巅，中国哲学史的诸流派皆在其居高临下、一览众山小中呈现出朴素的、幼稚的"前史"状态。胡适《中国哲学史大纲》上卷出版之后，梁漱溟在《中西文化及其哲学》中评论说："照胡先生所讲的中国古代哲学，在今日世界哲学可有什么价值呢？恐怕仅只做古董看着好玩而已！"金岳霖在为冯著写的"审查报告"中也指出："中国哲学史"这个名称仍有"困难"，所谓中国哲学史是中国哲学的史（the history of Chinese philosophy）呢？还是在中国的哲学史（the philosophical history in China）呢？

（4）新儒家作为一种文化保守主义，尽管也以某个西方哲学形态作为参照，但其"指引"与"定向"则始终立足于传统中国的"大道在兹"意识、一种"道大无外，圣学之全，无所不具之精神"的文明自信。不仅如此，在将中国思想的整体性质刻画为"内在超越"时，其参照系更是对准了西方的希腊与希伯来文明整体。他们的中国哲学研究的路径可以概括为立足于中国哲学中内在的大道意识而使"东海西海群圣之学一脉融通"。

三

在近代"中国哲学史"建构过程中，由传统"天下"视界向"世界"视界转换而造成的传统中国知识"地方化""国族化""前现代化"，与原生的中国哲学的"本来面目"是完全不合的。如何激活"大道意识"，重树心同理同的文化自信，是中国哲学真正走向世界的精神动力。换言之，如何让中国哲学从追求"特色化"走向"普遍化""世界化""现时化"，让"大道意识"再次成为我们眺望未来的地平线，是当今中国哲学研究的重要使命。从这一大的背景看，陈少明教授的"做中国哲学"的方法论具有以下特点。

第一，突破了以往囿于现代西方哲学参照系而将"中国哲学"研究的文本限制在概念系统这一"格套"，将中国哲学研究拓展到能体现中国之道的"经典世界中的人、事、物"，诸如艺术作品、器物等，并在这些开拓性的新论域中，提出"历史形上学""精神世界的逻辑""道器形上学"等富有中国精神的理论创见。

第二，注重生活经验的普遍性、可沟通性，充分利用"储存于文献中的古典生活经验"，让传统的思想观念在当下的生活经验中得以"兑现"，并进行精细的现象学描述与严格的逻辑分析。

第三，旧瓶装新酒，将传统中国哲学中的命题，如心外无物、吾丧我等，予以重新解释，这种"老命题，新意义"的做法，既照顾到传统中国哲学已有的解释，同时又对相关的西方哲学解决此类问题的路径了如指掌。"新意义"的创发建立在对中西深厚传统底蕴的通透理解的基础上，能够令人信服地展示出其与前人思想的不同之所在。

第四，立足于传统中国哲学的智慧，应对现代性问题、全球化问题，如陌生人问题、难民问题、人机同体问题等。

第五，提出做有说服力的儒学、有说服力的中国哲学。强调"说服力"，实际上就是强调基于人类共同的生活经验

(心通/同)而"说理"(理通/同),即把中国哲学研究变成一种世界哲学研究。

一百年前,谭嗣同畅论孔教之世界性意义时指出:"立一法,不唯利于本国,必无损于各国,使皆有利;创一教,不唯可行于本国,必合万国之公理,使智愚皆可授法。以此心为始,可言仁,言恕,言诚,言絜矩,言参天地、赞化育。以感一二人而一二化,则以感天下而劫运可挽也。"(《仁学》)今天的中国哲学研究要具有世界性意义,其路径也不外乎此。在"天下"的视界下,同情地理解传统中国哲学智慧的普遍性,掘地及泉,在多元文明共处的"世界"的视界下,立足于当下生活世界经验,面向我们生存的问题,以说理的方式给出有"说服力"的方案,这种意义上的"做中国哲学"也就是在"做世界哲学"。

面向日常生活经验与"做中国哲学"

陈 赟[*]

陈少明教授的"做中国哲学"提供了在当代中国做哲学的一种道路、一种典范。他不仅对这条道路进行了深刻的思考，而且以自己的哲学创作实践提供了具有类型学意义与激唤作用的案例。这一典范的要点在于肯定中国哲学既作为地方性知识，同时又具有普遍意义："中国"在此是一个地方性的限定，是人文之"风土性"（和辻哲郎语）显现；普遍性既由内容——具有普遍意义的生活经验——提供，也与哲学本身就具有一种普遍性的思想方式相关。面对"中国的哲学"与"哲学在中国"的世纪性张力，陈少明的抉择是"哲学性"与"中国性"的统一，这就是以哲学的普遍思想类型表达具有人文风土性的中国人的生存经验。而"做（中国）哲学"的"做"则意味着在哲学与哲学史的张力中，从中国哲学史的学术研究，走向哲学创作。这个意义上的"做中国哲学"如何可能？我的理解是：打开古典思想的生活经验，

---

[*] 陈赟，华东师范大学中国现代思想文化研究所、哲学系。

使之和当下日常生活经验形成连接与互释，以哲学的形式、古今融会的方式承载、丰富、提升中国人的生活经验。由此，我们面临两个关键词：一是"哲学"，一是"经验"。

"哲学"：从结果到活动

就现代学术形态而言，中国与西方不同之处在于先有哲学史后有哲学，西方则是先有哲学而后有哲学史。陈少明这一认识关联着的是：现代中国哲学发端自以哲学的方式整理传统中国思想经验，而长期以来，哲学的形式在现代中国又很大程度上被基于逻辑论证、以形成知识系统为目标的理论哲学，以及致力于说明人对世界的理解能力的认识论所刻画。理论哲学有其知识系统性，针对的是冯友兰所指出的中国哲学有实质的系统而无形式的系统，因而其侧重点在形式化的论证；认识论上升为哲学的根本样式的动力，则在于应对近代科学知识带来的世界理解，但它同时在古今之变与民族建国的语境中，又具有解构传统经学世界观的独断性质的功能。

陈少明注意到，这种意义上的"哲学"，在西方——按照阿多（Pierre Hadot）与福柯——是以笛卡尔为起点的，它依概念推导的方式论证真理的存在。其出场与近代科学的机械世界观的高歌猛进，以及主体的自我转化的精神维度从知识图景中的删减相伴随，在来源的意义上，它当对现代中国如下的哲学观负责：哲学一方面研究万物即存在共有的本质，另一方面用概念推导获得的理论。当冯友兰将共相与殊相（一般与特殊）之辨视为哲学的定义性特征时，我们看到了这种哲学观的深刻影响。然而，这样的哲学成为形而上学的知识存在，哲学的知识义、理论义、结果义被强化，活动义却被弱化了。陈少明认为，此类哲学观具有两个弱点：一是其推论脱离经验可验证范围，故为经验主义所质疑；二是外在于人的精神体验，而被存在主义所诟病。

对中国人而言，特别是对研习中国哲学史的学者而言，这样的哲学类型很难真正面对中国古典的思想经验。陈少明看到，中国传统的哲学围绕人生意义及其根据展开，表达思想的方式散见于谈话、讲课、寓言、诗、书信以及注疏中，因而既具有对话性的特征，也具有生活世界的气息，这与理论作品的高度抽象化大不相同。古典作品将对话置于生活场景之中，指涉的是"说-听"关系，这与理论作品的"写-读"关系不同，就信息交流的形式而言，后者是单向的，前者则是双向的。同时，由于说、听双方都置身于特定的语境，许多前提不须言明，这就导致其表达缺乏逻辑推论上的完整性，而经典注疏也是这种对话的变种，毕竟注释行为是对经典的一种应答，受到文本语境的制约。因而经典的世界是人居其间的开放性世界，它并非论证所形成的既成封闭空间，而是向着古往今来的生命而不是抽象大脑开放，因新情境下的经验形式的加入而不断被激活。这样的古代经典世界并不预设那种有待去发现但在本质上业已完成了的非参与性的静态真理或客观规律。

即便在西方现代哲学内部，朝向那种静态真理与客观规律的哲学类型也不再有效，哲学越来越被理解为挑战既定学说或知识的一种有边界的思想活动。它是一种思想活动的方式，这意味着"哲学"的活动义被突出，结果义被弱化。陈少明指出：在"哲学"这类思想活动中，思想方式比内容或结论更重要；不同的哲学意味着相互竞争的思想方式。首先，哲学活动的基础是理智性，后者着眼于可理解或可交流，因此要求语言与逻辑的规范化，这使得哲学作为思想活动，区别于神学或艺术。其次，哲学寻根问底，不满足于现成化或局部化理解，但也未必追求整体性，而是不断追问各种预设背后的根据，这使其区别于常识。最后，哲学活动主要是解释性的或规范性的，它或者说明一般事物，或者倡导某些思想或行为原则，但却不能预测具体现象，从而区别于经验科学。但总体而言，哲学作为思想活动的方式，其目标在于寻求意义。如果马克斯·韦伯所说的"人类是悬挂在自我编织的意义之网上的动物"道出了人的真相，那么哲学就是人类自我编织意义之网的一种思想活动。

然而，在这张人类自我编织的意义之网中，始终处在灵动、活泼与流通状态而无法被任何概念与推论完全凝固化的是生活经验，它在当下即兴发生却又总是溢出当下。然而，作为一种思想活动的现代中国的"哲学"却长期沉浸在文本与概念里，沉湎于自我编织的"真际"空间——一种从地面拔起而自我隔绝的真空构造，但同时做哲学的人却又入地甚深，在地上把玩着被送往天上的哲学。人与哲学的分离，意味着哲学既无法面对生活经验，又无法回应当下与未来的问题，这样就不得不朝向越来越被强化的专业化方向发展；技术门槛越来越高，但距离生活与世界则越来越遥远，渐渐地，作为活动的哲学成了一种人在其中自我耗费而不自知的程序化-职业化操作。本来是具有个性意义的哲学活动，现在以内卷的方式，自愿加入了现代科层制的同盟。

陈少明颇多感慨，百年以来，对经典中人的问题的研究，基本上被追求高度抽象的概念归纳所涵盖，这就是人们对人性论及天人合一之类的论题有经久不衰的热情的深层原因，也是对人物尤其是思想人物偏好符号化、范畴化把握的动力。只有在哲学行当中不断反省自己工作意义的哲学人，才能理解陈少明的如下焦虑：中国哲学史研究的总体趋势是越来越与哲学无关，而中国哲学创作更难有踪影可寻。陈少明看似平淡实则振聋发聩的声音，来自一种非关个人利益的哲学性不安，如他所言：归根到底，是活生生的生活经验，而非哲学文献，才是哲学创作的资源，哲学关心的是那些有助于塑造精神价值的事件。哲学的真正土壤是当代人的生存经验，是我们这个时代的地气，具有活力的哲学既是当代人生存经验的探索与表达，同时也是对当代人生存经验的滋养与提升。哲学如果要具有自己的生命力，就必须回归人的经验，尤其是生活经验。

"经验"：生活与日常

经验不同于概念和理论。并非经验来自概念，而是概念无法脱离经验而持存。任何一种概念本质上都是通往经验的言语引得（linguistic indices），这是沃格林的说法；而乔治·莱考夫（George Lakoff）与马克·约翰逊（Mark

Johnson）则强调概念本身就是隐喻性的。任何一个原初的概念，其背后都内蕴一种被浓缩的、具有浑然性的经验场景，概念则是从这一经验场景中分殊出来的，并且是对经验的高度浓缩化概括。概念与推论、论证成就的是理论知识，而任何一种理论都是整饬、整理经验的方式。在柏拉图主义理念论立场衰退以后，任何类型的理论，一旦脱离了经验，就必然失去活力。历史地看，概念与理论一旦脱离生活世界与生存经验，就会面临以下两个结果：一是不可避免地教条化或教义化，一是同时也成为怀疑主义质疑、拆解的对象。威廉·詹姆斯、沃格林、西田几多郎、柏格森、后期维特根斯坦等，都在理论哲学达到鼎盛但危机充分暴露的时代产生影响，他们的一致性在于回到原初经验或纯粹经验，这对于后形而上学、后认识论、后理论性的哲学本身就具有一种治疗的作用。聚焦于经验的描述、分析与阐释，就是重新面对活泼、生动、流动的生活场景，探寻生活的意义与意义的世界。这可以视为陈少明哲思的出发点。

对于陈少明的"做中国哲学"而言，何以日常生活经验是根本性的呢？在这里，我们看到的不再是面向存在者整体的世界经验，也不是面向世界根据的超越经验，更不是成圣或契神的经验，而是普通平凡的个人在这个粗糙不平的，既带有摩擦和阻力，又具有消耗的现实世界中探寻生存意义、进行自我理解、与他人共同生存的经验。在这里，减去了家国天下与文明那样的承载重量的主题，也没有了庄子哲学中的七等人所处的层级性的精神位阶，一种与当代人置身其中的社会地气相应的生存体验基调，渗透在陈少明的哲学创作中。譬如在《梦觉之间》中，我们看到的是一种与解构主义和生存美学取向相通的、以生活体验及其意义探寻为中心的生命场景的构筑努力。陈少明减去了旧时代的焦点，而揭示了那些与当代人的心性世界——秩序与意义——相呼应、相感应的某种精细而又在瞬间停驻的意义生成的场景，这些场景内蕴一种觉情，携带着一种散文诗性的灵性感动，将生存体验的事情本身带来我们面前。在这里，既没有形而上学的抽象演绎，也没有超越的宗教体验，而只有回到面向每一个人的生活体验之日常。

在拒绝了线性、树状、金字塔形等的思维样式而代之以网状结构后，一种无论从何处开始，但总能与生存体验相连接的思才能被给予。以此方式打开的经典世界，使以往的哲学类型无法驾驭的叙事走上了哲学的中心：古典智慧以哲理的形态隐身于故事之中，如同连根带泥捧出的植物那样；栽培浇灌，维护其鲜活性，而不是以抽象概念将其干化而后制作成标本；以此看似不够"哲学"的方式，却走向了哲学所要回到的"生活"之事情本身。于是，不是形而上学的"道体"，而是作为思想方式的"道观"，在陈少明的哲学创作中出场了。经由"道观"所呈现的庄子，不再是本体论或形而上学的庄子，而是见机赋意、随处指点，在观鱼解牛等或大或小的颇具画面感的场景，与亦真亦幻的高度场景化的情节中出场的庄子，这个庄子及其所在的情节场景成了我们探测生活、激活经验的方式。于是，那原本自带着生机与生意的物，虽长期饱受物质主义、科学主义与实证主义合谋共构，业已下降为等待加工的材料，但在经由与生活经验的连接之后涌动出来，天地、山水、鱼鸟、纪念物……在新的生命场景的滋润之后活了起来。

不难看到，"做中国哲学"不是沉湎于当下的生活经验，而是同时向着经典中的思想经验开放。做中国哲学，就是连接、互释当下中国人的生存经验与经典世界中呈现的生活经验或思想经验，在直面当下的生活经验的同时，又超出当下经验。对于古典思想经验不是原本的照单全收，而是将之发掘为激发、滋养、提升、丰富当代人生活经验的养料，和一种观照或检视现代生活经验的视角。在这里，教条主义与怀疑主义立身的基础被拆解，我们看到的是那种风吹万窍、万物参差并作而咸其自取的悠然自得，它不再诉诸指向存在者整体的宇宙论心灵，也不再诉诸作为意义之根基的超越体验。日常性本身赢获了它本应享有的尊敬。

同样面对古典，陈少明的取向不同于现代新儒家。陈少明看到，新儒家聚焦作为生命学问整体的宋明理学，研究道德生活的内在体验问题，以海量专门词语摹状复杂的精神结构，表达内在道德生活经验。但这种特定生活经验的交流客观上却被限定在特定共同体中，即以思想家为中心向外围的学生或崇拜者扩展而形成的生活圈子，以及在内部展开生活的教训、智慧、学问与修行的经验。但这在现代生活世界中很像一个相对独立的保护区。同样，陈少明提倡的"做中国哲学"，尽管强调哲学作为一种形式的普遍品格，但又不同于只靠"烧脑"的专业化与技术化的哲学操作，后者是纯粹智力性经验，既无关生活经验，也不再追问自身的意义问题。后者面对而且也只能存活于狭隘的专业圈子。当哲学活动自身被体制化为科层制的环节时，技术化所结构出来的牢笼，将经验以抽象化命题的形式挤压在专业化范畴及其推论与论证的技能之中。当陈少明说"《庄子》不是写给专家的"时，在学术科层制与专业技术化高度渗透的当下，其解放力量也就并不是显白的。正是在这里，才可以看到，回到日常生活经验，绝非易事，必然是一条充满艰难险阻之路。

重访、拼图与激生
"做中国哲学"的"手筋"

程乐松[*]

自其作为一个学术领域诞生开始,中国哲学就一直在划界:哲学在中国,抑或中国的哲学?"照着讲"的译介工作与历史叙述,抑或"接着讲"的思想探索与理论建构?划界的尝试凸显了中国哲学的三重理论困境:其一,哲学反思被预设了的"普遍性"与中国的哲学的"中国性"之间的张力;其二,在中国传统的思想世界与精神生活中抽绎出哲学性并加以申发的哲学史,与面向当下的、基于中国经验的哲学探索之间的牵扯;其三,西方哲学的汉语化与中国思想的哲学化之间的双重他者性。中国哲学的"合法性"论争体现的不仅是中国思想的历史叙述中存在"哲学性"的焦虑,也反向地提示了中国哲学研究方法和规范的舶来性。中国哲学研究急需解决的问题是,在哲学史式的思想重述的基础上,对中国文化和社会生活语境中的具体经验进行哲学分析的方

---

[*] 程乐松,北京大学哲学系。

法和进路。

冯友兰、张岱年先生确立起来的中国哲学史范式十分精巧地将西方哲学史中的概念、范畴、问题式框架与中国思想史中具有高度哲学性的内容结合起来，形成了相对完整的哲学史叙述。另一方面，自沙畹及理雅各以降的汉学家和比较哲学学者，反复论述了中国或汉语思维与表达方式的"特异性"。相对完整的哲学史叙述形成了传统思想研究的范畴框架和核心命题，成为传统文本分析的工具，也逐步形成了相当成熟的技法。这些技法的反复运用强化了范畴和命题的规范性，也限制了中国哲学从历史叙述转向理论原创——对于高度规范性的范畴和命题而言，新视角和新问题可能"出界"了；在这个意义上，"中国哲学史"就会对"中国哲学"探索进行规范意义上的"合法性"审查。随着某种既定的哲学史叙述框架的日益规范和成熟，思想文本和思想家的精神世界呈现出高度的秩序感，哲学史的叙述也不断从骨架走向血肉。血肉的丰满一方面在丰富哲学史框架的内涵，另一方面也在不断摊薄哲学史框架的诠释力和理论活力。

面对这样的现状，我们是否可以这样说：中国哲学研究可能已经站在一个范式断裂点上？面向当下和未来的中国经验与世界知识，中国哲学需要从哲学史的叙述视角中拓展开去，找到新的哲学探索和理论建构的视角和空间。检视近十年来中国哲学界最为活跃的拥有原创理论学者的研究，就可以看到，视角的转换和原创的激生已经成为一种趋势。其中既包括从本体和元概念出发的奠基性尝试，也有俯身回首、深入鲜活的精神世界与生活经验之中进行的视域性拓展。陈少明教授倡导的"做中国哲学"显然属于后者。

无论是从主题、视角,还是从分析方法入手,我们都可以看到,陈少明做的一系列探索式哲学实践始终保持着智性的活力和反思的弹性。中西、古今、场景与观念、事件与感受,这些都不会成为串联思想主题的壁垒,因为他的入手点不是概念、命题,而是日常的经验。这些经验中就蕴藏着"说服力",经验的当下性和感受的共同性被建基于共同生活世界的预设之上,细腻和直接的经验展示本身就是说服力。他的哲学分析在深度描述和精细分类中穿梭于经验和精神之中,保持着一种奥卡姆剃刀式的执拗——日常且切近的经验是哲学表达的起点,也是边界。尽量不增加生涩的概念,不用迂回的语句,不尝试划一的猛断,这是一种柔性的坚定。哲学分析一旦没有了独特的理论晦涩感,就体现出亲和的柔性;与此相对,当一个哲学家将"不晦涩"的阅读感和"感同身受"的说服力视为哲学写作的基本标准,就会呈现出方法意义上的刚性、智识意义上的苛刻。陈少明将自己视为中国传统生活经验和精神世界的观者,从看到观体现了视角的自觉重叠和层累,从叙到述则推动了读者的感受与体悟。从思想经验的观者到精神世界的导游,他的雄心是让哲学向积淀下来的文化经验和持续活跃的当下精神敞开,从而保持哲学反思的活力和可持续的价值。

另一方面,陈少明的哲学工作在"形散神聚"中体现了某种"拒斥体系性建构"的态度,这也是某种坚定的柔性。检视陈少明在过往十多年间的任何一个主题式研究,读者都会感觉自成一题。专题研究之间的关联缺乏"计划感"和

"划一性",却并不缺乏线索和共同关切。从阅读的角度来说,每一个自成一题的研究都可以完整体现"做中国哲学"的手法和关切,可以视为一个好的切入点;一系列的研究又可以形成某种草蛇灰线的联结,谈到经验、感受、精神生活的某一个面相。分析和表达意义上的敞开与关切和视角上的凝聚形成了另一种柔性与坚定的平衡。显然,这种柔性的坚定重新激生了中国哲学的活力,它并不是一套新的严整概念和范畴,而是一种可沿循的道路、可跟随的视角,这是令人鼓舞的。

严整的概念结构和范畴体系呈现出高度的秩序感,为精神生活和哲学反思提供朝向未来的规范性,这样的工作在尝试为精神世界立法、构建秩序。"立法者"的价值在任何时代都是不容忽视的,他们就像旅行中的高速公路和铁路一样,快速、精确且高效。与此相对,"做中国哲学"则是在保持精神生活和日常经验的丰富性和弹性,防止过度严苛的秩序带来的"无趣"和"苍白"。"做中国哲学"的尝试就是指点和叙述公路与铁路之间、之外那些自然或人为景致,连续、散漫却丰富,人的活动与意向、感受、经验的参与才使得这些"可看到的"成为景致。从精神生活和哲学实践的意义上看,上述两者之间不仅没有冲突,而且互补。经验世界中的秩序与无序都来自人的智识活动和日常行为,我们依赖对秩序的认识展开行动,也不得不应对包括人在内的各种变量带来的无序性。秩序与无序的交织是精神生活保持活力的前提和基础。从这个角度看,陈少明的哲学实践对于中国哲学,乃至精神生活的未来而言都是不可或缺的。

如果我们将"做中国哲学"当作一个可依循和跟进的道路，尝试成为这一道路的跟随者，就需要进一步理解其基本视角和方法。从哲学研究的角度看，方法的分析很容易被转化为某种概念、命题的抽绎和提炼。因为面对一个体系化的理论建构，研究者的首要任务是释义并理解——说明每一个概念的语义（往往是与日常话语中的语义有所差异的），进而理解概念与命题如何构成了一种内在秩序，确立起一个关于经验的、自洽的思想图景。然而，在"做中国哲学"的持续实践中，陈少明用丰富的视角和细腻的分析手法凸显了如下三个具有丰富理论内涵的要点：技法不是方法、命题不是问题、穿透不是通透。

具体的分析技法和表述技巧不是方法，"做中国哲学"的方法首先是态度和视角，而不是某种固定的概念和范畴列表的反复运用，也不是某种文本分析和架构抽绎的框架；命题既不指向问题，也不是解决问题的目标，"做中国哲学"的入手点首先是事件和现象，问题呈现在刻画和描述之中，而不是要用一个命题去应对一个问题。简言之，我们不负责提问，而是让问题呈现出来；从经验处入手，用哲学分析让事物和人的感受澄澈起来，却并不消解其中的复杂性，以及表达过程中可能存在的多义性与模糊性，哲学分析不期待穿透经验的帷幕达到精确的秩序，这是一种克制，也是理论工作者的自我保护——一个人何以能够成为另一群人的思想与精神世界秩序的制定者和审查者？通透是敞开性的，而穿透则是规范性的。正是因为以上三点，对于"做中国哲学"的方法论理解不能落入释义并理解的窠臼之中，而是要从经验切入经验，用实践感通实践。

相对于方法，"手筋"一词可能更加适合说明"做中国哲学"的方法和视角。"手筋"是一个围棋术语，是指在关键的技术处理上的高超技巧和手法，直义就是"灵感之下的妙招"。在《庄子·天道》中，"轮扁斫轮"的寓言阐述了"可传而不可受"之意。轮扁以己身的经验类比读圣人之书，"以事观之"，强调圣人之学的关窍在于鲜活的经验和生活实践的层累，而不在干瘪的说理和文字的叙说。"手筋"之意正在于此，手法和视角来自以经典世界为基础、以态度为前提、以实践的操作和持续的尝试为基本形式的经验积累，而不是某种固定的、可重复的技法。它既不提供一连串固定的命题和范畴概念，也不提供一系列的文本作为思想对象，更不尝试建立划一的体系性论证，前文述及的"柔性的亲和"在这个意义上让沿着规范性框架的要求展开模仿变得十分困难。然而，这当然也并不意味着"做中国哲学"的方法是不可分析、不能因循的，关键是要重新理解"方法"的内涵。对于普通的庖者而言，换工具不过就是换刀，而对于庖丁而言，换工具就是换道。换手如换刀，乃至换手胜于换刀的关窍在于手背后的人，和他看世界的方式。刀是死的，而人却是活的。人的弹性和感受可以让工具和方法的意义脱离具体的器物和僵硬的规范，切入更丰富的经验。同样，"做中国哲学"的方法不在技巧，而在理论态度和基本预设上的转换，更在于在此基础上展开实践尝试的态度。

"做中国哲学"的实践在陈少明的尝试中始终保持着一种"重访"（revisiting）的姿态。重访并不是对经典文本中的段落、语句和词汇的重释和考据，而是将之作为具有隽永价值的思想世界和精神现场，以独特的方式邀约一代一代的思想家重返并激生新的精神体验。思想史的积淀成为回返和重新激生的系列事件。这些事件既是思想史的事件，也是独特思想家的精神实践。从文本的事件性和情境性出发，将文句和描述背后的人从幕后带入台前，使读者以文本为中介进入精神现场。在这个意义上，文本成为人与人之间的桥梁，事与物中隐匿的人被凸显出来。从经验和感受中来的人，带着主观和主动的能力，让事件发生，为文本的描述奠基。有了经验性和场景性预设的重访，保持了事件与个体独特性与经验即感受的共通性之间的平衡和互补。从这个意义上说，重访并不是文本解释的叠加，而是改变文本在思想事件中的地位和功能。

此外，陈少明的研究从不拘泥于经验的特殊性，经验和感受的共通性消弭了古今中西之别。经验不拘泥于文化传统和生活世界的历史变迁，哲学议题进行线索性的勾连，形成一幅跨越中西古今的思想拼图。对伦理价值和情感的系列刻画，特修斯之船与物的历史性，这些主题式的研究都体现了哲学刻画如何串联起不同时空的共通经验。从文本到思想世界与精神场景，人的经验性及其蕴含的当下性、感受性与直接性将文本转化为精神世界的桥梁，一方面用个体间的经验性共通避免了抽象主体性哲学的统摄，另一方面让文本脱离概念和命题的技法性与框架性束缚。精神世界的现场被激活之后，就不仅专属于那个事件中的特殊个体，而是可以被读者一起感受和接纳。突破中西古今的经验分梳提示了完全不同的分析视角，并呈现其独特的哲学意蕴，这样一来，经验的结构或经验之间的"家族相似性"构成了经验或现象类型学，使得每一个拼图性的主题研究都可以激生一个新的论域。这些论域的哲学性原本是隐匿或被忽视的，关于《兰亭序》的研究以及临摹的现象学刻画就是一个典型的例子，它开启了中国艺术实践中的哲学意涵和精神价值的论域。从艺术创作到艺术品的叙事，以叙事创造象征性的意涵，在临摹实践中不断被强固的价值，使艺术从一个具体事件转化为一种精神隽永的象征，艺术品从物品转变为充满雅意的文物、成为某种艺术精神和实践方式的代表。这开启了艺术史视角下的新哲学论域。一个主题并不仅仅是激生了另一个主题，而是激生了一个论域。重访经典和思想拼图一起激生了独特的哲学反思的景观，呈现为一系列具有高度启发性的成果，也指出了很多原本隐匿或晦暗的思想空间，大大地拓展了中国哲学的理论视域，也提升了中国哲学实践的活力。

对于陈少明而言，中国哲学的特殊性并不在于被中国定义的哲学性，而是中国经验激生的哲学反思空间和表达形态。之所以要用"手筋"而不是方法来作为讨论的主题，是因为陈少明的系列研究的方法论意义并不一定必然被呈现为某些具体且高度规范化的具体方法，而是一些独特的视角、高超的技巧和勾连问题的灵感。从直接经验出发的描述性、基于同一个思想关切展开的理论拼图，不断展开文化经验中的哲学意蕴抽绎，这些似乎都是直接的方法，却完全不能技艺化。这既不是文本注释，也不是文献考证，更不是概念分析，而是一种独特的视角下的思想操练。

"做中国哲学"给我们提示了中国哲学研究中最为关键的问题，即丰富的文化经验、日常的精神生活与形式化概念处理之间的恒久张力。进而言之，任何哲学研究都不得不面对一个恒久的张力：经验的持续描述和刻画所带来的丰富性，是否会被一种形式化和高度规范性的框架破坏。如何在经验的具体性与概念的形式化之间取得平衡？如果保留其具体性，就会牺牲由形式化规范保证的经验分析的可应用性。陈少明的许多研究在这个问题上做了提示，但后来者往往很难模仿。其中重要的原因是，如果要对描述进行形式化的处理，就不得不面对概念范畴对经验的"筛子"式的功能，经验的当下性会被概念性的建构消磨掉。如果哲学在根子上是去语境、去当下的，这种形式化和规范性实际上保证了哲学一开始就要保持与经验的疏离、拒绝模糊性。然而，哲学展开建构之后又会陷入一种不断追求形式化和技术性的陷阱，越来越远离经验本身，成为一种为经验立法，而非从经验出发的技术操作，其后果就是直接导致从直接经验出发的精神生活出现某种匮乏的症状。如果抵抗技术性，又回到经验的丰富和模糊，而具体经验是没有办法形式化的。

拒斥形式化的结果则是哲学思考转向某种经验中的观念分析。就此，"做中国哲学"的立场和方法中十分强调突破既定理论框架和概念范畴体系的想象力。想象力并不是对经验的随意联结和排布，而是一定要在当下的日常精神生活中找到回应，引起回响。对于陈少明而言，系列的主题式的"做哲学"的尝试毋宁说是一种思想实验，从直接经验和经典事件出发的实验，联结其中的人、事、物，凸显其中不能被严格的秩序统摄的弹性和复杂性。当然，这并不意味着这些经验没有任何相似或共通性，只是审慎地防止用概念和命题建构的秩序消解了经验的丰富性，以及可能引发的当下精神生活的共鸣。概念与命题的体系很大程度上以抽象的方式去除了经验的丰富性，帮助我们筹划更具确定性的行动，以指向未来的生活。然而，重访、拼图与激生展开的"做中国"哲学的手筋就是要用反复的思想实验去映照另一种方式的存在。

即使回到哲学的初心，那个"认识你自己"的口号，也并不指向"建构你自己"。当然，经验的绵延性，以及我们认知与行动之间的复杂且连续的互动，让我们很难否认"建构性认识"在自我理解中的重要性和基础性，然而，如果我们认为"认识"即"建构"，那么我们就背离了精神生活的本然，回到了一种还原主义或机械主义的抽象主体哲学的窠臼里去了。"做中国哲学"似乎不是要对抗什么既有的范式，而是在倡导另一些可能，并重新激活精神生活的丰富性。

当然，任何关于"做中国哲学"的评论实际上都建立在以下两个预设之上：其一，评论者认为"做中国哲学"作为一种学术实践具有内在的可分析性；其二，评论就是要挖掘一些隐匿或隐藏于思想实践背后的意图、意义和意蕴。在这个意义上，重访、拼图和激生的"手筋"在评论中得到了"做中国哲学"式的运用。

反思"做中国哲学"的方向、领域与标准

郑泽绵[*]

笔者一直很关注陈少明教授的作品,例如其分析孟子思想的《仁义之间》,就是笔者在讲中国哲学史的时候特别喜欢引用以启发学生讨论的参考材料;又读了陈少明的一系列文章——《解惑》《明耻》《问乐》《释忧》,它们对道德经验所做的描述精微细致。陈少明近年的一系列文章更是令人耳目一新,如对作为一件经典世界的传承之物的《兰亭序》的分析、道器形而上学的提出等。陈少明具有明确的哲学方法论自觉,他开创了一种研究范式:对经典世界的观赏。他指出,中国哲学史的书写是仿照西方哲学史的范本而来的,因而重视概念与范畴的界定、命题和理论的推演。然而生活世界丰富、无穷,而理论难免抽象,体系难免封闭。况且中国传统哲学具有极强的叙事性,经典世界乃哲人的生命经验之整体,值得从各种角度仔细品味。陈少明因此在其大著《做中国哲学》中,"提议开拓新的论域,在肯定传统哲学史学

---

[*] 郑泽绵,香港中文大学哲学系。

科意义的前提下，尝试对经典做不以范畴研究为中心的哲学性探究，作为教科书思路的补充"[1]。陈少明特别指出识人、说事与观物三种研究经典世界的进路。我们在这里还可以补充第四种——察名，因为"名"也是一种塑造世界的重要力量。这里所说的"名"不是指"名教"之"名"，也不是指伦理与政治系统中的通用之名，而是指个体的人或物的名、字、号。古代文人喜欢给自己起号，而且往往借用山水之名、以"居士""散人"为号，表达一种不为体制所拘束的隐逸志向和独立人格；又如文人给书房、居所、书院和器物所起的名，也往往体现其人生感悟与审美旨趣。在名教的"通用之名"之外，这些"个体之名"已经婉转地为个体的自由表达撑开了一个文化空间。

萧萐父先生在20世纪80年代末曾经提出一个方法论的主张——哲学史研究的"纯化"与"泛化"，该说收录在他1991年出版的《吹沙集》。哲学史的"纯化"接近陈少明所说的传统的哲学史写作方式，而哲学史的"泛化"则与陈少明的经典世界之说相通，萧萐父先生说："哲学史研究可以泛化为哲学文化史。以哲学史为核心的文化史或以文化史为铺垫的哲学史，更能充分反映人的智慧创造和不断自我解放的历程。"[2]萧先生处于改革开放刚刚开启的时代，当时现象学与分析哲学的引介还不充分，他可以利用的资源比我们这个年代少很多。而陈少明则深谙维特根斯坦、分析哲学和

---

[1] 陈少明：《经典世界中的人、事、物——对中国哲学书写方式的一种思考》，收入氏著：《做中国哲学：一些方法论的思考》，第112页。
[2] 萧萐父：《吹沙集》，巴蜀书社，1991年，第410页。

现象学，所以他能非常自信而且成规模地走出一条完整的哲学之路。这个方式是具有跨学科意义的，我相信其他的人文学科也可以借鉴陈少明的方式去研究历史事件或者文学鉴赏的对象，看看文化的沉淀与历史的转折如何塑造具体的人、事、物与名。我想，检验一个国家的哲学水平的标准可以有两种，一是这个国家的哲学被其他国家的学者主动地引介和研究的程度，二是这个国家的哲学对于本国的其他人文学科的影响力。前者作为衡量标准还不太准确，因为不排除综合国力等外在因素会放大一个国家的哲学的受关注程度，但后者是公正的。在这方面，法国哲学对其他人文学科的影响力就很强，它甚至跨越国界产生了跨学科的影响。未来我们完全可以用这个标准检验中国哲学的生命力。我们也非常期待陈少明的方法论在未来能产生跨学科的影响力。

在陈少明的方法论中，我特别欣赏的一点是要恢复中国哲学对生活经验的解释效力。我曾打过一个比方：要做经典上的"农耕民族"和话题上的"游牧民族"。一方面，作为学术训练和文化积累，我们必须在传统文化经典上"深耕易耨"，文字训诂、分章句读与义理疏解的基本功训练一步都不能少；而另一方面，我们也要看到中国哲学界学术成果的方向还是比较单一的，大多数人在做的都是经典诠释工作，比较少有直接面对生活经验、直抒胸臆地建构概念以解释生活的作品。这并不是说传统的经典诠释不重要——两个方向都很重要，没有高低之分——而是学科分工的比例问题：中国哲学界作为一个大的群体，需要更多元化的研究方向和学术分工，以应对日新月异的时代和世界。中国哲学界需要分化出一批人去做哲学话题的"游牧民族"：既在生活中发现哲学问题，又广泛地涉猎世界哲学中的课题。借用萧萐父先生对后辈的期望，就是要敢于参与当代的世界范围的百家争鸣。当然，这些我也没有做到，只是"恒训其所不足"，唯寄望于将来的学界。

既然提出了发展方向上的多元化，就不得不提学科的标准和规范问题。刘笑敢教授提出"两种定向"的说法：一是面向传统经典，旨在接近其原意；二是面对当代生活现实，旨在建构新的哲学体系。研究者必须清醒地了解自身的工作定向。[1] 信广来（Kwong-loi Shun）教授则提出一个"三分法"：文本分析（textual analysis）、引申（articulation）、哲学重构（philosophical re-construction）。[2] 文本分析以是否符合历史作为衡量标准，哲学重构则以纯哲学的标准去衡量其价值。至于引申则是一种往来于古今之间的思想活动，将经典文本与当代生活相联系，产生一种想象的互动，其结果要么能促进文本分析，要么能为哲学重构提供灵感；一旦成果出现，就可以用历史的或者哲学的标准去衡量它。信广来也指出，最接近于这种引申活动的可能是朱子《四书章句集注》的诠释活动。当然，在运思过程中，这三种活动往往相互交织。但这并不妨碍我们在理论上把这些方向与标准分清

---

[1] 刘笑敢：《诠释与定向：中国哲学研究方法之探究》，商务印书馆，2009年，第79页。
[2] 参见信广来：《中国思想的哲学研究》，马栋予译，载《杭州师范大学学报（社会科学版）》，2015年第6期；郑泽绵：《当代美国的中国哲学研究及其方法论——访信广来教授》，载《哲学动态》，2017年第11期。

楚：一个研究成果，到底是发现了历史事实，还是建构了理论，都可以接受检验。研究者站出来为自己的立论负责，无须假托古人或西方理论。明确了标准和方向之后，学术研究成果才能有序地积累：思想引申者可以借鉴文本分析的成果，而哲学重构则可以接过引申者带来的灵感而展开系统论述。

如果把信广来所说的引申活动与陈少明的"经典世界"研究方式相对比，就会发现两者是可以互相发明的。既然引申活动往来于当代生活与古代文本之间，那么这种活动就为思想注入了灵气：它一方面陌生化了当代的习惯性偏见，另一方面陌生化了古代的哲学概念。这种陌生化为思想营造了一个模糊地带作为创造的空间。而陈少明的思想创造的闪光点，恰好在于他所说的要"兑换观念的支票"、对经典世界做一种非概念的探索。陈少明思想活动中的"灵气"或许可以在这里得到部分的说明。陈少明非常谦虚地说他的"经典世界"研究只是为了在概念范畴史之外开辟一个补充领域，但我们还需要进一步界定：这个领域与其他领域的关系是什么？而信广来的三分法恰好可以说明：陈少明是在文本分析和哲学重构两个常见的领域之外，在信广来所说的引申的领域中由想象构筑了一个"经典世界"。信广来的引申活动还只是往来于古今之间的一片漂浮地带，只是一个方法论的大笔勾勒；而陈少明则为此提供了一个具体的、可以扎根的土壤和可以游赏的想象时空。信广来的三分法更全面，陈少明的"经典世界"则更具体，两者相得益彰。

如果不得不提一点不成熟的批评意见的话，陈少明的方法论的局限或许是没有看到"概念"的正面价值：哲学工作就是要不断创造概念。陈少明所借用的詹姆士的"兑换观念的支票"的说法,批评的是传统西方形而上学的那些抽象的概念。撇开那些概念不说,即使是面向生活世界的哲学,我们也依旧离不开概念——一个概念可以打开一片天地,例如陈少明的"经典世界"一词。构造概念也是一种哲学家的"艺术"。只要哲学家大方地承认没有任何概念是可以包办一切的,则不妨肯定哲学家的使命就是创造概念以指导生活。在历史长河中,概念也有其成与毁,甚至不妨"其成也,毁也"。如果因为概念达不到永恒和绝对开放,就排斥概念,岂不是站在形而上学标准上去苛求概念?或许需要批评的只是那些脱离了生活的、学者型的概念,以及口耳相传、流于见闻、知而不行的概念,也就是兑换不了的"空头支票"。对待那些有能力创造概念的哲学家,应该像对待那些有能力创造未来的实干企业家一样,允许他们开支票,甚至允许他们兜售债券去融资。此外,"兑换观念的支票"的说法只有在僵化的传统形而上学濒临破产之际才能爆发它强大的解构效力,但是对于当代的中国哲学界,特别是在纯哲学建构活动还不活跃的情况下,我们要慎用这句话,以免吓退了那些跃跃欲试的哲学家。此外,这句话也不必针对那些非传统意义上的形而上学,例如牟宗三与唐君毅先生的哲学。事实上,宋明儒学与现代新儒学的心性论与工夫论难免有看似神秘之处,陈少明对此也有些担忧,但那恰好是由于研究者只从历史研究的视度去做旁观者的报道,才显得神秘;而在从事者的视角看,其实并不神秘。例如唐君毅先生的心通九境这样的哲学巨构,正是要通过哲学分析而一步步地引导读者观赏心灵境界所能提升到的高度。就像现象学一样，读者必须在哲学家的引导下仔细反观其体验，才能通达现象学家所要表达的内容。这些内容虽然是人人皆可看到的，但却是需要努力才能达到的。换言之，哲学所说的经验也是有高下层级之分的。哲学应当笃于经验，但也要尽量拓宽经验一词所可容纳的范围。

"活的哲学"与"活的中国"

"做中国哲学"的旨归与启示

周展安[*]

陈少明教授提出的"做中国哲学"具有鲜明的方法论自觉。这种方法论的自觉在他多年的研究中是一贯的。在中国近现代思想史领域中，他曾写了《思想史与思想》《思想史解释：逻辑与逻辑之外》《作为知识形态的思想史》等文章，指出中国有深厚的历史解释传统和丰富的思想解释成果，但缺乏自觉的方法论反思。[1]对自己的研究产生方法论的自觉，是具体研究充分积累才能水到渠成的结果，也显示了研究者对自身研究之系统性的一种追求。"做中国哲学"的自觉，正是建立在陈少明多年来对以《庄子》《论语》等为代表的先秦思想、以陆九渊和王阳明等为代表的宋明儒学、以现代新儒家为代表的近现代哲学等有了深厚研究的基

---

[*] 周展安，复旦大学马克思主义研究院。本篇原题为《中国古典全幅精神世界的情境呈现与当代激活——"做中国哲学"的旨归与启示》，原载《哲学动态》，2022年第10期。此次刊出，在原稿基础上做了修订补充。
[1] 陈少明：《走向后经学时代》，中山大学出版社，2020年，第174页。

础之上。在所有这些研究中，研究者已经显示出一种倾向，即不是就哲学史上的既定论题和习见对象展开研究，而是重新设置议题，发人之所未发。"仁义之间""格物之外""排遣名相之后"等议题中的"间""外""后"提示了陈少明独特的思想位置，"怀古""怀旧""乐""忧""惑""耻""物"等议题的发掘则展示了陈少明独特的思想眼光。"做中国哲学"正是对上述研究倾向的一种反思性的概括。

"做中国哲学"这一方法，概括来说，就是在区别于哲学史叙述，也区别于形而上学进路的基础上，对经典世界中的人、事、物进行多层次的情境化、立体性的深入探讨。这一方法的意义，首先需要在当前"哲学研究"这个大的领域中来把握。在这个领域中，它关涉的是哲学概念谱系的考辨、哲学的普遍性与特殊性、什么是"中国哲学"、中国有没有"哲学"、中国哲学史的书写方式、形而上学和形而下学以及徐复观所说"形而中学"之间的关系、格义与反向格义、中国哲学与"汉语哲学"之关系等问题。这些问题自胡适写作《中国哲学史大纲》以来，尤其是金岳霖1930年在对冯友兰《中国哲学史》的"审查报告"中提出"所谓中国哲学史，是中国哲学的史还是在中国的哲学史"这一疑问之后，就一直困扰着中国的哲学研究者。"做中国哲学"可以说正是对上述问题所做的一个回答，也是对近代以来"古今中西"这一基础性的冲突境况在哲学上的回应。这种方法提示了中国哲学的别有所在，它不是要撇开具体去探讨抽象，而恰恰相反，要在具体的人、事、物的内部诠释中呈现出一个尽可能丰厚、立体的意义世界。拓开一点来说，这个方法也联系着中国思想中经史互证、理事相即、体用不二的传统，可以在这一传统的延长线上，立足当前"哲学"所处的问题状况来进一步探讨。

但是，本篇在这里不拟直接在方法论的层面上展开讨论，方法论层面尤其会牵扯到如何理解经验与理论之间的关系、是否有前理论的经验等问题，而是想特别指出"做中国哲学"在对既有哲学研究以及哲学史书写方式加以反思的同时，还提出了一个新的课题，就是中国人之生命史尤其是精神史的课题，它指向对中国古典全幅精神世界富有生存感的呈现。探讨古典世界人、事、物的目的在于扩大"哲学"的范围，这里的重点在于"哲学"，但换一个视角，即这种探讨之所以可能，就在于古典世界中的人、事、物原本就富有哲学性，或者说由人、事、物所广泛联结起来的古典世界原本就是富有精神意味的。它是生活世界，但同时也是富有深度的精神世界。这是一个谈论者自己也置身其中从而无法被简单对象化的广阔的精神世界，不是一般知解性哲学的范畴所能涵盖的。"做中国哲学"将观念化的哲学范畴置于古典的生活经验之中加以探讨，或者更进一步，直接对古典生活经验本身做出哲学分析。这里面，可以说有一个"两重复活"的结构：第一重"复活"是将概念置于生活世界中，赋予概念以场景、脉络、性格、人格、生命，最终获致一种"活的哲学"；第二重"复活"是基于对古今生命经验之内在沟通性的信念，赋予古代生命经验以一种普遍的意味，最终呈现出一个"活的中国"。总之，"做中国哲学"的目的在于激发古典之活力，在普遍性的视野中将古典与当代相贯通。而这一贯通的枢纽,在笔者看来,就是"中国古典全幅精神世界"的情境化呈现。本篇接下来就从"全幅精神世界之呈现的三重构造""全幅精神世界之呈现中的'中国'问题""全幅精神世界之呈现的现实感"这三个维度对这一枢纽加以解析。

全幅精神世界之呈现的三重构造

"精神"是陈少明在研究中特别关注的对象。这直接见于其《"精神世界"的逻辑》《生命的精神场景——再论〈庄子〉的言述方式》《精神哲学何以书写时代精神》《作为精神现象之"物"》等文章。精神、时代精神、精神史等提法在德国哲学以及受其影响的日本哲学研究中常见,但这里又不必去回溯黑格尔的精神现象学或者狄尔泰的精神科学之类。上述诸文中的"精神"自有其脉络,它所指涉的是一种与日常需求拉开距离的心灵领域,它以在深度和广度上尽量呈现生命的可能性为主要蕲向。就这一蕲向而言,笔者倾向于认为,"做中国哲学"虽然以"哲学"为题,但后者在此并不是本质化的,而是导引性的,即由"哲学"这个一般用词导引出经典世界中的精神意味,或者更进一步,导引出由经典世界所集中代表但在古人生活世界中普遍存在的精神意味,导引出古人生命的厚度与心灵的广度。在这里所着重的不是一个边界明晰的"哲学",而是一种广阔的精神生活的样态。

这种精神生活的样态或者说其中所展示的精神世界约略

可以从三个层次来认识。它的第一重呈现是经典思想人物的精神和生命状态之呈现。这是最显见的，在行文中直观地表现为孔子、庄子、阳明等思想人物在情境化的言谈行止中所展现的精神场景和生命状态。在这些人物中，最令陈少明心折的当属庄子，其以《生命的精神场景》为《梦觉之间》一书的首篇引出庄子论，可以见出庄子对于陈少明探讨古典精神世界的奠基性意义。其次，"做中国哲学"是以对人、事、物的广泛探讨为标志的，但是这三者又有一个共同的聚焦点，这就是"人"。其对人的探讨，侧重的是人性、人格意义上的人；对事的探讨，侧重的是那些有思想价值，特别是有助于塑造人之精神价值的思想史事件；对物的探讨，侧重的是有情世界中的物，是被人的品德、个性所渗透的物。总之，精神世界首先是人的精神世界，尤其是经典思想人物的精神世界，他们代表了中国古典精神世界的高度，也是探讨古典精神世界的起点。

精神世界的第二重呈现是经典世界本身的精神和生命境界之呈现。这是由两个途径通达的。其一，"做中国哲学"对人、事、物的探讨不是孤立的，不是就事论事、就人论人、就物论物的，而都是在特定的情境中展开的。情境，可说是"做中国哲学"的一个总抓手。所谓人，是对话中的人，是作为立体的完整生命体的人；所谓事，是活泛的、以生活经验为内容的事；所谓物，是在后人反复诠释中的、与人之精神保持了相摄相涵之关系的物。借由对庄子的研究，陈少明强调"生命的动感"，强调"活生生的处境""感受生活的压力或刺激"，强调"意义原初的场域"[1],从而人就不是静态的、个体的、孤零零的人,而是在场景中、过程中的动态的人。基于概念的哲学讨论,其边界往往是清晰的,而对精神乃至生活世界的讨论,其边界则相对是模糊的,更涉及了概念与推理、想象、困惑乃至运思的整个过程之交涉,但也正在这个模糊的地方,有一个整全的精神世界乃至生命世界呈现之可能。其二,陈少明对人、事、物的探讨在起点上是分头进行的,但在客观效果上最终是关联的,是经典世界里的人、事、物的联结而成的经典里面的精神世界问题。人、事、物正好组成一个立体的世界,对应着古典的中国的全体。"做中国哲学"里面要突出的中国文化经验和精神,正可以从这里见出。在人、事、物的联结中,包含一个整体的、全幅的中国文化经验和中国精神。在《梦觉之间》中,如就对"道"的谈论而言,陈少明在和"道体"相区分的意义上提出了"道观",认为道不是超经验的概念演绎系统,而是一种贴着万物之处境追寻生活意义的方式,是生动多样的、被激发的精神状态。立足"道观"而非"道体"具体而微地显示了陈少明对一种普遍的精神生活的关注。

精神世界的第三重呈现是中国古人整体生活所包含的精神维度和生命境界。陈少明目前的研究主要致力于对经典世界中的人、事、物的分析。这既包括《庄子》《论语》《世说新语》等经典文献,也包括如《兰亭》字帖这样的经

---

[1] 陈少明:《梦觉之间:〈庄子〉思辨录》,生活·读书·新知三联书店,2021年,第14页。

典之物或者"特修斯之船"这样的哲学公案。但是，从其逻辑来看，可以推想其所说的"经典"是开放的，指向的是中国古人整个生活世界。在此，"经典"扮演的是一个中介者的角色。"经典"最终将导引出中国古人的整体生活世界这一更大的境域。在《中国哲学：通向世界的地方性知识》等论文中，陈少明通过分析韩愈、章学诚、章太炎对于"道"的论述，指出这些"道"都有其社会和政治生活的土壤，有特定文化共同体的背景，有其经验性和实践性。陈少明引用法国哲学家阿多"哲学是一种生活方式的实践"的说法，提示了一种从经典世界跨出去，就中国古人的整个生活做一番哲学思考的路向。[1] 哲学是一种生活方式，也可以进一步颠倒过来说，生活方式自身就蕴含着哲学，或者根本上就是一种哲学。以这一点来理解中国古人的生活是尤其合用的。受儒家文化深刻影响的中国人的全部生活本身就是哲学的。儒家、孔家就是一种生活方式。这些意思，梁漱溟、唐君毅都表达过，因为儒家自觉肯定全幅的人生活动之价值，"教人之贯注其精神于当下与我感通之一切自然人生事物"[2]。把精神贯注在当下的日常生活之中，这也对应着宋明儒常讲的"随处体认天理"。笔者认为，"随处体认天理"重点不在于天理的普遍性，而在于强调"随处体认"的富有强度的自觉。这就是把每一段生活都当成新鲜的、唯一的、不能重复的生活来体验，从而使每一段

---

[1] 陈少明：《中国哲学：通向世界的地方性知识》，载《哲学研究》，2019年第4期。
[2] 唐君毅：《中国文化之精神价值》，江苏教育出版社，2006年，第165页。

生活都是饱满的、郑重的、以自身为目的的、充满着实在感的。它也就都是礼乐的、审美的，都是于有限中见出无限的，也就都是哲学的。而且不仅是儒家，还有佛家、道家，也都在各自的方向上运用上面的逻辑。从而，所谓全幅精神世界就不只是经典人物的全幅精神，而主要是在儒家文化沐浴、影响中的中国古人的精神世界。所谓"全幅"，正是可以在这里见出。

笔者甚至认为，正是因为在其论述中包含了一个通达古人全幅精神世界的逻辑，对经典人物和经典世界之精神生命的探讨才是有着落的，边界明晰的"哲学"也才能获得足够的脉络化和情境化的养分而真正成为"活的哲学"。而就对人、事、物的综合考察导引出古人全幅精神世界这一点而言，则"做中国哲学"有可能超越由舶来的"哲学"一词所产生的纷争，而提示出中国古代整个生活世界的精神性和超越性的特质，也就是中国古代整个生活世界所具有的"文"的特质。在这方面，王国维通过对殷周制度之变的考察所提示的周制立足道德与礼制与呈现"尚文"的特点，以及他关于这种特点对整个中国文化的奠基意义的论述，[1]和刘节对古代天人合一问题的考察，即关于重视人、重视心、重视内倾的思想动向在西周早期就开始出现并绵延到后世的论述等，[2]都可以与上述思路互证互释。

---

[1] 王国维：《殷周制度论》，收入氏著：《观堂集林》，河北教育出版社，2003年，第239页。
[2] 刘节：《中国思想史上的"天人合一"问题》，载《学术研究》，1962年第1期。

全幅精神世界之呈现中的"中国"问题

在"做中国哲学"这个提法里,"做""中国""哲学"都有针对性。"做"突出的是区别于哲学史论述的原创性,尤其指向对那些非现成性之对象的挖掘,使非哲学的对象呈现出哲学的可能。"哲学"突出的是非观念的、动态的、不断生成的意义世界。在这一点上,或许应该说"做中国哲学"本就是一个不能拆分的结构,因为这个提法本身就在提示"中国哲学"独特的存在形态,"哲学"就对应着不断地探求意义这个过程,而不是说有一种完成形态的哲学已经在那里了,等待我们去"做"。"做"统领着"中国哲学"。但就前文所论及的全幅精神世界而言,我们还是要从动态的"做"那里折回来,就这种精神世界的属性有一番认识。这具体地对应于"做中国哲学"里面的"中国"这个概念。

如上所示,"做中国哲学"对中国古典全幅精神世界的呈现,不只是基于对学科化的既有"哲学研究"之反思而提出"活的哲学",更要进一步展示一个"活的中国"。对古典精神世界的呈现并非只是用以对象化地观照和赏叹,而是要揭示出古典世界和当代生活的关联。也正是由"中国"这个关键词,可以进一步去认识陈少明的研究与当前整体思想关切之间的关系,或者说可以过渡到"中国思想界当前之思想关切"这个大的格局中来认识"做中国哲学"的引领性意义。"做中国哲学"虽然主要涉及古代经典的诠释,但也同时是一个当代思想的课题。李泽厚阐述"情本体",提出"中国哲学登场",陈来阐述"仁学本体论",丁耘提出"道体学",以及哲学界围绕"生生"问题的多次辩论,显示出晚近以来哲学界探索"中国哲学"的努力。"做中国哲学"虽然并不采取形而上学以构建本体论的思路,而是将世界把握为一个网状的结构,并对之采取描述的方式,把形而上学转化为一种不断追问生命意义的学问,但它和"情本体"等又有一致之处,就是都将具有特定历史和文化内涵的"中国"作为哲学思考必须内部把握和消化的对象,而不是绕开"中国"去构想普遍人类的问题。"做中国哲学"是旨在呈现"中国文化或精神的哲学研究",而且这种哲学研究到底有没有价值,"首先取决于它是否被现代中国人特别是知识阶层所接受。在此基础上,才能谈它对更广泛的其他区域的人类有什么意义。后一种意义是派生出来的"[1]。

立足中国历史的厚度和广度不断追问生命的意义,是"做中国哲学"之为"中国"的哲学的第一步。而其所以为"哲学",又表现为其不黏滞于历史的具体内容,而能够触到历史中典章制度的基底。陈少明对中国古典精神世界的探索正是其触摸历史基底的路向之一,也正由此,陈少明尝试将古典中国之精神世界与当代中国之精神世界进行沟通。但就现实状况来说,这种沟通是颇为困难的。之所以提出沟通,正因为古典与当代中国之间已经存在断裂。在过去一百多年的历史当中,"中国"自身所承受的冲突最深隐的构造或许就是"古今冲突",它构成了如经史、礼法、体用等范畴所表述的冲突之基础,或者说它统摄了这些具体的冲突。

---

[1] 陈少明:《"做中国哲学"再思考》,载《哲学动态》,2019年第9期,第36页。

如何消弭这种"古今冲突",在陈少明的研究中,首先是通过强调古今之意识经验具有可共享性这一点导引出来的。陈少明所论述的经验诚然不同于如西田几多郎意义上的"纯粹经验",但的确指向一般所说经验的根柢,或者说是经验的意识构造,如"惑""耻""乐""忧"等。陈少明强调意识经验的基础性,甚至把这视为一种"信念",即"做哲学者,必备的信念是人类无论古今东西,都具有可以共享的经验或问题"[1]。不过这里的"信念"也可以进一步解析地来把握。不妨认为,提出古今中西人类具有共享共通的问题和经验,这与其说是对一个既定状况的信念,毋宁说更是一个着眼于未来的价值导引,即不是我们确信人类有共享的问题和经验,而是人类的确需要建立起共享的问题和经验。《庄子·天下》开头所论"道术将为天下裂"或许就可以视为对于古今经验之断裂的说明,而其所说"皆原于一",则可以视为由"方术"之路再寻"道术"的一个期待。就《天下》的奠基意义来说,后世所有的思想工作都可以视为对"皆原于一"这种"古之道术"的寻求。"做中国哲学"不是对一个已然存在的状况的确认,而是对一个理想状况的趋近。

除了对意识经验的探讨之外,陈少明还提供了一个更基础性的统摄古今的进路,这就是对"时间"问题的思考。具体说,就是提出了"精神时间"这一范畴。陈少明在《"精神世界"的逻辑》中论及时间问题,提出了自然时间、社

---

[1] 陈少明:《"做中国哲学"再思考》,前揭刊第35页。

会时间和精神时间，三种时间最终归结为精神时间，精神时间就是以精神统摄时间。"精神时间"意味着对一般所说的"时间"的克服。关于"时间"范畴之有限性的探讨，中西哲学都积累深厚。西方哲学方面，康德尤其是柏格森立足自由意志对所谓时间客观性的动摇较有代表性；西方哲学之外，佛学在不相应行法的意义上来理解时间范畴，唯识学将其视为无自性的"时识"，也是值得关注的观点。西田几多郎有一个颇为朴素的解释，可以引为参考："所谓时间，不过是整顿我们的经验的内容的一种形式，因而在时间这种想法产生之前，首先就必须使意识内容能够得到结合、统一而成为一体。"[1]"精神时间"的提出也同样是要克服时间本身。陈少明强调古今经验的普遍性，但普遍不是在时间的脉络上展开的，不是从绵延的广度中见出的，而是立体地从深度中见出的，是从"精神时间"这种"主体内在的能力和体验"中见出的。[2]

由主体内在的能力和体验之深化而获得的"精神时间"，在当前中国又可能基于整个时势条件的变化而得以凸显。即古代生活经验与当下生活经验具有可沟通性不只维系于哲学家自身的努力，也可以从当前时势条件的变化中获得支持。晋代的陆机在《文赋》中说："观古今于须臾，抚四海于一瞬。"这种古人说出的道行很深的话，在今天的中国乃是接近于对整体时代状况的一个说明。古来为少数人所体会的东

---

[1] 西田几多郎：《善的研究》，何倩译，商务印书馆，1965年，第55页。
[2] 陈少明："精神世界"的逻辑》，载《哲学动态》，2020年第12期。

西，在今天乃成为时代的课题。因为当前中国在思想脉动上的特点之一，就是糅合古今、消弭古今，或者说"古今"共处于一大情境之中。当代即全时代，是古与今之合题。但合题不是终结，而是历史的重新敞开。这意味着一切边界明晰的历史都处于破裂之中，时间链条上的过去、现在、未来被同时召唤然后并置，一切都显示为未知，一种前所未有的"当代性"正在绽出。追溯起来，这与全球性的地缘政治格局与世界文明体系的变动有直接关系。

陈少明在文章中不断指出哲学史论述的弊端，其着重点是哲学史中依照概念特别是来自西方的概念格义的那种方式。但"哲学史"所依赖的"史"本身也同在反思之列。不仅哲学史，所有的"史"都需要重新理解。由于"精神时间"这一概念的提示，可以说不能再一般性地将"史"把握为在时间绵延意义上的所谓过去的东西。古和今，本来无非就是在幽明之际、隐显之间而已。抽掉"时间"这一范畴，则所谓古代就会扑面而来。在当下，更可以说是古今一体、大化流行。这一点也显示在陈少明对庄子那种"非历史的历史观"的阐述当中。庄子齐生死、齐物我，也齐古今，庄子的道是与历史相对抗的，是"从历史、传统、秩序中分离的生命理想"[1]。在这个意义上，上文所论及的"中国"问题，就不只是一个历史性的文明体的问题，也包含突破历史之边界的潜能。这是在精神世界中才能充分领会的、实质上通达于"天下"的那个中国，这也才是真正"活的中国"。

---

[1] 陈少明：《梦觉之间：〈庄子〉思辨录》，第85页。

全幅精神世界之呈现的现实感

以"做中国哲学"的自觉意识，指示中国古典全幅精神世界的深度，指示古人精神场景的丰富性，意不只在发思古之幽情而已。由古而今，乃至突破"今古"之分，突出古典精神诠释的当代意义，并由此摆脱百年来中国哲学在格义和反向格义之间摆荡的命运，已经显示了陈少明的现实感，但他的现实感还不止于此。

就陈少明的哲学研究之整体而言，其写作的特点是尽量保持一种客观说理，以对理论问题、知识问题的深度解析为主，而尽量避免历史和政治因素的牵入。这里面或有其早年接受分析哲学训练的影响。其行文风格又是平和谦逊而富有商讨性的，这也强化了其知识化的特点。但是，笔者在研读各文时，还是能感受到其中对于现实的介入意识，只不过这种介入意识是通过对精神之高度和厚度的阐发为主要表达形式的。笔者悬想，这种在哲学研究中体现的现实意识，或与其早年的思想史研究有不绝如缕的关系。在这里，想提及陈少明多年前写的关于徐复观的长文《为什么是思想史？——徐复观的思想性格与学问取径》[1]来触及这一进路的端倪。徐复观是陈少明多次写过的研究对象，或许可以说正是在徐复观这里，陈少明感受到了一种思想的共振。

陈少明从"压力结构""反乾嘉情结""离开形而上学"

---

[1] 陈少明：《为什么是思想史？——徐复观的思想性格与学问取径》，载《华南师范大学学报（社会科学版）》，2013年第5期。

以及"批判性儒学"等多个角度分析了徐复观思想史研究的特点,特别指出了徐复观学问形成过程中的抵抗意识、担当意识、忧患意识,呈现了徐复观反抗压力的学问故事。就其对徐复观之精神行迹的倾心而言,陈少明对于中国古典全幅精神世界的呈现、对庄子的生命体验的挖掘,不是要托出一种超然的、空灵的或者内圣的、个人道德实践的境界而为满足,同样是基于一种弥漫开的文化上、学术上乃至政治上的抵抗意识、担当意识、忧患意识。精神是具有超越性的,但这种超越性不是通过对现实的屏蔽来完成的,而恰恰相反,精神的超越性正是以直面现实、把握现实的方式从而与现实产生饱满的张力关系才会形成的。在对庄子的研究中,陈少明特别重视庄子对精神自由的表达,但这种自由不能被回收到在启蒙脉络当中可以用"主义"话语来命名的那种"自由"中,而是对所有启蒙规划的抗议。陈少明分析庄子"吾丧我",指出"吾"相对于"我"的自足、自生的特点,但并不由此而凝固了"吾"和"我"所建立起来的这种关系结构,并且由此而反观儒家,认识到我与非我共同构成一个世界,从而拒绝消极避世的倾向。[1]就此而言,陈少明的立足点,正在庄儒之间。这一点,也见于其将人、事、物并举以"做中国哲学",陈少明对场景中、对话中的人的探讨,对变动的事的探讨,对关联之物的探讨,扬弃了关于抽象的人、抽象的人之观念意识的思路,呈现了一个在事和物交织中的、弥散开的、过程性的人的存在状态。人的精神、生命不

---

[1] 陈少明:《梦觉之间:〈庄子〉思辨录》,第108页。

只是人内部的、个体的生命与精神而已,而是在具体的事、具体的物之交织、矛盾、冲突中的生命与精神,是及物的、富有现实感和生存之张力的精神。

汉代刘劭曾在其所著《人物志》之中提出四种理,分别是道理、义理、情理和事理:"若夫天地气化,盈虚损益,道之理也。法制正事,事之理也。礼教宜适,义之理也。人情枢机,情之理也。"[1]通常所谓哲学,大概主要通于刘劭所言的"道理"。陈少明将观念化的哲学置于特定情境中加以把握,将抽象概念拓展至人、事、物,拓展至古人的生活世界,类似于将"道理"置于"义理""情理""事理"之中,将四种理绾合起来。这四部之理的完整形态,以及特别由"事理""情理"所透出的现实感和生存感就结晶在"做中国哲学"的"中国"这个词上。陈少明所援引的现象学术语"面对事情本身"正是在极为朴素的意义上指示了这一点。

由超克古今的全幅精神世界所呈现出来的现实感,不是陈少明刻意关注现实的结果,而是已经包含在其思想构造内部。这种现实感,也可以说是由哲学带出的伦理意识。在比较"做中国哲学"所预设的意义网状结构与比如形而上学思路所预设的金字塔结构时,陈少明这样说:"从整体上掌控整个秩序的角度考虑,金字塔式的结构是最方便的,那也是权力的投影。但从生活在系统中的大多数人而言,网状结构更能描述各自的处境。每个人都以自己为出发点,都寻求适度的自主性,展示具体的存在感,也因此并不乐意接受一个

---
[1] 转引自牟宗三:《心体与性体》,上海古籍出版社,1999年,第1—2页。

异己的、自上而下的'网管'。哲学形式问题的背后,不仅是认知问题,还有伦理境况。"[1]

现实感与上文所论"活的哲学"以及"活的中国"也是相互证成的。因为"全幅精神世界"之"全",已经预设了一个通达古与今、体与用、形式与质料、理论与现实等各种对立范畴的境况。陈少明说哲学是一个动词,即说哲学是一个不断探寻意义的过程,或者说是意义不断涌现的过程。哲学是如此,世界也是如此。世界不是概念连缀的结果,也不是由某一个或几个概念统领的。世界是整体的,不能拆分为形式与质料,也不能拆分为古代和现代。以概念的方式来提纯这个世界,也就是对这个不断涌现之世界的阻断。哲学是活的、全的,世界也是活的、全的。哲学的"活"和"全"与世界的"活"和"全"不是两回事情,哲学,或者说"做中国哲学"是对这样一个活和全的世界的提示,而并不在这个世界之外。"做中国哲学"的过程,与世界自身展开的过程不仅同步,而且同一。

---

[1] 陈少明:《把哲学当作动词——敬答"做中国哲学"工作坊上的朋友们》,载《现代哲学》,2022年第3期。

做中国哲学

从经验到实在

李长春[*]

陈少明老师所倡导的"做中国哲学",作为当代中国学者的学术追求,深深地植根于中西哲学传统。从强调"做哲学"来看,它似乎受到分析哲学影响。[1]从注重"描述""还原"等特征来观察,它也运用了现象学方法。但是,这并不等于说"做中国哲学"就是某种或某些西方哲学在中国哲学研究中的运用。对于当代西方哲学,陈少明既非刻意地移植,也非无意识地接受,而是在自觉的方法论反思的基础之上,根据其哲学创作的需要做恰当的取舍。严格地讲,"做中国哲学"并未接受任何一种来自西方的排他性的哲学定

---

[*] 李长春,中山大学哲学系。
[1] 王格在为《做中国哲学》一书撰写的书评中说:"'做哲学'(do philosophy)本是维特根斯坦以来哲学研究的主流之一,它要求哲学回到日常的语言和经验,用日常语言论证和分析日常经验……陈少明先生主张的'做中国哲学',正是隶属于'做哲学'的路径范围,但又富有中国文化传统所独特的味道,因为其诸多观念和思考均取自中国传统思想文化和生活中的经验积淀。"[王格:《陈少明:〈做中国哲学——一些方法论的思考〉》书评,收入《哲学门》(总第三十五辑),北京大学出版社,2018年。]

义,但是,现代哲学甚至古典西学都可以成为内在于中国哲学创作的思想经验。

如果从哲学史来看,"做中国哲学"的学术主张在古典传统中有着深厚的渊源。它至少和三个古典哲学议题既有关联又有区别。一是孔子的"下学上达",二是朱子的"格物致知",三是清儒的"即器言道"。"下学上达"是孔子的为学方式,将其移作对某些哲学传统的类型学描述,庶几可行。"下学"指向经验世界,"上达"指向实在领域。只是在不同的时期此实在领域会被赋予不同的意涵。朱子讲"格物致知",把对于经验事物的理解、把握和累积视作进入整全的实在领域("豁然贯通")的前提和基础。清儒有感于宋儒理气二分、道器二分割裂经验世界和实在领域,转而强调经验事物自身的意义,其哲学意义在于将实在领域还原到经验事物之中。"做中国哲学"很大程度上可以视作这一传统的当代转化。区别在于,它并不指向天道天命(与孔子不同),也不期待豁然贯通(与朱子不同)。它并不预设任何"道",而是代之以一个网状的意义世界。说它是网状的,主要是强调它既非体系性的,也非碎片化的。换言之,作为意义世界,它既是整体性的,又是关联性的。哲学活动所要指向的意义世界的整体,我们可以称之为"实在"。

陈少明倡导的"做中国哲学"具有鲜明的经验品格。他用"呈现中国文化经验或精神的哲学研究"来界定中国哲学,又反复强调"经验是个关键词"。[1] 陈少明谈到的经验,

---

[1] 陈少明:《"做中国哲学"再思考》,前揭刊。

我们大致可以将其分为三种类型：生活经验、思想经验、文化经验。现代生活日益同质化，所以基于现代生活的生活经验也日益相同。这就意味着，从"现代生活经验"中区分中国与西方，在哲学思考中的意义会越来越小。所谓思想经验，指沉淀在哲学史叙事中的关于重要论题的各种思考，以及对这些思考所遵循的规则或规律的反思或抽象。自现代"中国哲学"的名义诞生以来，在此名义下展开的一切工作——无论是哲学史研究还是哲学创作——中西的思想经验都同时作为其经验基础发挥作用。

在三者中间，值得加以讨论的是文化经验。我们讲的文化经验是指那些沉淀在经典文本之中，具有独特的文化内涵，随着经典的解释和传播而被广泛接受，成为反思性思考的经验基础的那些思想素材。文化经验又可以区分为道德-伦理经验、情感-认知经验、政治-历史经验。比如，孺子入井是道德-伦理经验，庄周梦蝶可归入情感-认知经验，汤武革命则属于政治-历史经验。之所以对这些文化经验进行分类，主要是为了思考文化经验是否具有跨越不同文化的可能。人们一般会认为，特定的文化经验必然归属于特定的传统；很少有人觉得它具有穿越文化边界的可能性。但这显然是一种未经反思的成见。文化经验虽然从特定历史或特定习俗中产生，并由特定主体（个体）在特定时空中体验到，但是它必须首先在特定文化传统中沉淀下来才能成为群体共享的文化经验——沉淀的过程就是超越特定历史背景和特定经验主体的过程。它必须依托于文化经典才能够沉淀下来，必须借由经典的解释和传播成为可以被普遍理解和接受的思想素材——经典解释客观上沟通了不同历史和不同主体，使之共享文化经验。经典又可以通过翻译和阐释进行跨文明传播，为不同文明背景下的个体所理解和接受，并成为不同文明中的思想主体共有的思想资源。为经典所承载的文化经验自然也就因其跨文明传播、接受而最终具有了普遍有效性。

这毋宁是说，基于任何特定文化经验的哲学反思都具有普遍有效性。举例来说，"乍见孺子将入于井"虽然是孟子这一特定个体在战国这一特定时空表达的一个道德-伦理经验，但是，这个经验并非只对孟子（或对古代中国人）有效，一个现代西方人（或者穆斯林）也会被这一经验场景唤起怵惕恻隐之心。同样的道理，城邦生活也许是古希腊特有的政治-历史经验，但是基于城邦生活所进行的政治思考却不仅对于希腊人有效。任何置身其他文明的哲人一旦能够理解城邦生活，它就可以作为一种有效的经验基础进入他的政治哲学思考。在这里需要重申文化经验的内涵，虽然文化经验是指在特定文化背景下的特定主体的经验，但是并非特定主体在特定文化中的一切经验都属于这一范畴。它必须是能够在经典中沉淀下来，可以成为哲学反思的对象，因而具有超越文化疆界的潜在可能的那些经验类型。

经验之外，陈少明特别强调想象力的培养。他认为"想象的作用不只是抒发浪漫的情怀，或者满足虚无缥缈的幻想，它是思想或知识的助手"[1]。笔者认为，想象力的培养固

---

[1] 陈少明：《想象的逻辑：来自中国哲学的经典例证》，载《哲学动态》，2012年第3期，第64页。

然重要，体验力的养成也不可或缺。这里的"体验力"是指人对于意义世界的参与能力。对于意义世界而言，体验即参与。人对意义世界的体验，本身就意味着意义世界的生成和创造，用中国哲学的术语近似地表达，就是"参天地之化育"。换言之，人对生命意义的发现，就是人对自身参与一个有意义的生成或创造的过程的体验。人对意义世界的体验决定了他能不能把特殊的经验普遍化，决定了他能不能从文化经验中识别出普遍观念，最终决定了人能不能真正参与作为意义世界之整体的实在。

沃格林说，实在并非一个同质延展的领域。[1]这也就意味着，意义世界作为一个不断生成和创造的过程，也可能是异质的。而"做中国哲学"的设想，实际上就是既向经验世界开放，也向实在领域开放。向经验世界开放，意味着揭示经典世界和生活世界"之间"的价值；向实在领域开放，意味着在参与中推进意义世界的生成和创造。就前者而言，脱离了经典世界的生活世界，只是时间之流中的一个个截面；脱离了生活世界的经典世界，只是中断了时间之流的一片片干涸的河床。揭示二者"之间"的价值，意味着让文化经验和生活经验互相激发，共同构成意义之生成与创造之流。就后者而言，实在领域并非经验世界之外的另一个世界。这也就意味着，它并非自明地呈现于经验世界之中，也无须通过对经验世界的舍弃或超越才能达到。对于经验世界的理解和

---

[1] 埃里克·沃格林：《秩序与历史（卷四）：天下时代》，叶颖译，译林出版社，2018年，第305页。

反思，既是意义世界的生成和创造，也是实在被发现并显明的过程。

文化经验可以在不同传统之间传播，也可以被异质传统所接受，还可以在新传统中积淀下来成为其重要的组成部分。过去、现在、将来，无不如此。"因缘""轮回""涅槃"这些来自印度的词语，不是已经被视作"中国传统"的一部分了吗？当我们在使用"天堂""地狱""末日"之类的语词时，一定会把它当成犹太-基督教的文化经验吗？在文明互鉴的当代历史条件下，不仅西方文化经验可能被中国文明传统所接受，并在其中积淀下来，最终成为新的中国传统的一部分，中国文化经验也可以在其他文明中传播、接受和积淀。既然没有人会认为基于希腊城邦生活经验的希腊哲学是希腊人独享的"地方性知识"，甚至也就不会有人把基督教传统的经院哲学视作"地方性知识"。同样道理，基于中国文化经验的古典哲学也不应被视为"地方性知识"。如果我们承认它的思考对象不限于特定族群而是指向全体人类，它就应该普遍有效。"中国"一词在古典语境中虽然有地域、族群、文化、政制等多重含义，但是不同层面的含义互相叠加却从不重合。换言之，在用它来给一个现代民族国家命名之前，它从来就不是一个边界清晰的实体化的概念，毋宁说它是一个外观混沌而内涵丰富的文明概念。因此，不仅"中国"古典哲学的思考具有普遍性，承载此古典哲学的文化经验也不能被特殊化。当代学者"做中国哲学"，也就必然承担着激活中国文化经验、参与文明互鉴的责任和使命。

这也就意味着，基于中国文化经验的中国哲学创作理所应当地具有"世界哲学"的意义。与古典时代不同，近现代以来中国人的文化经验中已经渗入了世界的因素，西学中国化的进程也是西方传统中的文化经验和思想经验在中国传统中沉淀下来的过程。当"斯芬克斯之谜""阿基里斯之踵"成为中国式"成语"的时候，当"修昔底德陷阱"成为中国学者思考自身文明处境时所聚焦的政治-历史哲学议题的时候，我们还能说它们完完全全是西方的文化经验吗？当一个中国学者以"特修斯之船"开始他的哲学讨论时，我们还能说它不是基于中西共享的文化经验而具有"世界哲学"的意义吗？让"世界内在于中国"，从文化经验和思想经验的层面来看，已经不再是一个目标，更近乎一个事实。具有了"世界"性的"中国"，将成为体验此"中国"的哲学工作者在"世界哲学"意义上创造其意义世界的经验基础。

这样，我们就不是"在中国做哲学"，甚至也不是"用汉语做哲学"，而是在"世界哲学"意义上"做中国哲学"。简单总结一下，它应该包括如下几个方面的意涵：第一，应当面对当代世界的普遍问题展开哲学思考；第二，有必要扩展和丰富我们的文化经验，让异质的文化经验也沉淀进来，形成新传统的一部分；第三，必须贯通经典世界和生活世界，既要用生活世界去激活经典世界，又要透过经典世界观照生活世界；第四，形成经验反思的高度自觉，既要对经验事物保持高度的敏感性，又能透过类型化的描述揭示经验世界的意义；第五，不追求体系的建构，而是着眼于经验世界之意义的发现，参与人类整体意义世界的生成和创造。

从概念到观念的转换

对陈少明"做中国哲学"的一种思考

曾海军[*]

陈少明教授最早在《经典世界中的人、事、物——对中国哲学书写方式的一种思考》一文中写道:"本文提议开拓新的论域,在肯定传统哲学史学科意义的前提下,尝试对经典做不以范畴研究为中心的哲学性探究,作为教科书思路的补充。不以范畴为中心,不是排斥对古典思想做概念的研究,而是要直接面对经典世界的生活经验,把观念置于具体的背景中去理解;或者更进一步,从古典的生活经验中,发掘未经明言而隐含其中的思想观念,进行有深度的哲学反思。"[1]该文先是收入同名著作之中,后又收入《做中国哲学:一些方法论的思考》一书中,对于"做中国哲学"的形成有着十分关键的作用。陈少明在该文中十分明确地表示,改变单纯对古典思想做概念的研究,代之以经典世界中的生活经验为研

---

[*] 曾海军,四川大学哲学系。
[1] 陈少明:《经典世界中的人、事、物——对中国哲学书写方式的一种思考》,载《中国社会科学》,2005年第5期,第57页。

究对象。与此相辅相成的,还有另外一种转换。范畴即较为基本的哲学概念,不以范畴为中心,在宽泛的意义上讲,便是不以概念为中心。发掘隐含在经典世界中的思想观念,则不妨理解为哲学性探究要以观念为中心。可见,还有一种尚未完全明确表达的意思,即以概念为中心转换为以观念为中心。更具体地说,"做中国哲学"清楚地表达了不以范畴或概念为中心的意思,只不过并未同样明确地表示要从之转换到以观念为中心。本篇试图在不以概念为中心的基础上,进一步明确以观念为中心对于中国哲学的创作而言意味着什么。

一、关于人、事、物的研究

不以概念为中心,并不意味着以经典世界的生活经验为中心,更不会表现在以具体的人、事、物为中心上。这只是表达一种研究对象的转变,并由此导致方法论的更新。陈少明在文章中分别就"识人"、"说事"与"观物"这三个方面展开论说,大致描述了以具体的人、事、物作为研究对象的各种情形。人、事、物代表了经典世界中种种生活经验的具体形态,以这种古典生活经验为研究对象,并非研究范围的简单扩大,或仅在于追求方法论上的不同,而意味着由中国哲学史研究向中国哲学创作的转变。"哲学史研究寻找既成的思想观念,包括前人提出的范畴、问题或论说,哲学创作则观察这些观念镶嵌于其中的生活经验",[1]经典世界中的

---

[1] 陈少明:《做中国哲学:一些方法论的思考》,第104页。

生活经验成为中国哲学创作的研究对象。以人、事、物作为古典生活经验的代表，显然经过了仔细的推敲，并且注意到"人物、人事、事物，这三个词可循环组合使用的事实，表明它们是组织成共同世界的要素"[1]。这也说明，人、事、物三者从一开始就并无鲜明的界限，既然以经典世界的生活经验为研究对象，更多的时候可能会同时涉及人、事、物三者。不过，这并不妨碍人、事、物具有相对的独立性，至少可以各有相当的侧重，甚至还能通过人、事、物三者的划分看出不同类型的研究。

回到"识人"、"说事"与"观物"这三个方面的具体论说上来。在"识人"方面，先及《论语》中的孔子及其学生，陈少明在这方面的代表作有《孔门三杰的思想史形象——颜渊、子贡和子路》。后及《庄子》书中的四类人物形象，这在《通往想象的世界——读〈庄子〉》中有专节"故事里的角色"和《立言与行教：重读〈论语〉》中有专节"先师的角色"，做了具体分析。又及《庄子》书中的孔子形象，代表作有《〈论语〉"外传"——对孔门师弟传说的思想史考察》一文。"说事"方面主要涉及"在陈绝粮"与"夫子为卫君"，代表作有《"孔子厄于陈蔡"之后》、《君子与政治——对〈论语·述而〉"夫子为卫君"章的解读》和《心安，还是理得？——对〈论语·阳货〉"问三年之丧"章的解读》。"观物"在自然物方面论及山和水，在人工物方面论

---

[1] 陈少明：《经典世界中的人、事、物——对中国哲学书写方式的一种思考》，前揭刊第65页。

及器,代表作有《说器》。通过将古典生活经验具体划分为人、事、物三者,陈少明显然很有意识地对这三者分别展开各种研究,并引领了此后一大批学者的研究方向,逐渐开辟出"做中国哲学"的研究领域。

不过,同作为经典世界中的生活经验,人、事、物之间的相互区分并没有那么重要。在研究过程中,无论"识人""说事"还是"观物",都不再以概念为中心,而关注镶嵌于生活经验中的思想观念,致力于中国哲学的创作,体会中国人的世界观。在"识人"方面,声称"不能用概念化的眼光打量人物,而要品味人物的行为细节,有个性才有人格的力量"[1];就"说事"而言,"在思想史事件中,有思想价值的事件的进一步界定,则为观念创造或哲学创作提供重要的素材"[2];至于"观物","只有领悟古人观物的眼光,中国文化中关于物质与精神的关系,中国人的世界观,才能得到有深度的体会"[3];等等。可见,重要的是人、事、物同作为古典生活经验的具体形态,而在实际的研究过程中,更多的时候是三者交织在一起。如在《解惑》、《明耻——羞耻现象的现象学分析》和《忍与不忍——从德性伦理的观点看》等文章中,人、事、物并未各自分开,而是都得到了不同程度的论说。其实,人、事、物联系或区分都比较明显,而更值

---

[1] 陈少明:《经典世界中的人、事、物——对中国哲学书写方式的一种思考》,前揭刊第60页。
[2] 陈少明:《什么是思想史事件?》,收入氏著:《经典世界中的人、事、物》,上海三联书店,2008年,第49页。
[3] 陈少明:《经典世界中的人、事、物——对中国哲学书写方式的一种思考》,前揭刊第65页。

得注意的地方在于，同作为古典生活经验，三者的研究地位可能并不等同。若仔细推敲，有很值得玩味之处。

虽说看起来人、事、物的表达完全属于平列的关系，但在实际的研究过程中，却是事占据着中心地位。一般来说，人与物都很难单独呈现，往往离不开事的叙述。经典世界中的生活经验也一样，很多时候都是通过以事为中心的叙述，人与物才会随之出场。比如，"《老子》、《论语》、《孟子》同《庄子》的不同，可以看作诗、史、论同剧的区别"[1]，四者之间作为诗的《老子》离人、事、物的叙述距离最远，作为论的《孟子》虽多论辩却不乏因事而起的对话，作为史的《论语》和作为剧的《庄子》，更以将思想事件作为中心的史实和剧情为主。以事为中心的研究，还可以从《经典世界中的人、事、物》一书中收录的研究成果获得印证。严格来说，专属人与物的研究论文，仅有关于孔门三杰和《说器》各一篇，而专门论事的文章至少有三篇，其余论文亦多以事为主。而且还有一篇专论思想史事件，虽说"事件"并不会仅限于事，而总少不了人，以及牵涉物，但它却分明就是以事为中心。以事为中心符合生活经验的叙述，生活经验无非由一件又一件发生着的事构成，人和物都卷入具体的事当中。其实，人与物都随事的发生而出场，才会带着生活经验的特征。否则，人与物一旦脱离具体的事情，就容易变得抽象。抽象的人容易被引向人性论，抽象的物容易走向存在

---

[1] 陈少明：《通往想象的世界——读〈庄子〉》，收入氏著：《经典世界中的人、事、物》，第256页。

论，等等。

　　陈少明在明确提出经典世界中的人、事、物之前，研究成果中常见的主题恰恰是自我、他人与世界。两相比较，人、事、物的提法主要多出的是事，正是事的提出决定了其研究前后不同时期的主题发生了重大变化。在自我、他人与世界的主题中，自我与世界属于人与自然的关系，自我与他人属于人与人的关系，都在西方传统的哲学论题中。事被提出后，人与物也因此而发生变化，由于事的个别经验性，人与物也变得具体了。当然，事本身也可以在一般意义上论，如"冯达文先生有《"事"的本体论意义》一文（《中国哲学史》，2001年第1期），对纠正重理轻事的倾向甚有启发。本文说事，再深入一步，不是总体上论事，而是透视具体、个别的事件"[1]。由于事是具体、个别的，一方面"事是人做的，人与事经验上分不开"，另一方面，"所有的人与事都是在物的舞台上展开的，传统正是在贴近人事关系上看待物的"，[2]人、事、物由此成为古典生活经验的代表形态。再由具体的事走上形而上学，其方式可能还不止一种。"在'事'的展开过程中形成新的事物既体现了存在过程和存在形态的互动，也为现实世界中存在与生成的统一提供了可能"，[3]由以"事"统一存在与生成而提出具体的形而上学，这是与其他学者不同的道路，兹不赘述。

---

[1] 陈少明：《经典世界中的人、事、物——对中国哲学书写方式的一种思考》，前揭刊第62页脚注。
[2] 同上文，第60、63页。
[3] 杨国荣：《存在与生成：以"事"观之》，载《哲学研究》，2019年第4期，第46页。

从自我、他人与世界到人、事、物的转变并非突然，即便对于人与人、人与世界这种哲学论题，此前陈少明也是反对概念化的抽象研究，而强调中国哲学的经验性和具体性。比如对于他人，"中国哲人从没有为如何从对方眉头皱或眉毛弯来解读他人的心情这种问题操心"；对于世界，"从经验的观点看，物总是具体的物"；对于自我，"'我是谁'不是要求一个概念式的答案，而是要唤醒自我对生平经验的反思"；等等。[1]而在确立经典世界的人、事、物之后，他还有类似于《"吾丧我"：一种古典的自我观念》这样的文章，主题上可以有延续或交叉。在前后不同时期的主题之间，最值得注意的还是对"物"的研究。陈少明前期的研究多关注《庄子》，其中又以《齐物论》一篇为要，对"物"的研究可谓题中之义。在"齐物"三义中，他在分析第二层"齐同万物"时写道："日常的物都是具体的，有自己特性的，如果只从其同一性来着眼，将其抽象化，所谓'有'，不如说是'无'。"[2]所谓"化有为无"齐万物，还是比较典型的抽象思辨的方式。等到再次解读时，这种表达出现微调，变成"人只要摆脱了对物的利害的考虑，物的特性就不必关心，物之有就等于无"[3]，明显有去概念化的倾向。提出经典世界中的人、事、物之后，陈少明以《说器》一篇为代表，以器论物，便是我们熟悉的不以概念为中心的研究方

---

[1] 陈少明：《自我、他人与世界——庄子〈齐物论〉主题的再解读》，载《学术月刊》，2002年第1期，第19、21、22页。
[2] 陈少明：《〈齐物论〉及其影响》，北京大学出版社，2004年，第25页。
[3] 陈少明：《自我、他人与世界——庄子〈齐物论〉主题的再解读》，前揭刊第21页。

式。不过,在人、事、物三者并列的表达当中,不仅以事为中心,而且单独论物的部分分量其实很难与人和事相比。在经典世界当中,物无论是数量还是可论说的余地,都比较有限。简单地说,一部《论语》有很多的人和事可论,乃至可一论再论,却很难说有多少物可论,尤其缺乏像人和事那种巨大的论说空间。固如是,事可以由总体论事深入个别事件,对物的研究却很难有类似的调整。不过,也正是对物的研究,使得"做中国哲学"出现了新的可能性。由《"心外无物":从存在论到意义建构》一文可以看出,从总体上论物并不会重回以概念为中心的老路。相反,以《经典世界中的〈兰亭序〉——一个哲学的视角》为契机,在"识人"、"说事"与"观物"三者当中,"观物"出现不一样的研究动向。于是,"做中国哲学"由《作为精神现象之"物"》一文,开启了观物的形上学之路,并在《道器形上学新论》中成形。

二、不以概念为中心

陈少明声称不再以概念为中心开展中国哲学的研究,并由此提出经典世界的人、事、物,希望哲学研究关注古典的生活经验,却最终在观物的问题上通向形上学。这种转变耐人寻味,不过在论观物的形上学转变之前,有必要先探讨一下不以概念为中心具体有哪些指向。不以概念为中心,总的来说,便是反对"以西学为衡量中学的尺度"。西学的尺度往往就表现在概念框架上,"这种以西方哲学为概念框架,重述中国古代思想传统的手法，后来成为研究中国哲学的通行方法"。先在比较的名义下以西方哲学的概念框架明着进行裁剪，后来似乎走出了比较的模式，但"以西学的概念框架叙述的中国哲学史，实际是一种隐性比较的产物"。以概念为中心的比较研究存在很多问题，由于"中国经典文本中很多思想范畴缺乏严格的意义界定"，强行通过西学的概念框架来叙述，"比较的结果就会像是照哈哈镜一样"。[1]具体而言，一方面，"一个世纪来，用来解释中国哲学的大多数范畴，如本体、现象、主体、客体、共相、殊相、唯物主义、唯心主义、辩证法、形而上学、感性、理性、原因、结果、先验、经验、自由、必然，等等，基本上都来自西方近代哲学，即唯理论、经验论以及德国古典哲学"，这是一种讲究逻辑论证而以认识论为中心的理论哲学。另一方面，"中国传统中，像天人、性命、善恶、是非、有无、物我、本末、体用、言意、形神、理气、心性、知行、道器等等范畴，则是围绕着对人生的意义及其根据展开的"，因"近代西方与古代中国这两套'形而上'的观念差异极大"，从而导致严重的"范畴错置"问题。[2]

由于中西两个传统的范畴非常不一样，又默认以西学的概念框架为优先性，因此以概念为中心的中国哲学史研究歧路重重。"范畴错置"的问题能清楚显示以概念为中心的研究面貌，用照哈哈镜打比方可谓相当形象。即便颇具原创

---

[1] 陈少明：《做中国哲学：一些方法论的思考》，第11、50—51、57、63、82页。
[2] 同上书，第82、83页。

性的现代新儒家学者如牟宗三，在以概念为中心的研究道路上，也难免问题丛生。陈少明分析道："在诠释宋儒的专门词汇时，他离开康德，创作了像呈现、坎现〔陷〕、玄智、逆觉体证、直贯系统、无执的存有论、即存有即活动、超越的本心等等术语。这类词汇，其实并不比理学固有的范畴更好懂。"[1]已有的概念系统相互比较容易出现错置，创造各种新的概念又难免沦入"空谈"，不再以概念为中心进行中国哲学的创作便在这个背景下被提出来。经典世界的人、事、物一经确立，研究对象得到成功转换，一种全新的论域由此形成，完全改变了以概念为中心的中国哲学书写方式。现如今，中国哲学的研究早已不是以概念为中心的局面，这一方面由于陈少明引领的"做中国哲学"造成越来越大的影响，另一方面由于有很多学者以各自不同的研究风格改变着过去以概念为中心的研究状态——虽未曾如陈少明这样旗帜鲜明地主张不再以概念为中心，实际的研究方式却在呼应着这种主张，使得以概念为中心的研究力量越来越势微。

并非所有学者做学问都一定受过西学概念的影响，有的学者从一开始就不曾受西学概念框架的沾染，并清醒地认识到，"'哲学概念'上，一方面我们无力对任何一种西方哲学概念作某种正面批判，几乎总是任意地接受一种哲学概念然后奉之为教条"；"另一方面，在我们将此种概念之教条展示于'中国哲学'时，又往往是含混和不彻底的"。有了这种

---

[1] 陈少明：《做中国哲学：一些方法论的思考》，第91—92页。

认识，才不会担心中国是否有哲学的问题，而是主张，"关键不在于我们曾否有哲学，而在于我们从今而后能否哲学地思"。[1]是否有哲学的问题，很难避免与西方哲学的概念体系相纠缠，而提出"哲学地思"，则以非常高明的姿态俯视哲学概念的问题。基于此一见识，其乃至认为："虽然少明先生对于20世纪中国哲学史工作反思力度极大，但对哲学的理解方面，有没有仍然受到'方法论'一系思路的影响呢？"[2]但这与不以概念为中心的哲学研究，显然相互呼应。所谓"哲学地思"，便不是对儒家思想中诸如慈与孝这种问题，只做概念化的工作。无论是"对慈与孝的功利主义解释"，抑或"对慈与孝的情感主义解释"，都属于概念化的表现。似乎只有通过概念化过滤掉经验才能进入哲学的高地，而"哲学地思"却能带着经验进入思想的领地。"慈与孝作为关乎人的存在意义的根本经验"，便可视作"哲学地思"的结果。"在宋儒思想中，父慈子孝与鸢飞鱼跃，无非天理之流行。恰恰是用那种概念化思维理解宋儒思想时容易忽略天理之流行义"，可见需要反对概念化的思维方式。[3]这并非就全然不能以概念视之，"从概念的显性特征来讲，孝的重点在'爱'，悌的重点在'敬'"，而是同时也需要有观念的意识，"儒家孝的观念，不仅是对在世父母长辈而言的，

---

[1] 丁纪：《关键在于能否哲学地思》，载《哲学研究》，1999年第10期，第27、29页。
[2] 丁纪：《哲学创作的贫乏与哲学的"限度"》，载《四川大学学报（哲学社会科学版）》，2004年第6期，第36页。
[3] 唐文明：《彝伦攸斁：中西古今张力中的儒家思想》，中国社会科学出版社，2019年，第225页，第226页及其脚注。

而且包括生命成始成终的意义在内"。[1]完全以概念化的方式处理"孝"的问题，就会"把儒家讲到孝的内容，做归类与总结，说明孝的特征、演变等问题。更'哲学'的，是将孝更加抽象化"。但这显然不是唯一的处理方式，恐怕也不是最好的方式。需要注意到，"儒家经典中大量讲到'孝'，其背后都是父子关系的经验思考，而父子关系则是古今、中西都普遍存在，并且在人类社会扮演着重要角色的一种最基本的人伦关系"。不以概念为中心，意味着"将经典所述的孝还原为父子关系，可以看到中国古代圣贤如何用这一道德词语去定义、规范子对父的感情，并由之发展出一整套伦理秩序"。[2]基于经典当中父子的人伦关系而思考整个伦理秩序，导致的结果便是不以概念为中心进行哲学研究，而以经学为中心进行"哲学地思"。通过这种思考，可以发现"朱子教民以孝，不是用抽象的术语进行概念辨析，以其'理'服人，而是以孝之礼法教民"，于是相关研究转向"举孝廉、举孝弟力田等选举制度，尊高年、赐孝弟力田钱帛、恤鳏寡孤独等政策"，[3]其内容皆源于经学，各种经义通过具体的制度塑造了人们的生活世界。

当然，更多的学者先不同程度地受到了西学概念框架的影响，之后再不断地努力反思和纠偏，只不过反思的方式各不一样。比如，反对西方的"视觉中心主义"，就与不以概

---

[1] 李景林：《教化儒学续说》，中国社会科学出版社，2020年，第199、202页。
[2] 陈壁生：《何谓"做中国哲学"？——陈少明〈做中国哲学〉评议》，载《哲学研究》，2017年第8期，第124页。
[3] 陈壁生：《经学、制度与生活：〈论语〉"父子相隐"章疏证》，华东师范大学出版社，2010年，第16、18页。

念为中心极为类似。在有的学者看来,"西方哲学史的理性主义和逻各斯中心主义传统,完全可以在视觉中心主义的基础上得到全新的诠释。知识论是西方哲学的显学,存在论因为进入知识论而被言说和显现,而视觉中心主义是知识论的重要主题,视觉喻和光喻在西方哲学史上比比皆是,从而形成了一种视觉在场的形而上学"。[1]以概念为中心意味着一种逻辑论证和认识论的理论哲学,而视觉中心主义同样属于理性主义和知识论的哲学传统。为了反对西方的视觉中心主义,有学者就从感觉器官在不同文明中的优先性出发,认为在先秦时期耳、目、口(舌)等并用,后来耳含摄目而取得优先地位,使得中国思想远离"视觉优先"的古希腊文化,却又未导出与希伯来文化相似的"听觉优先"这一文化取向,而是向"耳口为圣(聖)"的古老传统回归。最终是口(舌)具有优先性,"标志着区别于视觉优先或听觉优先的味觉优先的认知品格,乃至更一般的精神道路之完成,即自觉敉平主客之间距离,以主客彼此交融而互相应和为基本特征的精神道路自觉完成"。[2]于是与西方的"视觉优先"不同,中国的传统哲学则以"味觉优先",实现了从"视"野到"味"道的转移。除此之外,还有学者主张"触觉优先",认为基于对传统西方哲学"视觉中心主义"的反思,长期被边缘化的触觉在哲学上的地位日益凸显,并且声称:"这种感

---

[1] 高秉江:《现象学视野下的视觉中心主义》,载《哲学动态》,2012年第7期,第51页。
[2] 贡华南:《中国早期思想史中的感官与认知》,载《中国社会科学》,2016年第3期,第60页。

觉取舍上的此消彼长，与其说是一些标新立奇的哲学家思想上一时的见异思迁，不如说是触觉作为一种'根本觉'，其自身所固有独一无二的属性和特点使然。"[1]与触觉十分接近的是痛感，恻隐之痛是孟子思想中非常经典的论题，儒家津津乐道的"识痛痒"问题，在西方哲学中则"是一个近乎无解的哲学难题"。[2]这都是以不同方式在反思，如何摆脱以概念为中心的西方哲学对中国哲学的主导，力图更加关注中国哲学自身的哲学特性。

即使以概念为中心的哲学研究并不受到反对，其面貌也有了很大的不同；至少在摆脱西方哲学的主导，从而形成中国哲学自身的问题意识上，有着与反对以概念为中心的研究相同的努力。比如对极具中国哲学特色的"生生"问题，"生生何以能够不已，或者说，变化之永恒不变是如何可能的"，提出"仅从经验上事物间相互作用（或气的聚散）的无限出发，而不能揭示出其中概念的必然性"。虽说阐明"生生变化的无限性和普遍性"，仍然依靠概念之间的必然性来达成，但有的研究却力图围绕着中国哲学自身的概念而展开。不仅如此，有些研究"为了更具分析性地揭示'理''气'等中国哲学概念的观念内涵，将西方哲学语境中习见的形式和质料转借为具体思辨展开的结构性概念"，[3]即通过改造西方哲学中的概念来揭示中国哲学的概念。更值

---

[1] 张再林：《论触觉》，载《学术研究》，2017年第3期，第10页。
[2] 陈立胜：《"恻隐之心"、"他者之痛"与"疼痛镜像神经元"——对儒家以"识痛痒"论仁思想一系的现代解释》，载《社会科学》，2016年第12期，第116页。
[3] 杨立华：《一本与生生：理一元论纲要》绪言，生活·读书·新知三联书店，2018年，第2、3页。

得注意的是，随着研究的深入，在区别于西方文化中的概念时，中国哲学的概念在内涵上出现了新的动向。比如说，关于《易传》中的"神"，其"与先秦信仰中的'神'的概念是一脉相承的"，又"与西方宗教中的相关概念非常不同，其核心是灵动莫测"，它通过"几"这一概念得到了阐明："几，就是万物运动那尚未完全显现出来的趋势，'知几'便是了解自然造化之妙，看出这隐微未形之动。既然是动之微，就不可能是固定不变的，因而，知几之人完全可能通过自己的行为调整命运的走向，而这正是充满了《周易》卦爻辞的内容。"[1]这即是说，"神"作为中国哲学的概念，一方面具有某种运动的趋势，另一方面这种趋势却又有待于人的作用。这就意味着"神"虽具有一定的内涵却又不完全确定，已不适合以概念视之。此意留待后文再论。

三、观物的形上学之路

前文论及陈少明提出经典世界的人、事、物后，却最终在观物的问题上走上了形而上学的道路。诚然，他最早声称不以概念为中心进行的哲学研究，并不能等同于反形而上学的研究。但传统形而上学有着典型的范畴和概念思辨的体系特征，这是不争的事实。围绕着经典世界中的生活经验，通过"识人"、"说事"和"观物"的研究方式，"做中国哲

---

[1] 吴飞：《阴阳不测之谓神——略论先秦的天神信仰与命运观》，载《中国文化》，2021年第1期（第五十三期），第120、122、121页。

学"的基本面貌便是与传统形上学的晦涩概念和艰深体系保持着距离。在经典世界的人、事、物之间，虽说在充满古典的生活经验上并无区别，但物与人、事相比，在哲学研究的道路上注定有着不同的命运。有学者就希望"把中国哲学的主要关注定义为'事的哲学'，而西方哲学的主流是'物的哲学'"，乃至"要是明确为'人之事'就更好了"。[1] 不难料想，"物"本身就更具有西方哲学的特性，而由"观物"走上形上学，似乎很难保证不回到西方"物的哲学"这条老路。

诚然，"事的哲学"与"物的哲学"也是一种富有启发的区分方式，沿着"事的哲学"这一方向提出"我行"的形而上学支点，显示了非凡的思想能力。这一思想指出"传统的形而上学定位就是一个错位"，称得上以某种最彻底的方式与西方哲学中"以存在和真理为基础的框架"相决裂，甚至对"儒家以关系为问题基准，完全不同于以个体为基准的路径。儒家还关注动态关系和互动性，不相信绝对性和先验结构"，表示相当的肯定。然而，事情远没有这么简单，当一种思想声称以"否定词的发明"作为"具有'创世性'的第一个存在论事件"，而"可能性就是通向所有问题的第一路标"时，[2] 原本将历史代替存在，或将存在历史化的开端，却竟然没能让思想在历史中展开，而是使思想反手将历史变成否定词和可能性的素材。就此而言，从这种只剩下批判性和反思性的思想中，完全感受不到中国哲学那熟悉的味道。

---

[1] 赵汀阳：《纪念老师李泽厚》，载《读书》，2022年第1期，第35页。
[2] 赵汀阳：《形成本源问题的存在论事件》，载《哲学研究》，2021年第12期，第81、83、86、88页。

与此相比，陈少明虽然论"物"，但在首先指出物的问题"远非作为知觉经验甚至物理探讨的对象可以限定的"之后，便将"观物取象"作为"入手的方便法门"展开分析，认为"就中国传统的经验而言，'观物取象'正是文化符号化的开创性或奠基性的思想步骤"。[1]这就使得整个哲学分析充满着中国传统的经验，对"物"的研究并没有走回西方认识论的老路，而开辟了"做中国哲学"的物论，以此实现中国哲学的创作。

早在《"心外无物"：从存在论到意义建构》一文中，陈少明通过对心与物关系四种情形的区分，已经涉及对"物"的整体分析。文章虽然声称"没有加入追随形上学的潮流，对心的形上意义作精心推演"，但由物虽"毁于心外"却又能"活在心中"的现象，思考"心灵塑造文明"，认为"心经历了对于先在之物认识，其意义便在心中确立，有了自身的效力，且可在不同的心之间传递交流，如是而推动文明的进程"，就已经明显带有了观物的形上意味。[2]这一视角最早可能可以追溯到"'怀旧'与'怀古'，是一种精神上具有本体论意义的归家倾向"[3]这一论断上，而后集中体现在对书法作品《兰亭序》的经典分析上。《兰亭序》最独特的地方在于，在原作早已消亡的情况下，它却能以临作的方式流传

---

[1] 陈少明：《作为精神现象之"物"》，载《孔学堂》，2021年第4期，第56—57、59页。
[2] 陈少明：《"心外无物"：从存在论到意义建构》，载《中国社会科学》，2014年第1期，第84、83页。
[3] 陈少明：《怀旧与怀古：从心理到文化》，载《哲学研究》，2011年第10期，第50页。

千古，陈少明选取之，就比选取令人怀古的文物更进一步，增加了对"物"作为精神现象的思考力度。"由原作与临作的亲缘关系，可以联系到艺术品与文物的同一性问题"，而"历史生命的同一性，是精神的领悟力决定的"。与此同时，《兰亭序》的主角"虽然肉身退场，但道身犹存，其精神寄托在众多的拓本临作之中"，各种各样的"临摹不是单线式的联系，而是谱系性的扩散，由此而深刻地嵌入我们的文化传统"。[1]

陈少明由阳明的"心外无物"思考心与物的结构关系，做了四个层次的划分，又在塞尔"众志成城"这一故事的启发下，对于"毁于心外，活在心中"这一关系特别留意。其后又区分"物质与心灵、自然与人工、实用与象征和社会与精神"四个层次，"分别说明物的自然性、功用性、社会性和精神性"。[2]最后还将器物世界区分为五个层次，分别为自然物、日用物、象征物、功能物和人物。[3]陈少明在对物的整体性思考和研究中，始终有一条主线，即对于以艺术品、纪念品、文物等为代表的物，深入展开精神性的探究。借助"特修斯之船"，文物成为引人注目的焦点，作为艺术品的《兰亭序》也是文物。文物看似只是一类特殊的物，无论在哲学领域还是生活层面，只是一类很不起眼的存在物，并没有太多存在感。然而，通过陈少明精湛的哲思及独到的分

---

[1] 陈少明：《经典世界中的〈兰亭序〉——一个哲学的视角》，载《哲学研究》，2021年第9期，第59、60、63页。
[2] 陈少明：《作为精神现象之"物"》，前揭刊第59页。
[3] 参见陈少明：《道器形上学新论》，载《哲学研究》，2022年第10期。

析，文物既作为"物"，又与"文"连成一体，成为撬动西方哲学"以存在和真理为基础的框架"，形成"做中国哲学"物论的一个支点。文物之为物，无疑具有存在物的客观性，但其作为物的同一性，却又离不开"文"的作用。此"文"离不开历史、传统，更构成文化、精神。在西方哲学传统的物论中，物的客观性必须依靠存在的同一性获得保障，两者之间完全属于一体之两面，甚至无法想象其间的裂缝。陈少明凭借着对"文物"的系统研究，令人难以置信地在两者之间撕开了一道裂口。在确保物的客观性这一前提下，他指出"物体的同一性，其实是由人来把握的"，但这不是将同一性归为主观性，而"与历史生命力有关"，同一性的获得"背后都有人格与历史的理念"。[1]陈少明由此提出精神现象之物，客观性出自物，而同一性则出自精神，观物走上了形上学的道路，由此开辟"做中国哲学"的物论，可谓极富中国哲学的创作精神。

由文物作为精神现象之物，很快就毫无悬念地进入了道器不二这一论域。《周易》所谓"形而上者谓之道，形而下者谓之器"，以十分经典的方式将道与器分开论说，从而充分显示了形上的高度。但受西方哲学的影响，分开而论的道与器不难理解，分开之后再要论道器不二，理解起来反而变得异常艰难。尽管现代学者很早就注意到道器不二的传统很不一样，但无法克服西方哲学主客二分的认识论带来的蔽

---

[1] 陈少明：《物、人格与历史——从"特修斯之船"说及"格物"等问题》，载《华东师范大学学报（哲学社会科学版）》，2022年第4期，第3、5页。

障，道器不二就不大可能得到有效的阐明。正是在这种背景下，由"文"提供同一性而由"物"提供客观性，"文物"自带二重性的特征，给有效阐明道器不二的思想提供了绝佳的机会。虽说类似"即器言道，就是从器的使用中理解其作用或意义及其变迁"，或者"'道'这个高度抽象的概念，原本是从器演变而来的"的说法，现代学者未必没有表达过，但从器最具体的使用到最广泛的天下之道，这种"因器类的不同，其能直观的程度存在从显到隐的变化"的整个过程得到清晰的刻画，应该还没出现过。陈少明在这个过程中使用了"能见度"这个提法，并直接表示"道的'能见度'是个有趣的问题"。就道而谈"能见度"，这应该跟文物欣赏脱不开干系。面对文物，眼前见到的只是"物"，但真正欣赏的却是附着于其上的"文"，这就很有趣。若仅就能见度而言，日常生活中的器物，其用途的能见度显然更高，但凭借这种直观的用途来论道，可能会让人疑心是不是冒充内行。反过来，就着孔子所说"吾道一以贯之"（《论语·里仁》）来论，虽然显得很专业，但能见度太低，难以让人相信其与眼前所见器物不出于二。但欣赏文物就不一样，"物"就是眼前可见的，值得欣赏的"文"也因此具有某种"能见度"。文物简直就是为"道器不二"量身定制的形象代言物，其道具有的"能见度"处于一种恰到好处的状态。文物作为"物"，本身来自历史长河中某种具体的器物；文物作为"文"，又通向整个历史性的文化传统，从而获得了从最具体的器物用途到最广泛的天下之道之间的沟通渠道。陈少明在《道器形上学新论》摘要中云："从有形的器感知、掌握无形的道，在历史的原野上寻找文明的路径，勘察意义的地图，正是道器形上学的使命。"

从反对以概念为中心而提出经典世界中的人、事、物，到建立道器形上学却并未重蹈概念系统建构之覆辙，"做中国哲学"可谓上了一个崭新的台阶。最难得的是，我们论形上之"道"，可以一改过去艰深晦涩或玄远空灵的面貌，显得平易近人而具有很强的可读性。这种效果显然得益于陈少明过去"做中国哲学"一贯的研究方式，即始终将观念置于古典的生活经验中进行论说。道器形上学不但没有偏离经典世界中的人、事、物这一提法，而且完全从后者发展而来。其中的"奥秘"就在于物，虽如上文所论，物在人、事、物中的论说空间最小，但以《兰亭序》为契机，论"物"发生了一个奇妙的变化。陈少明如是说："《兰亭序》为我们提供了一个观察经典世界之'物'之独特案例。人、事、物互相作用、互相转化。没有人的活动就没有事件的发生及影响，而没有事与物的关联，行为就缺少工具或背景，所谓活动就会很抽象。"[1] 本来人、事、物之间的相互作用很明显，但若将物置于整个历史传统中，让人与事集中于物发生作用，其效果就十分震撼。《兰亭序》作为经典世界之"物"，集结了如此丰富的人与事，人、事、物在《兰亭序》上变得难分难解，完全没有抽象的可能。但与此同时，它已绝非简单普通之器物，而是积蓄了一千多年的文化传统，其力量足以撼动西方哲学主客二分传统中的物论。《兰亭序》以十分醒目

---

[1] 陈少明：《经典世界中的〈兰亭序〉——一个哲学的视角》，前揭刊第62页。

的方式昭示，其作为"物"的同一性并不在其自身，而在于集结了一千多年人、事、物的流转之中，并且必将持续下去，迎向未来。陈少明以十分敏锐的洞察力捕捉到了《兰亭序》的这种独特意义，对此进行了卓越的哲学思考和独到的哲学书写，使得《兰亭序》走出艺术史而变成一个哲学大事件——物在丝毫未减损客观性的同时，其原本应该确定无疑的同一性内涵，却首次出现了流转。物依然还是那个物，其客观性不变，但物之为物的同一性，却有待于人和事的参与。此与前文论及的"神"可以相呼应，在这种情形下，概念的界限已经被突破了，不再适宜以概念视之。

四、以观念为中心

有学者论及概念的两种含义时认为，"较宽泛的是指'心中的观念、想法'，大约相当于'可被明确意识到的稳定意义'；较窄的则指'从具体事例中抽象出来的普遍观念'"，[1]这就相当于观念与概念之间的区分。一般来说，观念比概念笼统、模糊，某种观念往往先形成；通过概念进行精确化、系统化，就能将范围较广且相对笼统的观念，升级为由若干更为精细的概念组成，且内容更为明晰、更有条理的话语系统。此亦可见概念的边界分明，内涵凝定，而观念的边界模糊，内涵流动。如有学者提出仁学本体论时就声

---

[1] 张祥龙：《概念化思维与象思维》，载《杭州师范大学学报（社会科学版）》，2008年第5期，第3页。

称:"宋明时期仁体的观念多所使用,但宋明仁学中仁体往往多被强调作为心体或性体的概念,真正作为本体的观念却不多,所以这需要作新的发明与揭示。"在这里,观念和概念的使用就有着清楚区分。作为一种观念,仁体在宋明时期就已经出现,但那个时候还具体表现为心体或性体这样的概念,以及"庄子曰'天地之大全',张南轩言'语道者不睹夫大全',朱子言'究道体之大全'、'功用之大全',此类概念皆可用以论表一体"。但必须如此揭明,"仁是根本的真实,终极的实在,绝对的形而上学的本体,是世界的根本原理",在具有了清晰且凝定的内涵,使仁体不再停留在某种笼统的观念上,而获得了实体化的概念地位后,仁体才能真正建立起来。在此之前,是"以《西铭》和《识仁篇》为代表的新仁学,突出'万物一体'的观念和境界",或是"仁作为万物一体的概念,主要还是显现在主观的方面,而不是显现为客观的方面";只有在气的意义上讲万物一体,仁才具有实体化的可能。在此之后,则"不必再以气来作为载体,而可以直接肯定本体、实体的概念义建立仁本体"。[1]观念要以概念化为目的,只有抵达概念系统才算完成了哲学理论的建构。

观念形成之后,固然需要不断地概念化,以获得哲学理论的明晰和完善。但概念化之后,并不意味着观念就被淘汰了。对于中国哲学而言,观念固然有需要概念化的时候,而

---

[1] 陈来:《仁学本体论》,生活·读书·新知三联书店,2014年,第29、30、32、34、35页。

概念也需要始终朝向观念。更为根本的区别在于，中国哲学并不致力于将观念概念化，建立以概念系统为中心的理论，而主要以观念为中心，致力于诸观念的各种阐明。在中国哲学中，概念未必是观念的升级替代版，而更像是观念的助手。观念既可以处于概念形成之前的初始阶段，亦可以处于概念形成之后的高级阶段。简言之，中国哲学以观念为中心，有着自身的观念体系，这个体系与凝固和明晰的概念系统相比，更具有机性和生长性。那么，相比于概念，观念的面貌究竟有何不同呢？陈少明在观物的形上学中就"物"之所论，详细地阐释了这个问题。过去对中国哲学中物论的研究，集中在存在论或万有论的层面，围绕着唯物或唯心的争论，力图把捉最普遍也最抽象意义上的"物"，其确定的思想内涵是什么。这种问题意识当然深受西方传统认识论的主宰，但再怎么摆脱西方哲学的影响，都很难意识到以概念的方式探究"物"的内涵，本身可能就存在问题。将"物"的同一性问题置于整个文化传统中进行追索，便彻底改变了"物"作为一种概念的面貌。"物"的思想内涵有待于文化传统中人与事的不断参与，而非在自身之内保持着同一性，这正是"观念"可以表达的意思。陈少明恰好对"观念"之"观"有过一段精彩的描述："在视觉行为中，观比看有更深的含义。观的对象一般规模宏大，如观象于天或观法于地。孤立的一瞥，只是抓住对象的片段，看到的内容非常有限，它需要动态的过程，或者时间的运用，才能掌握对象的全貌。也可以说，'观'是一个个'看'的片段的叠加，就像电影胶片本是分格图片，连接放映才是景象的完整展示。在观的过程，前面的经验是理解后面经验的基础。"[1]

"观"在传统文化中有其独特性，已为现代学者所注意。《周易》中有观卦及"观象于天""观乎天文"之类的经典表述；不仅孔子常称"观"，《老子》一书中也多言"观"，现代学者皆有不同的研究，尤其对于《周易》中的"观象"研究颇多，形成专门的"象思维"一说。"象思维"的重点在"象"而不在"观"，而"'观'从根本上说是一种悟性活动，属于动态整体直观或体悟"。这虽然注意到"动态"和"整体"的特征，却以"直观"理解，使其多成不可言说之混沌语。尤以老、庄的思想资源解"观"，则坐实了"回到天人合德那种混沌未开之心态"。[2] 但"观"必定可说，哪怕"需要动态的过程，或者时间的运用，才能掌握对象的全貌"，也能清晰地描述。与"看"相比，"观"并非变得玄妙起来，而只是空间上更宏大，同时具备了时间上的流动性。对于"观"，《说文》云"谛视也，从见雚声"。雚是一种雀类，雀鸟飞翔过程中的俯视，不仅具有来自高空宏大的视野，还有途中持续不断的视野。这种视野上的宏大与持续相结合，构成了"观"大不同于"看"的格局，而首次以十分着实而清晰的方式揭明"观"这一格局的例子，正是陈少明对《兰亭序》的哲学分析。面对《兰亭序》，我们必须置身于一千多年的文化传统之中，"观"其与之息息相关的

---

[1] 陈少明：《作为精神现象之"物"》，前揭刊。
[2] 王树人：《中国哲学与文化之根——"象"与"象思维"引论》，载《河北学刊》，2007年第5期，第22页。

人、事、物之种种，才能算作对这一文物的"观"赏。这种"观"不仅可以言说，而且如描述"看"一样清晰，只不过是"一个个'看'的片段的叠加"。如此言"观"，其意义可能会有所减损，但能突出"观"的可言说性。以观念为中心区别于概念系统，但不能以含混的面目出现，付出思想清晰的代价。陈少明由观物走上的形上学之路，抵达以"文物"为典型的精神之"物"，打破了"物"停留在自身内部的同一性，也就意味着突破"物"的概念内涵，而成功刻画了其观念内涵，"做中国哲学"的局面也为之一新。

不过，"观"若只是视觉片段的叠加或连接，仅揭示宏大和持续的视野，恐怕还不够。在认识论的过程中，"看"处于感性认识阶段的功能十分明了，而"观"的哲学功能仍不甚明确。陈少明在另一篇文章中，同样论说"观"连接不同视觉片段时指出，"'观'把眼前的经验纳入与过去经验相联结的思想活动中，是观察向思考的过渡"。这说到了由"观"到"思"的过渡，随后更直接认为，"这种'观'还需要突破视觉表象，透过事物的外部形态去抓取其内在结构"，[1]这则意味着"观"本身就具有"思"的功能，只是这如何可能呢？以庄子的思想为例，陈少明指出"观念一旦能够被直观，就有直指人心的力量"，并表示"其'齐物'论虽然持万物一体的观念，却是以人的生命形态的体验为基础的"，这对于区分西方传统的形而上学，"一

---

[1] 陈少明：《生命的精神场景——再论〈庄子〉的言述方式》，载《中山大学学报（社会科学版）》，2020年第3期，第88页。

是研究万物共有即'存在'的本质，二是用概念推导获致的理论"，无疑具有良好的效果。[1]但这对于揭明"观"何以能"思"，区别于以概念为中心的形上系统，正面建设以观念为中心的哲学体系，并无太大的帮助。毕竟，道家这种"专注个人生命的'一个人的哲学'深入了关于生命、身体和体验之类与他人无关的问题，这些形而上学化的个人生命问题虽然深刻，却对任何普遍问题皆无说明，如政治、经济、历史、社会、真理等问题"[2]。相反，要分析"文物"作为一种"物"的同一性，就不能不进入久远的文化传统之中，构筑丰富的精神世界。观念除了具有"直指人心的力量"，也可以十分从容地阐明精神之物，以及十分饱满地揭明精神世界。精神世界有着自身的逻辑，精神生活的意义更需要被揭示，但精神世界只是与自然世界、社会世界相并列形成的第三个世界，这仍然还不够。波普尔关于"三个世界"的知识理论与之相比，"更关心其中的'科学思想'，而在精神的意义上，历史与文学艺术是更普遍的内容"[3]。只在精神生活的意义上占据了优势，而在精神世界与自然世界、社会世界之间保持着分裂，便无法为道器形上学提供整全的器物观念。

诚然，观念区别于概念，在于对观念的考察有着概念所不具备的广阔性和丰富性。比如，有人提出要"试着在某

---

[1] 陈少明：《生命的精神场景——再论〈庄子〉的言述方式》，前揭刊第92、93页。
[2] 赵汀阳：《形成本源问题的存在论事件》，前揭刊第87页。
[3] 陈少明：《"精神世界"的逻辑》，前揭刊第18页。

些哲学家的思想中去寻求这些观念的历史起源；观察它们的融合；注意它们在许多时期和不同领域中的那些广泛分布的影响中的某些最重要的影响，即在形而上学、宗教、近代科学史的某些领域中的影响，在艺术宗旨的理论，及其中的优秀标准的领域，道德评价中的影响，以及在政治倾向中的影响"，[1]等等，由此可以形成与哲学史不一样的观念史。"观念史的观念不限于概念或范畴，它可以是一种意义、信念或是思考模式，是通过对人、事及发生于其中的生活方式的分析才能揭示出来的。"[2]然而，无论观念史之有别于哲学史、思想史，抑或精神世界之有别于自然世界、社会世界，都只是让观念也占有一定的地盘，可以割据一方，而未能将观念推向中心。假如重新回到现象世界从头观察，任何人在生活中都可以有各种各样的观念，"未被加工的观念存在现象中，加工过的观念变成义理或者思想。不过，有两种加工类型，一种是用尽量提纯的方式，保证成果的纯粹、透明，这是一般的西式哲学理论；另一种像盆栽植物一样，把植物连同泥土一起切割出来，中国经典中那种把观念融入具体经验，当故事来讲述的方式，便类似这种模式"[3]。前一种即西方哲学以概念为中心的形上理论系统，后一种则是中国经典将观念镶嵌于古典生活经验中，形成以观念为中心的思想传统。以

---

[1] 阿瑟·O. 洛夫乔伊：《存在巨链：对一个观念的历史的研究》，张传有、高秉江译，江西教育出版社，2002年，第21页。
[2] 陈少明主编：《思史之间：〈论语〉的观念史释读》序，上海三联书店，2009年，第3页。
[3] 陈少明：《经典世界中的人、事、物——对中国哲学书写方式的一种思考》，前揭刊第65页。

概念为中心的哲学传统也会有很多观念，甚至还可以写出一部观念史来。同样地，以观念为中心的经典传统也可以有很多概念，以何者为中心便具有决定性的意义。只有将观念推向中心，"做中国哲学"才能接续中国哲学自身的形上学传统。道器形上学提供了一种全新的器物观念，即器物的同一性内涵有待于人、事、物的不断参与，这才是观念除了具有非常广阔和丰富的视野之外，与概念最根本的区别之处。

陈少明的道器形上学以十分独到的方式阐明了道器不二的清晰性，"从人们践道、体道与问道的过程，可知'道'就是体现或潜藏在器物的生产、分配与使用中的规则、秩序与意义"。当然，为了与西方哲学的形上本体保持距离，是否意味着"道器之'道'不必是一个超时空的形而上学'道体'"呢？[1]"做中国哲学"远离自身的道体论，可能导致很多论域都难以深入。"无论主理、主气、主心、主物、主有、主无，主仁、主知、主玄同、主分殊，所探究者皆为道体"，故道体论不宜放弃。"道体学的基本任务之一，就是研究流行与存有、凝成之间的关系"，将器物的同一性置于文化传统中考量，与这一任务的定位相吻合。道体学本身也与西方哲学的本体论不一样，"道体学与本体论之区别，即对应于道与一、一与是的区别"，延续道体学并不会重蹈西方本体论的覆辙。[2]尽管陈少明由衷地表示，"现代新儒家重建形上学的热情，不只是因为西学的暗示，也有传统思想力量的鼓

---

[1] 陈少明：《道器形上学新论》，前揭刊第54页。
[2] 丁耘：《道体学引论》序言，华东师范大学出版社，2019年，第12、13、15页。

舞。这些搭建宏伟思想景观的努力，包括今人正在做的，都值得尊敬"，类似的态度也一再得到申明，但这主要还是说明了一位具有健全理性的思想者，其所禀有的谦逊美德和抱有的开放态度。既然已经很明确地"认为西式形上学，不必成为做中国哲学的前提"，而主张"回到道器论，把形而上学理解为探讨意义的学问"，[1]其与西式形上学就不兼容，甚至也很难兼顾自身传统中的道体论。陈少明基于不再以范畴或概念为中心的主张，明确转换至以观念为中心，其旨趣仍然是方法论意义上的，看似并无创新之处，却能起到意想不到的重大作用。

以观念为中心形成的方法论视域，一方面可以沟通古今，无论纯粹理学还是复兴经学的做法，若在信靠经书的基础上自觉远离西方的概念系统，至少能以观念的方式进入现代学术话语；另一方面有利于沟通现代学者之间不同的研究方式，除了比较单纯地具有哲学背景的学者之外，还有基于古典学、宗教学、历史学、政治学、人类考古学、社会学等不同背景而与哲学相结合的学者，他们大都在建构概念系统上存在隔膜，而致力于各种观念的阐明。即便更为倚重西学资源的学者，也意识到西方哲学主要表现为"形式之维的概念活动"，其中"包括概念的生成和辨析"，而中国哲学在概念这一方面相对薄弱，"其思想、观念首先围绕内在的宗旨而展开"。[2]我们若能自觉地实现从概念到观念的转换，形成

---

[1] 陈少明：《"做中国哲学"再思考》，前揭刊第36页。
[2] 杨国荣：《走进历史的深层——关于重写中国哲学史的思考》，载《中国社会科学》，2022年第6期，第16、17页。

以观念为中心的方法论意识，就给现代学者各自不同的研究保持相互沟通和进行相互促进提供了更为有效的渠道，乃至终成一中国观念论的大事因缘，从而进一步推动中国哲学的创作。

中 编

中国哲学的当代视野

做中国哲学与加减法

陈建洪[*]

笔者主要研究外国哲学，尤其是政治哲学，但也是陈少明教授的读者，很赞同他提出的"做中国哲学"主张中的很多理念。先简单对题目做个解释：这个题目只是想借用霍布斯来讲一些体会，霍布斯认为人的理性活动的基础就是加减运算，[1]换句话说，对霍布斯来说哲学在根本上就是加减运算，就是词语排列的加减法。当然，霍布斯对哲学的这种极简解读，可以看作一种既现代又英国的方式，有特别的意义。霍布斯通过这种方式双线出击：一方面攻击了亚里士多德哲学及其经院哲学遗绪，另一方面攻击了罗马教会对《圣经》的排他式解读。[2]霍布斯的简化哲学究其根本在于主张回到常识，回到开端，回到定义。当然，陈少明的著作很难用霍布斯的加减法来框定。不过，笔者还是尝试从政治哲学的角度谈一些理解，也从这个角度给

---

[*] 陈建洪，中山大学哲学系（珠海）。
[1] 霍布斯：《利维坦》，黎思复、黎廷弼译，商务印书馆，1985年，第27页。
[2] 同上书，第490页。

陈少明提一点问题。

陈少明所讲"做中国哲学",首先可能还是要从两个方面来观察,一个方面是要说"中国",另一个方面是"做哲学"。做中国哲学,首先要清楚什么是中国,什么是哲学。晚清、五四运动以来,中国一直在谦虚地向西方学习,哲学也是如此。在中国从事哲学研究的学科链条里,外国哲学尤其是西方哲学一直具有思想和方法上的心理优势。学科链的顶端是外国哲学,狭义地来说就是西方哲学。其实,这是一个非常值得反思的现象。这在一定程度上暗示了,除源自古希腊的哲学之外,没有其他形式的哲学。在这个视野之下,中国有思想,未必有哲学。比如,海德格尔就认为中国并没有什么哲学。其实,我们不一定非要去争论中国有无哲学。中国可能确实没有西方原本意义上的哲学,这并不是什么丢脸的事情。中国思想的魅力不一定是通过哲学来得到体现。犹太经典对哲学作为一种生活方式在源头上既不认同也不友好,但这并不影响这个民族本身的伟大。中国思想是不是哲学的,对于中国思想本身的地位和意义,可能并没有太大的影响。但是,一碰到这个问题,我们通常就会不假思索地去反驳:我们的思想是哲学的,我们是有哲学的。

陈少明在他的著作里对这个问题有自觉的反思意识。《做中国哲学》这部经典著作做了多方面的思考。他反思与检讨了胡适、冯友兰和侯外庐等多位先生用现代哲学,尤其是现代西方哲学的方式去叙述和构造中国哲学史的不同方式。在这个基础之上,作者提出怎么样重新做中国哲学的方法论问题。[1]他所说的"做中国哲学",我个人理解,首先是一种从中国话语理解中国思想的尝试。这个尝试试图走出仅仅从哲学,尤其是西方哲学角度叙述和构造中国哲学史的方法,回归从中国角度理解中国自身的方法。陈少明的努力不仅对做中国哲学研究的同人,而且对在中国做哲学的同人都很有启发。在这个方面,他一直有意识地做着探索和引领的工作。

做中国哲学,要知道中国哲学是什么、不是什么。就"中国哲学不是什么"这个问题,我简要概括一下《做中国哲学》这部著作所表达的意思。首先,中国哲学不是西方哲学的附庸。这个观点,可以从正反两个方面来看:从正面角度看,中国哲学自成一体,自有源头;从负面角度看,一百年来我们基本上把中国哲学做成了西方哲学的附庸。其次,中国哲学不等于用西方方法和理念来剪裁、衡量和重构的中国思想拼图。当然,坚持这个观点的学者有时候很快就滑向中国思考原教旨主义,全盘否定西方哲学。作者在这一点上并没有走极端。最后,中国哲学创作的贫乏不只是中国哲学的贫乏,也是中国的"哲学贫乏"。哲学思想及其方法创新的贫乏的确适用于形容研究中国思想的人,也同样适用于甚至更为适用于形容研究外国哲学的人。一直以来,我们都是优秀的学徒,但不一定是优秀的学生。

如果中国哲学不是西方哲学的附庸,那么它是什么?或者说,什么才是中国式的哲学?在这个问题上,陈少明从文

---

[1] 参见陈少明:《做中国哲学:一些方法论的思考》,第8—43页。

化角度做了一个界定。他强调，中国哲学是一个文化概念，而不是政治概念，也不是地理概念。所谓不是政治概念，是说它不是指"国籍为中国的人"所做的哲学。所谓不是地理概念，是说它不是指"在中国出版"的哲学论文。那么，怎么理解"中国哲学"这个文化概念？陈少明认为，只有"体现中国文化或中国生活方式的哲学论说"，才算得上是中国哲学；接着他又下了一个论断，"即使古代中国学术中没有哲学，现代哲学家也可以进行这样的哲学创作"[1]。这个论断包含了这样一种意思：即便中国像海德格尔所说的那样并没有哲学传统，我们现在仍然可以创作它。在这两个论断之间，还可以进一步展开讨论。如果说传统的"中国文化和中国生活方式"并不是哲学的，或者说其核心精神并不是哲学的，那么以中国理解中国就不应该用哲学的论说方式。如果说即便古代中国学术没有哲学，我们仍然可以以哲学的方式创作它，那么这就意味着我们要创作一种不同于传统中国学术的哲学方式。这是我想提出的第一个问题。体现"中国文化和中国生活方式"的哲学论说这个说法，可能需要更多解释。无论如何，陈少明所下的这两个论断，无论对研究中国哲学的人，还是对在中国研究哲学的人都很重要，它们之间的关系包含了怎样去重新思考中国精神和哲学自身特征的问题。

其次，我要转而尝试概括陈少明"做中国哲学"方法论的四个具体特征。这些特征都体现了中国文化或中国生活方

---

[1] 陈少明：《做中国哲学：一些方法论的思考》，第103页。

式。第一个特征是重视日常生活世界。做中国哲学要注重生活经验，或者说要从日常经验出发。这个立场跟注重概念范畴和从逻辑推理出发的思路形成对比。第二个特征是注重故事情节和情境。陈少明善于通过不同文本的故事言说和情境来展开他的分析。他把这种注重故事及其情境的言说方式叫作"非论说体"。这种非论说体和建立在逻辑基础之上的论说体形成对比。如果做一个类比，也许可以用张祥龙所持的"诗意地言说"的方式来类比这种非论说体。[1]第三个特征是重视经典与解释。我没有删去经典与解释之间的这个"与"字，是想表达陈少明一方面重视经典文本的当代生活化解释，另一方面也没有放弃以经典文章为源头激发当代生活意义的作用。第四个特征是清晰的语言表达。所谓清晰的语言表达，不见得必须通过逻辑符号才能做到，也可以通过日常语言。它的重点在于不出现荒谬言辞，底线是文从字顺，高线是文意俱佳。

今天从事哲学研究的人，容易造出很多冗词、难词、怪词，而又没有多少深意。思想的深奥不一定非要以语词的晦涩难懂为基础。霍布斯将推理等同于名词加减的方法，其首要目的就在于删繁就简，去除冗词、怪词。霍布斯对古典哲学和经院哲学多有嘲讽。在霍布斯看来，荒谬的言辞是人类独有的特征。[2]他还嘲讽，在希腊罗马哲学和经院哲学的著作中，从来不怕找不到最为荒谬的言辞。霍布斯的嘲讽固然

---

[1] 张祥龙:《孔子的现象学阐释九讲》，华东师范大学出版社，2009年，第101—103、117、165页。
[2] 霍布斯:《利维坦》，第30页。

有他自己的哲学意图，不过，一般来说，最为荒谬的言辞的确在哲学著作中最为容易找到。霍布斯把"清晰的语词"称为"人类的心灵之光"。[1] 避免荒谬言词，力求文从字顺，对当代从事哲学写作的人来说，依然是一种美德。陈少明的作品具有这种可贵的美德。

最后，我结合"做中国哲学"的方法论提出一些思考和问题。陈少明强调做中国哲学要体现中国文化和中国生活方式。就一方面而言，中国书写传统强调故事情境和日常生活意义，但这又不一定只是中国生活方式的书写传统。举例来说，柏拉图的文本特征和亚里士多德的文本特征也很不一样：亚里士多德的文本可以说是论说体，柏拉图的对话则可以视为非论说体；后者也注重从日常生活出发，从生活经验出发，但最终要追求的是一个完美的定义，虽然最后可能无果而终。但是，这个追寻的起点是日常的语言理解和身边的生活经验。在这一点上，霍布斯与柏拉图可能是相反的。

霍布斯在一开始就要确定人性的基础特征。在《利维坦》的引言里，霍布斯就强调，"认识你自己"就是理解共通的人性问题，也就是推己及人的相互理解问题。霍布斯的哲学从定义开始。所以，他会把几何学看作唯一的科学，并视几何学为哲学的基础和开端。[2] 霍布斯的哲学要认识的是那个所有人都一样的人性。柏拉图哲学要指引读者认识

---

[1] 霍布斯：《利维坦》，第34页。
[2] 同上书，第541页。

的"人"与霍布斯哲学则大不一样，柏拉图的文本主要围绕"人"的一个特殊类型展开，那就是哲学家，苏格拉底就是这个类型的典型代表。换句话说，霍布斯哲学关注所有人的生活是怎么样的，柏拉图哲学则关注哲学家的生活是怎么样的。在柏拉图的文本中，苏格拉底所采取的那样的哲学生活方式，被塑造成其他人应该仰视的生活方式。这个特殊类型的人怎么在充满俗众的社会里面长存久安地生活，又是柏拉图文本的政治哲学问题。洞穴情景就是这个政治哲学问题的一个体现。在喜剧作品《云》里边，阿里斯托芬以诙谐的方式描述了哲学家的两个特征：一个是从自然角度去研究自然，另一个是从语言角度去研究语言。第一个特征造成苏格拉底不敬城邦所敬神灵的问题，第二个特征摧毁了建立在日常理解和日常语言基础之上的道德世界。[1]所以，苏格拉底的同时代作家就已经以喜剧的方式指出了哲学家是一种特殊类型的存在，同时也是一种道德危险的存在。在霍布斯哲学中，阿里斯托芬所嘲讽的哲学类型已经消失殆尽，只剩下被恐惧死亡和傲视他人的激情所笼罩的芸芸众生。哲学类型作为一个政治问题，也因此不复存在。

在这里将柏拉图与霍布斯进行简单对比，目的是借此做一点评论，并提一点疑问。首先是评论：当陈少明强调以日常语言和生活经验作为中国哲学论说的特征时，他所针对的论说体可以是亚里士多德的传统，也可以是现代哲学传统；

---

[1] 参见罗念生：《阿里斯托芬喜剧六种》（《罗念生全集》第四卷），上海人民出版社，2004年，第157—261页。

反之，非论说体也可以是西方哲学的传统。论说体并非西方哲学的唯一特征，非论说体也不是中国文化和中国生活方式的独有特征。我的疑问起于陈少明的论断："中国哲学是一个文化概念，而不是一个政治概念。"我的问题是：体现中国文化和中国生活方式的思想典型，是不是也可以看作某种意义上的政治？如果是，那么这种政治和苏格拉底那里作为特殊类型的政治有什么样的差异？中国思想的论说方式如果自有特征，那么如何去看待这样一种独特的对人生、对社会的中国思考和论说方式？毕竟，中国经典的叙述和论说方式的确与西方经典，尤其是哲学经典的叙述和论说方式很不一样。比如，我们的经典具有非常典型的注疏方式，而没有不断推陈出新的体系建构方式。一个类比：犹太经典原本的注疏方式也表现得非常突出，不过当哲学侵入犹太思想之后，或者说当犹太人流散西方世界之后，他们的书写方式就呈现出与其传统不太相同的特征。中国传统的注疏方式毕竟不是一种哲学的方式，如何考虑这种经典注疏方式在当代的有效性和影响力？

最后，回到陈少明的观点：即便古代中国学术没有哲学，也并不妨碍现在去创作它。在这个意义上，陈少明"做中国哲学"的方式依然是现代的，而不是古典的。

回到中国哲学的实事本身
从现象学看"做中国哲学"

朱 刚[*]

陈少明教授的"做中国哲学"倡导并实践着"面对［中国］古典思想经验"这一原则，这不期然暗合于"回到实事本身"的现象学精神。就此而言，"做中国哲学"可以理解为努力"回到中国哲学的实事本身"。然而当我们如此概括时，必须回答两个问题：首先，陈少明的"做中国哲学"所面对的主题或对象是什么或哪些？我们何以可能将其称为"中国哲学的实事本身"？其次，他又是如何返回中国哲学的实事本身，并且这种返回在何种意义上可以说是"现象学式的"？

首先我们看第一个问题。对于中国哲学的研究对象，陈少明有其非常独到乃至原创的理解。他说，在传统的观念对象、范畴概念之外，要"开拓新的论域，在肯定传统哲学史学科意义的前提下，尝试对经典做不以范畴研究为中心的哲

---

[*] 朱刚，中山大学哲学系。

学性探究……要直接面对经典世界的生活经验,把观念置于具体的背景中去理解;或者更进一步,从古典的生活经验中,发掘未经明言而隐含其中的思想观念,进行有深度的哲学反思"[1]。这一做法的核心是不以作为纯概念、纯范畴的思想观念本身为研究对象,而以经典文本中所记述的那些充溢着思想观念的生活经验或化身为生活经验的思想观念为研究对象。其具体的形态又可以展开为人、事、物三种不同类型。于是,陈少明的"做中国哲学"的研究对象就具体化为"经典世界中的人、事、物"(第113页)。

而充溢着思想观念的生活经验或化身为生活经验的思想观念,即"经典世界中的人、事、物",在笔者看来正是中国哲学的实事本身之所在。为何?我们知道,中国哲学的最终本体、最高范畴一般被认为是"道"。"道"在中国传统思想中的地位相当于"存在"在西方哲学中的地位,都是各自思想传统最终的"实事本身",这是一方面。但另一方面,中国古典思想又认为"道器不二"或"道不离器",即道总是化身为器,贯穿于万物之中。在这个意义上,真正构成中国哲学之实事本身的就并非作为纯概念、纯范畴的道,而是贯穿在、落实于器中的道,或者,是"道器不二""道不离器"这一实事。而"做中国哲学"所要回到的那充溢着思想观念的生活经验或化身为生活经验的思想观念,亦即经典世界中的人、事、物,不正是对"道器不二"或"道不离器"

---

[1] 陈少明:《做中国哲学:一些方法论的思考》,第112—113页。下引该书,皆于文中直接括注页码。

的另一种表达吗？因为思想观念正是道，而人、事、物又正是器的基本形态。所以，当陈少明以古典世界的生活经验或经典世界中的人、事、物为做中国哲学的主要研究对象时，其意义就不仅在于为传统中国哲学史的做法做一补充，也不仅在于拓宽了中国哲学的研究领域，而且更在于：唯有如此的做法才契合中国哲学本有的"道器不二""道不离器"的"做哲学"方式。试看中国古典"哲学"文本，除去《道德经》《中庸》等极少数文献外，有多少文本是像西方哲学那样以纯概念、纯范畴为研究对象的？

同时，陈少明所要返回的这一"道器不二"的中国哲学实事本身，也颇类似于现象学对"实事本身"的理解。因为在现象学看来，所谓本质也总是不离现象的，是在意识的构造活动中当场构成的，因而也总是带有经验的泥土。而这正与中国古代哲学所理解的"道器不二"殊途同归。也正是在这个意义上，"做中国哲学"对其研究对象的理解颇合现象学精神。

陈少明不仅对其研究对象的理解具有现象学特点，而且相应地，其"做中国哲学"的具体方式也颇具现象学风格，这就涉及我们前面所提的第二个问题。陈少明返回中国哲学的实事本身的方式，可以概括为相互支撑、相互配合的三种方法或三个步骤。首先是悬搁。陈少明指出，中国哲学史研究中有若干"歧向"必须予以悬搁，其中具有代表性的有"立场优先""范畴错置""以考据代义理""空谈心性"等。这种悬搁也正与现象学的悬搁不谋而合：现象学为了回到实事本身，也要求必须对各种先入之见尤其是自然态度的存在设定进行悬搁。其次是描述。这是指陈少明对其所理解的中国哲学实事本身（尤其是中国古典的经验方式、生活方式）进行多方位、多层次、多维度的描述，这也暗合现象学的描述方法。最后是解释。由于陈少明所理解的中国哲学实事本身并不是干瘪的经验或器，而是充溢着思想观念的，所以他的"做中国哲学"不仅要对中国古典的经验方式进行描述，而且还要对镶嵌在经验和生活方式中的思想观念进行解释、再解释。这种解释同样充满了现象学和解释学的精神：虽然现象学悬搁要求我们悬置各种偏见、错置，但最终仍要求我们从自身的境域及其含有的前理解出发，从当下直接被给予的经验出发，通过想象变更把握其中蕴含的本质。

这一带有现象学风格的解释法尤其体现在他解读"思想史事件"时所提出的"逻辑的重构"这一策略中。对此他说："对故事的反思也不局限于叙事或评注，从哲学的眼光看，更可以是逻辑的重构……逻辑的重构，不管是对原著的肯定、批评还是修正，都是必须形式上追求有效的论证。"（第164—165页）陈少明本人对庄子、惠施"鱼乐之辩"的逻辑重构即是如此。实际上，这种方法虽被陈少明称为"逻辑的重构"，但正如他自己所说，它接近于一种"现象学式的分析"（第165页），因为这种重构或分析并不是排除经验内容对论证形式本身进行逻辑重构，而是"力图把［比如］庄子的个人感觉变成普遍的人性问题来探讨"，是"从分析人类普遍的情感经验而做的推论"（第167页）。换言之，这种方法与其说是逻辑重构，毋宁说是以个人经验（例如庄子）为起点或典范，通过想象对之进行本质变更，从而由中彰显出或直观到人类普遍的情感经验类型。就此而言，这种方法更是一种通过想象变更实行的现象学式的本质分析。

所以，借助现象学的眼光，我们可以发现，陈少明的"做中国哲学"的理念及其践行，不仅不是以西方哲学为标准对中国哲学加以剪裁、过滤，反而恰恰把我们带回中国哲学的实事本身。但是，这毕竟又仅仅是"做中国哲学"与以现象学方式做中国哲学的不谋而合之处，并不意味着陈少明就是有意地以现象学的方式做中国哲学。实际上，做中国哲学可以有多种方式，现象学的方式只是其中一种。笔者之所以从现象学的角度讨论陈少明"做中国哲学"的特征与意义，一方面是因为笔者本人的现象学研究背景，所以对于他的"做中国哲学"方法论中所体现出来的现象学风格特别敏感与亲切；另一方面则是因为想由此进一步探讨现象学对于传统中国哲学的新生与复兴究竟具有何种意义。在笔者看来，现象学之于传统中国哲学，一方面可以作为方法，帮助我们更好地——或者更确切地说，如其所是地——返回到中国哲学的实事本身，从而把中国哲学从以概念、范畴为中心的西方哲学范式的宰制中解放出来，如陈少明的"做中国哲学"所努力的那样；另一方面，现象学还可以凭借其对意识、生存、生活、生命、时间、历史、伦理、世界、存在等的现象学式理解，与中国传统哲学对相关主题的丰富体验和思考对勘、会通，相互激荡，从而为中国传统哲学的新生乃至中华文明的复兴提供新的助力与契机。

苟日新，日日新。中华文明从来都能日新其德。然而任何文化、文明之所以能日新其德，又始终离不开吸收外来的新鲜营养与刺激。中国哲学经历了对佛教的吸收与消化从而孕育出宋明理学、对德国古典哲学的吸收与消化从而孕育出现代新儒学，现在所面临的，或许正是如何吸收与消化现象学，从而孕育出中国哲学的新形态——这将不仅是中国哲学的新可能，也是现象学的新可能。

经验与概念

面向中国思想的实情本身

雷思温[*]

在西方哲学被引入中国之后,对中国传统经典及其义理思想的诠释获得了新的语境与范式。与立足于传统西方形而上学的范畴和概念体系来构造中国哲学义理系统的做法相比,陈少明教授的一系列论著特别突出了思想产生的经验性和处境性。这些围绕着具体的人、事、物所展开的日常经验,成为哲学概念的源头活水,而非相反:"哲学研究不只是研究哲学文献,而是面对生活经验。它所要解释的对象,以及解释赖以成立的基础,都在生活世界。"[1]这两种不同的解释路向,突出反映了经验与概念的关系这一哲学基本问题,同时也包含了日常生活与哲学沉思之间的内在关系。

重新诠释中国传统经典的当代思想道路,隐含着对西方哲学及其现代处境的判断。陈少明对通过西方范畴概念体系

---

[*] 雷思温,中国人民大学哲学院。
[1] 陈少明:《做中国哲学:一些方法论的思考》,第109页。

重构中国思想的努力抱有警惕，因其使得中国经典"固有的完整意义被肢解"，"中国古典无形中变成说明西方哲学的例证"。[1]因此，陈少明试图恢复中国哲学的主体性与独立性，并重新打开中国哲学自身独有的意义世界。这一努力的关键落脚处，即在日常经验这一"实情本身"之中。因此，陈少明的论著侧重于非体系化、个案化，更像精神在经验世界中的漫游与吟唱，而非总体性的概念建构。因此，他的思考方法偏向于通过个案进行描述和显现，而非依据本原和根据进行体系奠基。

不过，西学对中学研究的影响是不可回避的。在这方面，陈少明同样借重了西学资源来廓清中国哲学研究再出发的前提。他早年与张志林合著的《反本质主义与知识问题：维特根斯坦后期哲学的扩展研究》对后期维特根斯坦哲学的消化和吸纳可视作一个线索。这一线索对于理性的边界范围和构成方式做出了必要的检审，对黑格尔式大全一体的所谓"无限理性主义"、绝对理性主义抱有警惕的态度，并由此而在非本质性的"相对理性"中展开哲学思考。用该书余论中的话来说："所谓相对理性有两层含义：其一，区别于绝对理性，要求限制自身的作用范围，即防止理性的僭妄；其二，同时也表示，知识的有效性是相对于特定的生活形式而言的。"[2]后期维特根斯坦对日常语言的重视和陈少明关注的日常经验有

---

[1] 陈少明：《重提"中国哲学"的正当性》，载《江汉论坛》，2003年第7期，第34页。
[2] 张志林、陈少明：《反本质主义与知识问题：维特根斯坦后期哲学的扩展研究》，广东人民出版社，1995年，第214页。

暗合之处。而维特根斯坦的"家族相似"一说,同样为陈少明在拒绝比附西方思想的前提下坚持"中国哲学"提供了支持。[1]这使我们不必焦虑于中国是否有哲学,也不必拒绝"哲学"这一称谓,因其只是对根本问题的思考,并无统一定义。陈少明既反对西化中国哲学,同样也反对抛弃"哲学"这一概念以对抗西学的态度。

但需要指出的是,这并不意味着陈少明的中国哲学研究又成了某种西方哲学范式的中国实践。他早年对维特根斯坦的使用,仅在于廓清方法论和思考前提。不过即便如此,我们也可以看出,这一隐含的西学线索反映出他对于黑格尔式绝对理性主义及其概念、范畴体系的保留态度,因为那意味着西方传统形而上学的概念本体论进路对中国经典所依赖的经验世界的封锁,而中国哲学并不是一种依托于概念本质的无限普遍性、超感性和绝对性而展开的思想世界。

相对理性、绝对理性、虚无主义

前文所谓"相对理性"的方法论并不是反理性的,而是一种立足于具体的生活经验和处境所展开的理性主义:"相对理性主义要求更全面地理解生活与知识的相互关系。"[2]因此,它对绝对理性的批判并不是康德式的,而是立足于特定

---

[1] 陈少明:《重提"中国哲学"的正当性》,前揭刊第34—35页。
[2] 张志林、陈少明:《反本质主义与知识问题:维特根斯坦后期哲学的扩展研究》,第213—214页。

的共同体与处境，立足于局部，并不依赖于概念的普遍定义这一先验方式，也不通过本质主义的普遍性思维来规定生活经验。相反，它充分尊重生活经验自身的自足性、有限性、局部性，并通过具体生活情境的时机、关系、事件等展开理性思考。[1]从这个意义上说，陈少明的哲学方法论是在对以黑格尔—马克思一系的中国哲学解释进行系统思考的前提下进行的，同时也伴随着他对所谓"内在解释"和"外在解释"的双重反思。[2]

毋庸讳言，20世纪80年代思想解放运动对中国哲学传统解释框架的突破，多少包含着对黑格尔主义退潮的接纳。李泽厚先生借助了康德的主体性理论及对马克思哲学的思考，张祥龙先生借助了海德格尔与现象学资源，而陈少明则借助了后期维特根斯坦的哲学。这几条不同的道路都隐约包含着对黑格尔大全一体的概念论体系的反思。立足于此，陈少明试图借助于经验的显现而打开"中国思想的实情本身"。这一通过经验与人、事、物的情境性、局部性而展开哲学思考的方式，意味着经验必须从普遍概念的本质性规定中被释放出来，并应该赢得更为优先的思想地位，成为理性思考的源头活水。

当然，这一说法也许对黑格尔来说并不公平。因为在黑格尔看来，概念与经验之间并不存在这种绝对的矛盾。逻

---

[1] 参见陈少明：《经典世界中的人、事、物——对中国哲学书写方式的一种思考》，前揭刊第57—67页。
[2] 陈少明：《知识谱系的转换：中国哲学史研究范例论析》，收入氏著：《做中国哲学：一些方法论的思考》，第33—43页。

辑学体系恰恰正是富有现实性的精神与生命。概念绝不与经验脱离，也不是哲学家自身纯粹的虚构；相反，富有经验性的概念及其绝对理性主义体系恰恰才是真正的"实情本身"。黑格尔的这一做法自有其良苦用心。自笛卡尔以来的主体性传统，已经开始踏上抛弃传统形而上学的道路。这在康德的主体性哲学中得到了最大程度的完成，此时也是尼采、海德格尔所揭示的虚无主义的前夜：形而上学之死，正是"上帝之死"；超感性的概念、理念和"上帝"，无法再俘获和规定感性的经验世界并完成为之赋予价值的立法。黑格尔正是在这一处境中，最大限度地弥合了这一分裂性的虚无主义局面。他试图整合超感性与感性、实体与偶性、本质与现象等传统形而上学所形成的二元张力，试图为概念赋予活生生的生命经验。

然而这一做法很快迎来了现代哲学的批判。正如海德格尔指出的，形而上学与虚无主义乃是一体两面。因为中国思想本身及在其现代转型的过程中，哲学义理和宗教传统并没有构造出"上帝"及其超感性的概念世界，从而也就无须承担虚无主义的崩解命运。从这个意义上说，陈少明对于中国经典经验性的挖掘表明，这一无限绝对理性主义的退场，并不是虚无主义开始发作的前夜，而正是重新打开中国经典世界的契机。

经验的日常性

然而现象学运动同样极为重视"经验"这一源头活水，

并将其视为哲学思考由之出发的开端。为什么陈少明没有完全在这一西学资源中展开思考？关键在于，胡塞尔对于意识经验的描述和显现，恰恰继承了笛卡尔主体性哲学革命的遗产，亦即它是从对日常经验、自然态度的悬置而出发的。所谓现象学还原，正是要从这一人伦日用的、朴素的、前反思的自然经验中回撤入纯粹意识的明见性中。相反，陈少明对于经验的强调，乃是立足于这一经验世界的日常性、生活性。这种经验具有更为平面的结构，而非深度反思性的哲学经验。不消多言，这一思路显然与笛卡尔以来的近代主体性哲学革命正好相反，更近于后期维特根斯坦和日常语言哲学。在笛卡尔哲学之中，沉思性的哲学生活与日常经验生活是平行关系，而非相互融通。对日常经验的彻底怀疑，正是近代主体性革命的根本前提。显然，陈少明从日常经验入手展开哲学思考，也包含着对这一现代哲学基本立场的修复和纠正，亦即重新夺回被主体性哲学所怀疑的经验日常性。

简要铺陈这些西方哲学线索虽然未必全部切合陈少明的论著与思路，但对于理解他的思考道路非常必要。只有在这一概念形而上学崩解之后的现代哲学局面中，才有可能摆脱概念的绝对性、超感性、无限性对中国经验的束缚，从而重新激活中国经典世界中的生活经验源泉。也只有在这一思路之下，中国哲学的道器关系、体用关系才能得到新的理解，不再是以不可见的道来规定、束缚器的生成、制作与使用，而是在后者的经验与可见性维度中展开道的显现。依循这一思路可以发现，无论是感性经验还是超感性本体，都不适于揭示中国思想对于道的理解。这一二元紧张关系始终在概念论的形而上学体系中无法完全嵌合。比如《周易》中的"象"就不是黑格尔的"概念"：它既非纯粹的感性，亦非抽象的纯粹思辨；它既感性又非感性，但也绝不是超感性的。

陈少明的思路，正是从日常经验、从可见者入手的；[1]同时他也没有摒弃普遍主义、理性主义的诉求，只是认为普遍性必须立足于从日常经验而来的道路才可以展开。尽管黑格尔也认为一切普遍的东西都是具体的，但在概念及其超感性理念论的来源方面，依然与这种思路根本上不同。毋庸讳言，最能显现这一特殊性、经验性中的普遍性结构的，正是《周易》。《周易》的每一卦象、每一爻都具有特殊的"势"与情境，并具有极富动态的发生性，但同时又包含了普遍性。这使其形而上学构造与具体的生活经验、人伦日用融为一体，先验与经验不可分离。陈少明所质疑的，是形而上学概念的超感性、绝对性、无限性。从这个意义上说，在经验与概念的关系中，尽管陈少明更多强调前者，却并没有牺牲后者。因此，这一思路不是经验论之路，因为它既不是从认识论所预设的心灵概念和感性能力出发，同时也并没有否认道的超越性。我们或可称这一思路为"经验拯救概念"之路。

---

[1] 参见陈少明：《兑换观念的支票——中国哲学的新探索》，收入氏著：《做中国哲学：一些方法论的思考》，第229—257页。

经验与普遍性

上述思路虽然为重新显现中国经典的原初意义世界提供了新的方法论,却不得不面对一系列进一步的问题:中国哲学经典是否都可以还原为日常经验的描述?诸如道家哲学、《易传》、《中庸》以及后世玄学、理学,是否都立足并且服务于日常经验的显现?日常经验本身足以构成"哲学"并对根本问题进行思考吗?如何保证对这一经验的描述是原初的、活生生的?它的特殊性、地方性甚至个人性、处境性,如何成为具有历史的纵深感和天下视野的普遍性描述?陈少明对这些问题都有所思考和回应。他曾以中国哲学的核心概念"道"为例来说明特殊性和普遍性的关系。道本身所具有的非感性的抽象性,使其不可能成为纯粹日常经验的概念。因此,陈少明试图尽量降低"道"在起源上的普遍性与抽象性,将其起源还原为一种带有地方性、局部性的经验现象。他指出:"中国哲学起源(而非等同)于地方性知识。"[1] 借助章太炎等人的解释,陈少明将抽象性的道的起源还原为"形下的需要"。换句话说,是从局部的地方性经验中诞生出了这些被后世抽象化、世界化的哲学概念。

从战国后期开始的抽象化和去经验化进程,恰恰正是哲学自觉诞生的开始。玄学和宋明理学的发展,正印证了所有哲学思考的必然宿命,即它必须脱去其地方性,成为具有

---

[1] 陈少明:《中国哲学:通向世界的地方性知识》,前揭刊第34页。另参见陈少明:《用哲学论述中国文化经验——以"器"、"感"两范畴为例》,载《学术月刊》,2006年第3期,第46—48页。

普遍性的思想系统。在陈少明的理解之中，无论是道器关系之中的道，还是理学之中的道，尽管存在着非经验性、普遍性和经验性、地方性的张力，但彼此之间并未发生割裂，而这正是中国思想的重要特征。正如陈少明所言："中国哲学是从处理经验生活的知识领域中酝酿、成熟起来的，以道为标志的知识传统开始并没有发展一种我们称为哲学的思想目标，是丰厚的文化累积和理性的驱动，导致从道到玄再到理的形而上的思想趋势。"[1]这就说明他所关注的，正是哲学的前哲学起源。也正因如此，他的著作并不是以系统性的论著方式呈现，而是立足于具体的个案研究和方法探讨。

然而，这种将抽象的普遍哲学概念还原为其经验起源的方法的问题，在于很容易牺牲掉这些概念所具有的先验性和哲学性。时间起源上的在先，不代表哲学义理上的在先。如果纯以经验作为衡量的坐标，那么它又如何保证自己是对根本问题的思考，甚至被称为"哲学"呢？在用这一方法处理《易传》传统以及玄学、理学传统时，依然有很多棘手的困难。经验和概念之间，难以偏于一方。无论断定何者居先，均有理论上无法融洽之处。不过在时下的中国，我们不但很难直接体会古人经验的意义感，同时也不再相信传统形而上学的概念系统。如何在当前的技术时代处境中，在经历了现代科学革命和主体性构造的局面中，更为真切地唤回经验与概念的平衡关系，发现中国思想传统的真正实情及其现代意义，或许才是更为艰巨的挑战。

---

[1] 陈少明：《中国哲学：通向世界的地方性知识》，前揭刊第37页。

在"之间"做中国哲学

张任之[*]

陈少明教授在《做中国哲学：一些方法论的思考》一书中鲜明地提出了"做中国哲学"的口号，按其自陈，这个口号首先是面向当前中国哲学研究界的一个反思和吁请，即一方面提出有别于只述不作的哲学史论述的研究方式——这种论述源自近代以来在西方哲学影响下、以某种西方哲学的框架来重构中国古代思想的做法，另一方面提出要"做"出中国哲学自身的特色，这在根本上意味着中国特有的思想经验与思想品格在今天已别开生面，重新生发出其特别的意义。初看起来，做中国哲学，首先是在狭义上的中国哲学学科内部，从对某个哲学家或哲学文本的哲学史研究，转向面向经典背后的、它赖以产生的经典世界以及意义生发的哲学性研究这样一种研究范式的转变。不过，即使跳开狭义上的中国哲学学科本身，"做中国哲学"这一研究的方法论反思对于当前做"中国的哲学"同样具有重要意义。

---

[*] 张任之（笔名），中山大学哲学系、东西哲学与文明互鉴研究中心。

未必全然巧合的是,陈少明的一系列论著都以"之间"为题,比如近期出版的讨论儒学的《仁义之间》(2017年)、思辨庄子的《梦觉之间》(2021年)。如果说,《做中国哲学》更多的是哲学研究方法论的检讨,这两本书则代表了陈少明晚近借助儒道的经典思想资源展开的"做中国哲学"的实践。当然还包括像《思史之间》(2009年)和《情理之间》(2011年)这样的编著。

为什么"之间"可以成为做中国哲学的一个题眼?法国汉学家朱利安(François Jullien,也译作"于连")曾以"间距与之间"作为其"他者性"讲席就职演讲(2011年12月8日)的主题。在这篇演讲中,朱利安首先区分了"差异"(la différence)和"间距"(l'écart),相较于前者而言,后者的根本特征在于它虽然也是一种"不同",但诉求的并不是一种更普遍的认同;它可以使不同的文化思想凸显其自身的丰富多样性,同时打开反思的空间。"之间"(l'entre)是由间距打开的。朱利安特别提到,"之间"在欧洲思想传统中很少被关注。[1] 而日本哲学家和辻哲郎(Watsuji Tetsuro,1889—1960)、木村敏(Kimura Bin,1931—2021)、坂部惠(Sakabe Megumi,1936—2009)等人都对"间"或"之间"(aida)的概念有所分析与发展。在这里,"之间"被视为是动态的,既意味着"在……之间",同时也意味着在此之间的遭遇和碰面(Zwischenheit-Begegnung,betweenness-

---

[1] 参阅朱利安:《间距与之间:论中国与欧洲思想之间的哲学策略》,卓立、林志明译,五南图书出版公司,2013年,第33—61页。

encounter）。[1]

整体来看，正是因为这样一种"之间"，"做中国哲学"赢获了其自身的生长空间。因"间距"而产生的"之间"，是一种动态化的"打开"，这既包括思想空间的打开，也包括观念空间、意义空间的打开。可以说，陈少明很多工作都以这种"打开"为基础。"间距"与"之间"，首先意味着不同，其次也同时意味着不同之物在打开的空间中碰面；正是在此碰面中，我们可以相互"照镜子"，在中与西、古与今之间展开沟通、阐发的工作。同时，"之间"也是一种"关节"。"之间"从来不是实体性的存在，如果说《庄子》庖丁解牛的对象是关节之间，那么"做中国哲学"便是去解思想的关节。

根据笔者粗略的观察和基本的理解，"做中国哲学"的"之间"大体上体现为如下四个方面。

第一，汉宋与现代之间。陈少明早前曾出版过一本《汉宋学术与现代思想》（1998年）。笔者借这两个概念是想表明，"做中国哲学"在根本上是以古今之变为大背景的，关涉思想与时代的关系。意义空间的打开，首先是指古代经典与产生它的时代之间的内在脉络的当下呈现，其次也是指古代的经典观念在现代社会中的意义理解。做中国哲学的根本追求之一就是要让古代的经典借着意义空间形塑现代的思想与文化。

---

[1] 参阅谷彻：《现象学与东方哲学：日本的"间"（awai）概念》（演讲稿，中山大学哲学系，2017年11月）。

第二，**儒、道与后经学之间**。"后经学时代"是陈少明在冯友兰区分中国古代"子学时代"和"经学时代"基础上提出的概念，从时间断代来看主要是指陈独秀以降的近代哲学，而从思想实质来说则是指受到西方哲学传统影响下的思想多元化时代，他也将之称作"西学时代"。[1]儒、道是陈少明尝试做中国哲学的实践所主要依据的"中学"思想资源，在儒、道与后经学之间所强调的便是，"做中国哲学"亦须在其自身的意义上面对中西之争，这也是做"中国的哲学"的题中应有之义。处理中西问题，关键在于找到可以是本己的但又可以是普遍的论题或话题，继而以当代的哲学言说方式阐释，以使之形成新的哲学意义空间。

第三，**经典与世界之间**。哲学的研究看起来离不开经典，但我们回溯经典时，究竟回溯和探究的是什么？固然，对经典的汉学式考据，或者宋学式义理发挥都有其意义，不过经典在更原初的意义上也可以是"作为生活方式的古典思想经验"的直接呈现。经典本身就是一个生活世界，在其中古典的生活方式和生活经验以观念的方式被表达出来；"解释"经典，根本上就是要在"经典世界中的人、事、物"上思考经典产生意义的空间，进而连接经典观念与生活世界。[2]

第四，**常识与哲学之间**。哲学强调论证的清晰性，强调概念分析、逻辑推理，自然不同于常识。然而，如若我们把

---

[1] 参阅陈少明：《走向后经学时代》自序。
[2] 参阅陈少明：《经典世界中的人、事、物》。

常识首先理解为我们活生生的生活经验的话,"做中国哲学"所要求的就是保持一种高于常识而又不离常识的状态。或者也可以说,"做中国哲学"恰恰是对我们当前哲学日益远离于我们活生生的生活世界、远离于我们身处的时代这一状况的思想反应,无论这一远离是以对于过往思想家的著作的文献研究(所谓的哲学史的研究)还是以对语言用法和论证方式的执着(所谓的哲学问题的研究)这样的面貌呈现出来。以下,笔者愿意在这一点上再做一些展开。

其一,什么是"做中国哲学"面对的常识?"常识"在通常的意义上与英文中的common sense相仿,指的是人们的日常生活经验以及这些经验中所蕴含的能被人们所理解和接受的道理。"做中国哲学"要面对常识,这首先意味着要面对我们的经验,因而"经验"成为"做中国哲学"的关键词。陈少明对此的阐发有不少,比如他强调"我们需要放大经验的视野",日常生活经验丰富多彩,"只有形成一种含义广泛但又可分类认识的经验观,才是我们理解观念意义的有效框架"。[1] 又比如,"经验"并不单指我们当下的生活经验,也指在经典世界中呈现出来的生活经验,"做中国哲学"需要做的是"从古典的生活经验中,发掘未经明言而隐含其中的思想观念,进行有深度的哲学反思"[2];如果说使前一种类型——活生生的日常生活经验——成为"做中国哲学"的对象,做哲学者需要做的是将隐于人们常识中、得到日用而

---

[1] 陈少明:《做中国哲学:一些方法论的思考》,第235页。
[2] 同上书,第357页。

不自知的观念、意义揭显出来,那么对后一种类型——经典世界中的生活经验——就需要做哲学者以一种"典型化地呈现"的方式,通过对特定情景的描述,让隐于经典世界的生活经验之中的观念得以形象化或情景化。[1]更进一步,因为人们的经验极为繁复,所以常识亦需得到更为整全的理解。做中国哲学所面对的常识或经验,实际上既有古今中西的文化和历史的常识经验,也有当下活生生的日常生活经验,同时还有我们内在的各种各样的意识经验。而且,常识也是在不断地扩充着自身的:曾经作为一种科学理论而出现的"日心说",在今天成了我们常识的一部分。西方近代以来,哲学每个百年的发展似乎都孕育着一场变革,而每一次变革之始哲学家们都会重新"捍卫常识",亦即使哲学重返、直面我们活生生的生活世界。"做中国哲学"倡导一种(中国)哲学研究方式的变革,当然要求去面对常识世界。这个常识世界在一定意义上涵摄着我们的过去和未来,也涵摄着我们的周遭和陌异。

其二,如何从常识出发"做中国哲学"?哲学在根本上仍然是不同于常识的,常识经验更多的是做哲学的起始点,"如何从常识出发"追究的实际上是做中国哲学的方法论。正因为常识和经验的繁复性,因此因应不同对象的思考在方法上可以是多样的,"做中国哲学"应提倡开放的态度,接受方法的多样性。[2]比如,在当前的哲学语境中,人们可

---
[1] 陈少明:《做中国哲学:一些方法论的思考》,第227页。
[2] 参阅陈少明:《"做中国哲学"再思考》,前揭刊。

以冀望以语言分析的方式（分析哲学）或者现象描述的方式（现象学）来面对和处理人们的常识和经验。无论是18世纪后半叶的里德（Thomas Reid）还是20世纪初的摩尔（G. E. Moore），他们都因对常识的强调而闻名，两人如今也常被分析的传统视为前辈或先驱。那么，分析的传统和诉诸常识之间的内在关联何在？或者说分析的传统如何对待常识？当代英国哲学家蒂莫西·威廉森（Timothy Williamson）给我们提供了一个操作的过程。简单来说，首先是人因常识立法，常识是出发点，进而哲学通过概念的分析和思想实验来处理理论，再之后是逻辑的推理，并借助其他相关学科的知识构建哲学的模型。[1]陈少明早前出版过《反本质主义与知识问题：维特根斯坦后期哲学的扩展研究》（与张志林合著，1995年）一书，同时在其尝试"做中国哲学"实践的第一篇文章《由"鱼之乐"说及"知"之问题》[2]一文中，也是借对摩尔的捍卫常识以及维特根斯坦对之的检讨的讨论引出"知"的问题。看起来，"做中国哲学"更有理由被看作属于分析进路，特别是属于日常语言学派。而且，在"做中国哲学"的实践中也的确不乏语词分析的工作。然而在笔者看来，"做中国哲学"中现象学的味道甚至更为突出。在面对常识时，日常语言学派并不总是去追究常识和经验背后的观念和意义；意义即用法，澄清语词的用法即是对意义的显明。然而正是基

---

[1] 参阅蒂莫西·威廉森：《哲学是怎样炼成的》，胡传顺译，北京燕山出版社，2019年。这本书的英文书名本来是 *Doing Philosophy*（《做哲学》）。
[2] 该文原载《中山大学学报（社会科学版）》，2001年第6期，后收入《梦觉之间》一书。

于这样一种立场，经典以及经典世界中的生活经验往往得不到关注，而且常识和经验的丰富性与延展性也受到限制。而现象学的进路总是试图面对在意识之中呈现出来的经验的繁复，通过对经验的描述去分析经验的结构，并且纠结经验之后的观念和意义。因此，"做中国哲学"方法的关键，"就在于对经验的洞察力及相应的结构描述与分析"[1]。这两种研究进路的差别以及"做中国哲学"的方法取向，我们可以从一个具体的案例看得很清楚。陈嘉映教授的《说大小》[2]一文是探讨日常的大和小问题的分析进路的典范之作，而陈少明的《广"小大之辩"》[3]一文则体现着"做中国哲学"的精髓。两文可能面对的是一个大致相仿的问题，但利用的思想资源、方法工具以及研究旨趣都有着明显的不同。当然，这里不存在比较优劣高低之意。

总体来说，在"之间"做中国哲学，首先是借"间距"在古今中西之间打开多元多样的意义空间，"做中国哲学"始终需拥有古今中西的大视野；进而在这样的"之间"中面向常识和经验，特别是敞开经典世界中的生活经验，去探寻生活经验之后的观念和意义，从而为当下的时代、为中西交融下的文化贡献中国哲学自身的鲜活性和切身性，是为做"仁爱、智慧与优雅"[4]的中国哲学。

---

[1] 陈少明：《做中国哲学：一些方法论的思考》，第348页。
[2] 参阅陈嘉映：《从感觉开始》，华夏出版社，2005年。
[3] 参阅陈少明：《梦觉之间：〈庄子〉思辨录》。
[4] 陈少明：《做中国哲学：一些方法论的思考》，第7页。

精神世界中的哲学操作

张　曦[*]

笔者主要做伦理学，在此谈一谈对"做中国哲学"的理解，以及自己的一些思考。约四十岁那年，陈少明教授在《哲学动态》发表了一篇笔谈文章，篇幅不大，只有两页纸，题目是《哲学史研究中的哲学意识》（1997年）。文章开篇就说，今日哲学事业萎缩的原因之一，在于哲学研究本身日渐丧失思想的魅力。

要超越"没有思想的哲学"，就要开始探索"有思想的哲学"。问题在于，什么样的哲学才算是有"思想"？怎样才能使哲学有"思想"？我想，这是1997年至今，贯穿陈少明学术事业全过程的两个主导性问题。可以说，求索"有思想的哲学"，是"做中国哲学"方法论的初心和目标。

哲学是一门学科，有它的知识生产方式。传统上，无论中西马，注解经典、移译名著、描刻和重构文本内容，都是哲学知识生产的主要方法。新中国哲学事业七十多年发展的

---

[*] 张曦，厦门大学哲学系。

辉煌成就，不能不说与这种传统方法质量不断得到提高和改进有密切关系。但哲学有没有其他"做法"？有没有可能在"做法"上开展一些试验，以便具有新风格、新气派、新品位的汉语哲学成果浮出当代中国学术思想世界的洋面？

《经典世界中的人、事、物》这篇文章，在"做中国哲学"方法论探索中有标志性意义。原因就在于，它典型地展示了"做中国哲学"方法的操作过程，展示了这项学术试验的一些关键特质。我们也许可以将其概括为"经典的经验化、经验的生活化、生活的哲学化"。

在我看来，经典、经验、生活和哲学，不仅是"做中国哲学"方法论，而且也是所有"有思想的哲学"都必须兼顾的四个要素。经典奠定了人类生活方式的基调。这种基调必须在每一个世代所实际过的生活中不断重新找到它的经验基础。而哲学作为一项反思性知识的生活方式，其根本的使命和功能，就是提供思想工具，在经验具体性和生活具体性中载入经典、定位经典、激活经典。因此，我想，将经验和生活本身当作问题意识源泉，将经典本身当作定位和理解问题的思想资源，将哲学当作反思操作的思想工具，这三条，可以说是"有思想的哲学"在方法论上应当遵循的"哲学化"（philosophizing）原则。

那么，什么是思想？思想不是一个已经凝结出来的对象物，它不是躺在经典世界里等待复活的死灵，也不是学术思想市场橱窗里等着被挑选的产品。因此，顺着推下去，我们就可以说，思想在经验和生活中的加载，就绝不会是教条化知识对鲜活经验的强硬侵略，绝不会是学术世界对经验世界的居高临下，绝不会是哲学家对常人生活的指点迷津。恰恰相反，如果我们真的能够准确地将哲学理解为一种反思事业的话，就必须承认，思想应当始终是一个过程，应当就是哲学本身。正是在这个意义上，"做"哲学，是一个充满活性（activity）的心智活动，而不是对人类已有精神成果的简单传播、报道和信条化。对于学术世界来说，后者也许重要，但对于一流学者来说，它永远不是最主要的。

那么，又怎么来理解"做中国哲学"中的"做"字呢？当代法国思想家阿多写过一本书，叫《何为古代哲学？》（*Qu'est-ce que la philosophie antique?*），这本书反复出现过一个概念，就叫"做哲学"。阿多的"做哲学"，是要使哲学事业的性质和功能，回到它古代的原初含义上去，重新成为人的一种精神生活方式。

但是，在"做中国哲学"这个概念中，"做"字并不直接就是阿多意义上的。很多时候，它表现为一种维特根斯坦式概念。陈少明最近的《"精神世界"的逻辑》，能很好地体现这一点。这篇文章具有风格代表性，贯彻了陈少明经常使用的"分类方法"。所谓分类方法，本质上是概念分析方法的精细化操作。借助这个方法，陈少明大概是希望运用哲学的分析性思维方法，对生活世界中纠缠不清、模棱两可的观念加以辨析，从而使哲学成为思想的清澈剂。如果我们熟悉陈少明的求索历程，不难发现这是早年研习维特根斯坦的经历对他所产生的影响。

陈少明近来的研究焦点，明显已经放到"物"的问题上。我相信，分类方法在物层面的哲学运用，具有更为广阔的空间。"做中国哲学"方法论，完全可以结合我们祖先所遗留下来的名物学遗产，引申出一种新式的当代"中国名物哲学"。难度虽然不小，但理论上完全可能，敬候贤能而已。换句话说，扬之水先生的书，完全可以成为中国哲学操作的素材和场域。但问题也就在这里。对于维特根斯坦来说，"做"哲学确实就是一种概念辨析，因为在维特根斯坦的设想中，精神世界内部的问题并不指望在"哲学"的专业技术层面获得解决，而是留给了神秘性和体验本身。"做哲学"的全部任务，在维特根斯坦那里，就是把可言说的说清楚，对不可言说的保持沉默，自己体验。所以，分类方法同样内在具备我称为"精神世界的不可穿透性"特点。它只能是对精神世界内容的调查、探索和发现，但刺探不进精神世界的毛细血管结构中，没办法获得改造和重铸精神世界的能力。当然，它也没有这样的主观心愿。

坐在扶手椅上，喝着咖啡或茶，在头脑中摆弄书本中提供的多样概念，使它们串成可理解的或不可理解的一串语句，不能不说也是一种"精神生活方式"。现在市面上有许多从国外引进的名为"做哲学""哲学工具箱"之类的书，也有国外名家在中国办了许多讲座宣讲doing philosophy，实际上都是在这一意义上运用"做"这个字的。但是，这种"做"法，仍然只是一种"精神世界的情况调查"。调查可以越来越细致、越来越苛察，但是，它始终不会自动引发精神世界本身的重铸和变革。阿多讲的做哲学，与这个意思不同。对于阿多来说，斯多亚思想家对人类问题的洞见永恒有效："一个人究竟如何才能过好只有一次的此生？"答案也是实质性的：只有整全而平衡的精神生活，才有助于人在只有一次的此生中获得幸福和完满。在这个意义上，好的精神生活不是概念工具的形式化操弄，而是精神世界本身的实质性拓展和提升。

因此，在维特根斯坦和阿多之间，我们就看到了两种"做"：致力于澄清精神世界境况的"做"，和致力于重铸精神世界、提升其质量的"做"。后者与前者最大的不同，是想努力克服精神世界对于哲学而言的不可穿越性，从而将"做哲学"从理解和赏玩精神世界的透视镜，变成改造和革新精神世界的净化剂。

区分这两种"做"，对于现代中国文明来说格外重要。我们是一个倡导唯物主义世界观的国家。"世界的意义"这个精神性问题，从最根本的意义上说，只能由哲学来回答。如果"中国的哲学"不能够提供塑造、稳固、净化精神世界的观念根据，那么我们究竟打算指望什么来安顿一堆叫作"心灵"的物质？先进的世俗化文明，必然要呼吁一种哲学，使我们能没有幻觉地在此生此世的凡俗生活中，在精神上充实而幸福。当然，我们没有理由假定两种"做"之间完全不可融通。但这种融通不会自动发生。在维特根斯坦式的"做"，与福柯、阿多式的"做"之间，还有个不应模糊的世俗化的"工夫论"空间。只有在这个空间中，世界、信念和我们的人格，才有望融合在一起，被锻造成每个人丰满与繁盛的精神生活。

"道问学"毕竟不等于"尊德性"。伦理学在"物"维度上的展开，是我近来耗力钻研的一项工作。所以我完全可以同情式地想象，当"做中国哲学"将焦点放到物上，陈少明就迟早要面对与宋明哲学家同样的问题。但解题的出路却未必就只能是回到历史的迷雾中打转。因为我们不同于甚至有可能优越于宋明哲学家的地方，恰恰就在于，在我们的经验世界中，有一抹他们没有见过的底色：现代性。思想的新希望因此就在孕育之中。

但在此之前，在两个"做"之间，"做中国哲学"需要找到它的明确定位。因为这个定位说到底，还是关乎我们对"一种'中国的哲学'究竟应该是什么样的"这个问题的理解。

下 编
思想的手法

设计思想景观的技艺

读《梦觉之间:〈庄子〉思辨录》

程乐松

在中国人的精神世界中,解庄、注庄是一个独特的现象。每一个时代的伟大心灵都尝试以不同的方式与这一经典文本应和,同《庄子》、庄子和"庄子们"展开对话,从而塑造了不同时代的庄子和庄子的不同时代。因之,庄子也以独特的方式属于当下的时代,从哲学、文学和其他学科视角出发的庄子疏解仍是煊赫之学,成果层出不穷,可谓汗牛充栋。掌握了"屠龙之术"——现代学术方法——的当代学者以极大的热情赓续和拓展、刷新和重塑了庄学的图景。在这一背景之下,对任何以《庄子》为题的学术著作展开评论似乎都应该自觉地将当代庄学作为背景和语境展开,讨论其中的核心议题、论点以及对庄学的理解。进而说明,它们在哪些议题,在对哪些段落的解读乃至对庄子哲学的整体解读上,与此前的学术观点和论证有何不同,突破何在。换言之,对于庄子的哲学研究而言,延续性是基础,而我们似乎不能直接指向一种全新的开端,即以方法的更新为庄子和

《庄子》的理解重新奠基。

陈少明教授近著《梦觉之间：〈庄子〉思辨录》（下文简称《梦觉之间》）从立场到方法、从内容到结构似乎都提示我们要对上述评论"范式"里的当然之义保持高度的警惕。《庄子》的气质就让它与任何具有限制性和边界性的范式水火不容，如果庄学有了范式，那么庄子就可能失去了光彩夺目的思想魅力。当然，我们还要再谨慎一些，与"限制和边界"的天然不相容又不能意味着毫无规则的任意所之、随心所至。在这个意义上，《梦觉之间》提示在阅读《庄子》的时候，重要的不是"是什么"，而是"怎么是"：被阅读的文本不是一个章句和语义的定式，也不是一个观点和论断的集合，而是一个敞开了的思想与精神世界。最具有决定性的不是被抽绎出来的结论或者解说，而是我们采取什么视角与方法进入庄子的丰富世界。将我们的目标从一个固定的结论和稳定的论证中抽离出来，投身于庄子丰富的精神场景中感受和欣赏，悠游于思想的魅力之中，我们可能会在气质上更接近庄子。更为要紧的是，在庄子的精神场景中，我们要学会如何做哲学，学会用设计思想景观的方式来提升我们自己的哲学技艺。因此，《梦觉之间》一方面呈现出在思想诠解上某种无形而有形的融贯感，另一方面又保持与《庄子》之间高度克制的、有限度的疏离感。这种独特的"方法"本位和"技艺"关切是值得反复玩味的，也是《梦觉之间》最能帮助读者理解庄子的关键环节。

与陈少明很多以"之间"为题的著作一样，《梦觉之间》不是一部整体完成的哲学专著，而是将很多与庄学有关的论文结集成册，形成一个整体。概览陈少明的论文和著作就不难发现，《庄子》始终是其哲学探索和哲学方法实践的核心论域之一。一种始终的关切加之不断转换和微调的视角、不断推陈出新的方法，使陈少明的庄子研究更像是一个厌观美景的旅者，成岭成峰、渐次有成竹在胸的把握，一次性地端出来，蔚为大观。让读者看到思想经典丰富的可能性，沉浸其中而反复赏玩。当然，他给读者带来的另一种智性挑战则是，在宽而不隔、散而不断的思想景观中，那些着墨与留白结合在一起的"画意"和"笔法"是什么？正像我们听完一个旅者讲述路上的风光，自己却未必能明白这名旅者的脚步构成了怎样独特的路线，尽收他眼底的风光背后又有什么他选取视角的独到之处。我们要读懂的是，陈少明眼中和笔下的庄子"怎么是"如是这般的？质言之，我们的主要目标是理解独特的读法和它背后的理论立场：方法总是被立场奠基的，立场又要靠方法来呈现。更为要紧的是，方法与立场不是"结论"，它们不具备限制性和收束感。

《梦觉之间》将对庄子的思辨分为文本、思维、哲学与历史四个部分：文本并非文献，它不是要考证，而是要归纳出《庄子》章句中精神性的关切、呈现手法上的关键、把庄子读成一个世界的关窍；思维并非概念的运动，而是从文本性的囿限中突破出来，用精神经验的片段和可感、可游、可观的场景来表征庄子的魅力；哲学也不是从庄子中抽绎出那些固有的议题，而是呈现出反思被激发出来的线索，并且以此回向庄子塑造的隽永的精神世界；历史既不是特定的过往，也不是某种对历史的判断，而是《庄子》被阅读的效果史,以及这种效果史如何延展我们对庄子世界的理解。这种"不是……而是……"的句式,发人之未发,见人之未见,在情理之中而在意料之外,正可以体现《梦觉之间》的特别之处。究其原因,可以归结为以下两个关键:其一,以场景化突破文本性的囿限;其二,以方法重塑思想的世界。

《梦觉之间》一书的序言"生命的精神场景"不仅阐明了陈少明的基本思想方法,也像是体贴细腻的阅读指南一样指出了视角、层次与问题的错落关系。"精神场景"一词也直接点出了作者的方法论关切和思想技艺的关窍。从"思想文本"到"精神场景",陈少明完成了对《庄子》性质的重新定义,简言之,突破了"文本性"。这是我们阅读和理解这本书的思想价值及其对庄子研究方法的突破性尝试的起点和关键。另一方面,作者在《梦觉之间》以随性但绝不随意的方式描述了他从庄子那里学习一种独特技艺的过程。这种技艺就是如何设计思想景观。在思想景观的设计中,哲学工作实际上已经完成了它的根本价值——创造一个思想的空间让人观看、感受,有所思且若有所得。

概括起来,以上两个关键可以具体展开为如下四重含义:其一,《庄子》是一个丰富的精神世界,而非等待疏解的章句(或观念,乃至概念及命题)组合起来的文本,这是一个决定性的对《庄子》根本特征及其价值的判断。突破《庄子》与庄子之间的聚讼、超越作者与文本之间的张力及其限制,才让庄子本身成为一个可游观的世界。其二,对庄子的判断作为一个出发点,引出的是一条游览路线,沿着一个个被讲述出来(但却是被精心设计过)的故事场景,分析

设计思想景观的技艺

庄子布景的方式和技术。像一个视角独特且对景观烂熟于胸的导游一样带读者进入庄子的世界，让读者沉浸在（被陈少明精心设计并铺陈出来的）"原来如此"的感受之中。其三，任何一种技艺的底色都是立场和原则，"见蔽之间"的清醒与"是非之际"的克制是陈少明尝试通过技艺的描述不断强调的精神生活的立场。这一立场又以奇妙的方式与设计思想景观的技艺形成了共振和押韵，设计出来的思想景观是开放且有待体验的，而非说服与灌输。其四，对于陈少明而言，《梦觉之间》展开的对《庄子》的思辨一方面展现了庄子设计思想景观的技艺，另一方面也展现了他对这一技艺的发现过程。有趣的是，这两个过程是合一的。对技艺的描述就是这一技艺本身，从这个意义上说，本书的读者与作者一样都不是在学习，而是在实践。就像一个没有什么理论手册或技术教材的"编筐做席"手艺人，"做给你看"与"你做着看"本来就是同一件事情。

在《梦觉之间》通过思辨打开的庄子首先用场景突破了文本性，让《庄子》从文本变成了一个世界，活生生的"精神场景"就是这个世界的内涵和价值基础。在此基础上，陈少明以描述的方式进入一个个的"精神场景"，用他的新证和新思来引导读者游历和观赏，置身其中的读者和穿过文本之幕的场景一起构成了思想景观。读者已经成为思想景观的一部分，甚至成为这一景观的设计者。在其中，最为关键的不是被说服或者达致某种结论，而是看到思想的丰富和开放，从而保持正确的态度与立场。正是通过陈少明的"导览"，我们可以看到《庄子》在他这里从文本转变为场景，并成为景观,他在这个过程中展示了一种技艺:设计思想景观并展现出来。这是陈少明以独特的方式呈现给大家的"庄子的本领"和思想的魅力。

场景

陈少明在《梦觉之间》中多次使用"场景"和"世界"这两个关键词。"场景"用以描述《庄子》书的篇章和片段,而"世界"则是指向整体。在我看来,这两个语词的使用有一个共同的突破性的雄心,即突破作为经典的《庄子》的文本性囿限。这也呼应了陈少明在《经典世界中的人、事、物》中提出的方法论立场。当我们面对思想经典时,往往是将其文本性不假思索和批判地肯认下来的。然而文本性有时候就意味着语词和语义的限制,也预设了"原初意涵"。文本的"原初意涵"预设是经典诠释的魔法石和双刃剑,作者的意思、文本的意思成为"原初意涵"的具体内容,也成为围绕文本、章句、字词展开讨论的合理性根基。

如果我们仔细观察,不难发现如下情况:除了字词章句的语义疏解之外,古典思想文本的诠释性解读总会有两种"默契"含混:其一,我们是以思想文本的经典性为前设展开解读,还是以诠解的方式展现其思想的跨时代性、跨主体性,进而论证其经典性;其二,回向思想文本是为了进入文本的思想世界从而完成对"作者"精神世界的还原或再现,还是穿过文本、越过作者及其时代,自出机杼地构建一个基于文本内容诠解的新的思想空间，换言之，文本是诠解研究的对象还是思想展开的话头。

一般而言，研究经典文本的作者都不会处理上述两种含混性。因为它们保证了文本解读和思想建构都可以得到"经典性"的保护。居于"作者"与"解读者"之间的经典文本能够同时提供双向的合理性保证：一方面，如果"向文本（原意及其时代）出发"和"从文本出发（朝向特定的问题和当下的时代经验）"不做严格意义上的区分，那么对文本的多元解读既可以是回溯性的，也可以是建构性的。另一方面，如果经典性被同时视为诠释的出发点和目标，那么这一含混性塑造了诠释合理性上的"互为支撑"的结构：作者、思想文本及其时代，解读者、解读的时代及其议题等复杂的元素之间构成了一种互为支撑的作用，任何一个元素都可以成为其他元素生发出来的理解视角的合理性支撑，让思想解读在宏阔的意义空间中持续展开。从这个意义上讲，"含混"保障了思想解读的活力和空间，同时也始终保持了经典文本的当下性和开放性，更为要紧的是，诠释性的解读还可以因这种独特的"含混性"避开"误解"或"曲解"的质疑。换一个视角看，以文本形式出现的"思想经典"本身就具有独特的居间性：它既处于作为思想者的个体精神生命与文本写作时代的精神语境之间，也处于不同时代的异质经验与人类精神的共通底色之间，当然，也处于写作者与解读者之间。

当我们肯认经典的"文本性"时，我们到底将之视为何种性质的"思想材料"？我们将思想文本的经典性建基于如下的信念:人的精神世界及思想经验有一种跨越主体和时间的共同底色,因此固化特定精神性经验和思想的文本可以激活跨越时空的主体之间的共鸣,从而成为上述"底色"的载体。因此,经典文本就是始终等待着被激活的共同底色的载体——这让经典文本成为激生不同时代的思想、触发不同主体的反思的源头。与此同时,为了保证被激活的共同底色不会成为某种误解或偏见的借口,我们需要对这一"共同底色"的内涵有相对明确的共识和边界感——这就是文本"原意"的价值,它可以不断地对被经典激生的思想进行"纠偏"和"评判"。这两者构成了经典的"一体两面"。正如一个站在地面上的人,眼光所及无论怎么丰富和多彩,他的视野形态和边界还是被他所处的位置——脚下的土地——限定了的。陈少明强调,"《庄子》不是一部书,而是一个世界。但并非打开这本书的人都能进入这个世界"。[1]他用"生命的精神场景"(第1页)来说明《庄子》的性质。换言之,《庄子》的内容是被文本表达固化了的精神现场和思想场景。不妨说,文本性不是它的第一属性,文本只是第一属性得以实现的手段和载体。让《庄子》回归精神性和生命性,就为悠游和玩赏庄子的思想魅力提供了新的基础。文字、语句必须被逆向转译为可被感知的、活生生的经验。对《庄子》的解读就是另一种形式的"翻译":将文字转译为精神场景和经验现场。于是,对文义的探究就不是最终的目标,甚至可

---

[1] 陈少明:《梦觉之间:〈庄子〉思辨录》,第41页。本篇中所有引文均引自该书,下仅括注页码。

以说，文义在经验和场景的视角上看是冗余和累赘的。解读者不必将《庄子》当作一个等待被破解的"幽深"的意义之井；需要叩问的不再是庄子或"庄子们"写下这些文字的时候到底是要论证什么或断言什么，这些文字是围绕什么主题，以什么顺序和结构被展开的，何种解读和描述可以被认为是误解。如果没有"文本性"导致的"原初意涵"设定，那么这些问题就不是必须有答案的，而它带来的一系列后果也随之被撇开了。让庄子精神魅力的呈现走向另一条道路，庄子的世界由此敞开了另一番天地。

导游

如果以"精神场景"这一语词来勾勒《庄子》的特质，并且呈现或展示这一精神性和场景性的文字不是一些概念的推演，而是一个完整的"现场"，就已经完成了从《庄子》文本到庄子世界的跨越。文本形式的《庄子》的阅读体验，其本质应该是一种场景的浸入感。正如陈少明强调的那样，"庄书让读者快慰或沉迷的原因，在于其讲故事的魅力及其所呈现的生命的精神场景……（《庄子》）通过情景来呈现观点，而非通过概念去推论"（第1—2页）。陈少明强调《庄子》在表达策略和性质上的独特之处，他在先秦的基本文献中做了一个横向的比较，认为《老子》《论语》《孟子》《庄子》分别相当于诗、史、论、剧。《庄子》是剧，或曰"剧场"。庄子或"庄子们"都是这个剧场的剧作家，在这个剧场中上演的各种剧情显然既不是剧本，也不是剧场能够替代的。换言之，我们进入《庄子》这个剧场，那么其内核是被展现出来的"剧情"。当然，没有剧场也就无所谓剧情了，更为要紧的是，没有剧本就更不可能有所谓的"剧"了。然而，"剧"才是观众和剧作家的桥梁，那些鲜活的、在剧中展现的场景才是剧作家想传递的。其与论证或说教的根本差异就是，所有人都是在情景中的主动的观看、体验和思考者，没有人会或能够决定一个观众到底如何理解剧情，剧作家与观众之间的默契约略就是如此。观众的感受力和体悟首先建基于剧作家的想象力，他们要用场景去引导观众进入一个想象的空间，在其中，日常经验成为可被重构和揉捏的素材，以独特方式组合在一起再呈现出来，形成一种"真幻"相即的感受性空间——从烟火到玄幻，始终以现实经验为基础，才让情景变得可理解和可感受；与此同时，情景与经验的疏离甚至对现实的扭曲，才可以调动感受和判断，体现出对现实的力量。陈少明很明确地指出了这种机制，"想象不是现实，不能在经验中兑现……想象未必有理智认识的效果。但它具有评价事物与表达感情的力量……读《庄子》就是进入远离日常生活的思想世界"（第51页）。远离日常却并不缺乏日常经验作为基础，怪诞、诡谲与戏谑之所以被感受到、被断言出来，就是因为它与日常的距离是被准确感知到的。情境是以文字的形式让思想进入想象却不完全脱离直接经验的具体方式。

对于庄子而言，铺陈文字来制造情景为什么是必要且必须的？《庄子》不是理论著作，它对世界的看法是通过想象展示的。"（第58页）因此，不妨说情景是一种独特的方法，高明的策略。庄子不是在推论，也不是基于每一个概念的语义构成的逻辑关系，利用逻辑规则和语义结构来导出某个固定的结论。与此相对，他是要在具体情景里将之呈现出来。

在《"庖丁解牛"申论》一文中，陈少明开篇就颇有兴味地说："把宰牛同养生联系起来，亏庄子才想得出来。"（第141页）庄子讲了一个宰牛的故事，其中的情景却是偏离了宰牛的"正常经验"范围的，这种对日常经验的溢出性才是将宰牛与养生联系起来的保证。这种看似有距离感的勾连才是情景的价值。在这个独特的情景中，庄子像是一个导游，告诉读者这不是宰牛，而是养生。庖丁的刀和他的话可能要比牛重要得多，宰牛的经验是起点而不是目标，这样一来读者实际上是被引导到一个思考的方向上，至于在这个方向上如何完成最终的联结，达成一种自成其理的理解，却是开放的。"道理不是藏起来，而是配置到故事之中。"（第62页）在这种开放性中，所有的元素——包括养生——都可以被纳入思想联结的尝试之中，我们将自身置于故事的情景里，通过自身的视角完成导游兼剧作家庄子给我们设定的"联结"。陈少明"依故事诸要素，按技、道、器、命诸问题"（第143页）展开分析，这些元素成为观看、分析和联结的起点，最终指向了技术哲学、形而上学以及生命意义等问题。陈少明进入"庖丁解牛"的情景之时，遵循了作为导游的庄子的引导展开联结，而他联结的过程被描述出来之后，他就成了他自己的读者透过他的游观路线与"沿途的风景"接近庄子的世界的"导游"。这种"情景"与"导游"的重叠才构成了庄子世界的深邃和兴味。

此外，情景策略的另一个优长之处在于同一类型的情景是可以通过元素关系、形态及互动等形式不断叠加并拼接的，形成一种情景类型学，在看似"反复"出现的同一类情景中，观点（论点）就不再是单一和线性的，而是类似一个渐变的光谱，观点成为复数的乃至成为一个绵延。这时我们看到的就不再是单一情景，而是情景中那些作为精神现场组成部分的基本要素的不断调整以及重新组合。"相同的经验材料可以被同一个人以不同的方式重复改编。而不同的想象者，对材料的处理就会更多样化。"（第44页）集中处理某一个类型的情境，可以带来另一个穿越文本切入游观的方式。陈少明在《梦觉之间》谈《庄子》中所见的梦就是此例，他强调庄子说梦，是"观梦。此观为以道观物之观……就是做哲学梦"（第122页）。梦这一类场景引出了一种"梦的类型学"和"做梦的类型学"，他强调庄子是在"'制造'梦。制造梦不是做梦"（第113页）。这是十分精确且透彻的判断：梦是庄子的想象许可证、场景制造机。庄子自己设计了梦的场景，一种被精心构造了的想象。在说梦的过程中，我们被带入呈现出来的场景中思考和体验。实际上，我们被带入了庄子设计的思想景观，他高明地说梦不过就是思想景观的设计技巧之一。

陈少明对庄生梦的解说，并不仅仅是沿着庄生设计好的"导游路线"进入场景，切入庄生设计好的问题：蝶梦与骷髅叹。恰恰相反，他是冷眼看穿，明确地指出了这是一种被设计了的思想景观，是一种思想方法。庄生的故事与寓言就像戏法一样,被拆穿了就成了方法和手法。陈少明在尝试描述这种技艺,这是对描述技艺的描述。懂得庄生如何用故事制造场景,用场景和引入场景的心、眼、意来设计一个思想景观,我们也可以成为思想景观的设计者。这不仅不是拆穿庄子,还可能是真正地理解了他,同时得到一把进入庄子世界的钥匙。

技艺

显然,设计思想景观的技艺中不得不有高超的讲故事能力,但显然又不能全是讲故事。被设计出来的故事是手段,而景观中的思考才是目的。让人在思想景观中展开思考,穿过"恣意无端涯"之言与"以道观物"之间的距离,可能需要如下两个桥梁:其一,必须有十分明确的设计意识,要清楚地意识到自己既是一个设计者,也是一个导游。思想景观要基于某种独特的元素组合和经验结构,在平衡场景的生动性与经验感的同时,保持与日常经验之间基于想象力的适当距离,从而保证这些经验元素展开多重变体和组合的可能性。其二,思想景观的设计技艺首先是奠基于想要表达观念和见解,以及独特的思想立场。通过思想景观进行的表达往往是设计者通过高超的技艺"部分可控"的。这种"部分可控"的性质实际上不仅要求设计者精妙的技巧,更需要一种独特的思想立场。这一独特立场可以简单表述为:在观念的表达上,是展示而不是说服;在引导的目标上,是提示而非评判;在对话的形态上,是谈得来而不是要"谈得拢"。不妨说，设计思想景观的技艺，其基础是思想立场和观念态度。

在思想景观的呈现中，没有规定的线路。正如我们进入一座精致的庭院，四季之变迁、百物之枯荣，乃至心情的明暗、眼光的敏感都可能在极大程度上影响这个庭院带来的视觉体验和整体审美感受，这是庭院的设计者无法完全掌控的。然而，景观却不是固化的物，其中有人的行动、话语及姿态，这些都可以成为设计技艺展示的空间。在《庄子》书中的人、事、物以场景化的方式组合起来，以丰富的元素和内容反复提示，成为一个在独特场景中的活剧。

陈少明在《梦觉之间》揭示了庄子设计思想景观的技艺，而这一技艺也成为理解庄子思想立场及其使命的关窍。与建构性的严密论证相对，在陈少明的视角中，庄子的设计理念至少大部分是破除观念的桎梏、警示俗见的遮蔽、展现生命的真实。庄子设计出一个个的思想景观，其中鲜活的人、诡谲的情境、恣意的言语和戏谑的态度共同构成了高度寓言化的经验，以此激发直接且切身的体验。他认为，"庄子之道的哲学意义是警示性的：一方面，唤醒我们生命体验的热情；另一方面，提醒我们警惕任何极端思想对生活的摆布与控制"（第15—16页）。在被设计的思想景观中，我们将自己"置身于"另一精神片段和生命场景中，就突然获得了一种与日常经验若即若离的视角：既不是纯粹的观察者，更不是事中人。然而，从日常的经验中抽离，进而展开对另一段生命经验的查看，却可以让我们回思自己的观念、反观自己的生命。

从陈少明提示的作为思想景观设计者的庄子的角度出

发，就可以看到后者始终在提示我们避免沉溺日常经验，警惕俗见和固有观念的限制。陈少明透彻地指出，"庄子的思想使命，就是破除这种无处不在的观念的桎梏"（第6—7页）。观念的破除恰来自生命经验的本然被激活的过程，陈少明认为庄子论史是历史的寓言化，这是基于历史意识和历史记忆的思想景观设计技巧，庄子就是要用寓言化的历史来展示历史秩序之外的生命状态，"在庄子那里，哲学与历史是对抗的。他的道是从历史、传统、秩序中分离的生命理想"（第85页）。秩序被打破之后的历史就是"无常"，或者说它是历史秩序的"崩塌"。在历史秩序的废墟上，哲学的灵感却找到了新的空间（第83页）。进一步说，设计思想景观的技艺是一种在智性意义上极高的自我要求和期许，它拒绝用知识独占和真理掌控的方式"以德临人"，而是始终在智性引导过程中尊重对话者的理解力和思考力。在精心设计的景观中制造一种有方向却可能无共识的智性环境，在其中的所有人都是被生命经验所激发的问题引导着走向大致趋同的方向，成为拓展智性视野和加强思想深度的合作者。这在某种程度上与古希腊的"智慧助产术"颇有异曲同工之妙。其根本的区别可能是，对于庄生而言，精巧构造的思想景观不仅是思想表达和智性游戏，还是生命体验本身。庄生不是为了说服或引导别人，其根本目标可能就是警示自己，保持一种始终朝向本真生命的精神生活样态。

陈少明强调做哲学无非两个步骤、找论题、提新证。对于陈少明而言，《梦觉之间》是他自己走近庄子的技艺这一精神体验和思想过程的展现，也是以技艺的方式重塑《庄子》经典性的尝试。他说:"经典不是字典,不是被用来查阅各种现成答案的工具书。它的真正魅力在于给后代留下一些吸引人去反复琢磨的问题……对它的每一次用心解释,实际上应当看作拓展问题视域的一种努力。"(第157页)设计思想景观是持续的行动,庄子和《庄子》在他的笔下成了一个新的思想景观,而不是一些新的问题或者某些旧有问题的新解。

颇有兴味的是,《梦觉之间》从整体内容上看也是在"展示庄生的技艺"和"展开做哲学的技艺"之间的。展示庄生讲故事、设计思想景观的技艺的同时,陈少明也通过描述庄子的世界展示了"做哲学"的技艺。从这个意义上说,《梦觉之间》也是一个被精心设计过的思想景观,精致的技艺中充满了对思想的诚意。至于这一景观在我这个读者眼中显然拥有的"精致"特性,更多的是来自陈少明成竹在胸的挥洒,还是本人深入其中之后"不自觉的设计",未可确知。

游 观

范畴之外的中国哲学风景

孟 琢[*]

走出本质：中国哲学怎么"做"

"做中国哲学"意味着建立中国哲学自身的特色。无论是西方哲学强势下的学术焦虑，还是中国复兴背景下的学理独立，这一方向已然凝聚为中国哲学研究中共性化的问题意识。在"自立吾理"的旗帜下，不同形态的哲学探讨异彩纷呈，成为"共和国五子"的积极尝试，且构成了21世纪初中国哲学界生机勃勃且不乏张力的学术生态。

中国哲学怎么"做"？西方哲学深厚的历史脉络，以及西学影响下的中国哲学史的学科传统，是自主之路上无法回避的他者。某种意义上，他者是构成了我们自身的血肉。因此，理解陈少明教授的"做"，首先要将目光投注到他对西方哲学和中国哲学史的整体反思上。陈少明深受维特根斯

---

[*] 孟琢，北京师范大学民俗典籍文字研究中心、中国文字整理与规范研究中心。

坦与马克斯·韦伯的影响，对后期维特根斯坦"反本质主义"的探讨构成了他唯一的西学论著。经过维特根斯坦式的哲学论证的"理想型"方法，也就成为做中国哲学重要的方法论资源。这一影响体现在以下角度：首先，本质主义的哲学路径得到了质疑与解构，大全一体、结构森严的哲学体系在后现代哲学中被拔除根基。那么，中国哲学的自主道路，是否还要照搬以范畴概念与逻辑论证为中心的体系性形态，不断经受削足适履式的范畴错置？中国哲学的崛起，是否必须建立起更具统摄性的、一本大全式的理论体系，以对西方哲学进行反制性的判摄？这都是值得深入反思的问题。其次，随着由"理想语言"到"日常语言"的转变，维特根斯坦的哲学出发点由理论转向了生活。具体的生活现象是离散的、鲜活的、非演绎性的，这与中国哲学"日用切己"的生活化特点和"铿然舍瑟"的诗意气质内在呼应，也对古典哲学与现代生活的再度契合提出了新要求。最后，维特根斯坦的"家族相似"与韦伯的理想型理论内在相通。既然如此，做中国哲学也就成为不断突破定式、开启新可能性的过程。

在这一哲学背景下，陈少明对中国哲学史与古典学术传统的反思，带有了内在的解构性；用中国哲学自己的话说，则是一种"毋意毋必"的狷者气象。对那些坚硬强势、寻求必然与定解的学术形态，他似乎抱有不以为然的态度。这种态度体现为两个方面的"去必"，既要避免其他学科对哲学研究的强势影响，也要反思哲学与哲学史研究中的固化与"成心"。就前者而言，从乾嘉朴学到胡适、傅斯年，语文学成为义理研究的基础方法。训诂考证寻求溯古的确定性，在本字本义的探寻中，不断剥去后代涂抹上的色彩，显示出古代思想的"本来面目"。但是，如果哲学研究只是把思想阐释不断还原为原始的语义事实，思想的创造力也就遭到了遏制。因此，陈少明将这种语文考古的路径称为"确定性的陷阱"。在语文学之外，以思想史为代表的"外在解释"，是另一种深刻影响了中国哲学的学术路径。当哲学思考被历史性地归因于对具体事件的回应，或是受限于被特定利益背景的思想动机裹挟，就意味着哲学走向工具性与被动性。因此，哲学须以"内在解释"为本位。可以说，对语文学和思想史的反思，是在消解"文字本质主义"和"历史本质主义"对哲学自身的强制影响，从而保证中国哲学的独立之路。就后者而言，在哲学与哲学史自身的世界中，最需要反思的则是以概念范畴为基本单元、以框架体系为学术结构的研究范式。毫无疑问，这一范式是西学本位的产物，与中国哲学的历史面貌和思想趣味不乏隔膜。随着这一路径的强势与固化，经典世界中丰富多彩的思想风景被不断地障蔽起来。

正如陈少明反复强调的那样，哲学不是固定的范畴与命题的结合："特别是像《论语》、《庄子》之类叙事性很强的文本，教科书中对之反复辨析、推究的概念，如仁、礼、心、道等，在原文中并非精心界定的范畴，而是镶嵌在许多不同的叙事片段中的字眼。同时，许多意味深长的故事或情节，则很可能由于没有关键词的出现，而没有进入哲学史家的法眼。这是近代西方哲学的视野造成的局限。"[1] 从基于概

---

[1] 陈少明：《做中国哲学：一些方法论的思考》，第112页。

念范畴的哲学范式中突破出去,从强大的西学影响中挣脱出去,这是做中国哲学的关键性一步。

游观与风景:经典世界中的诗意图景

出走与突围并不意味问题的解决,鲁迅提出的"娜拉走后怎样"的命题,同样适合做中国哲学的尝试。这个问题并未给陈少明带来太多困扰,对他而言,"出走"并不是从一个围城进入另一个围城,从一种本质转为另一种本质,既然摆脱了定式与固化,何妨在经典世界中自在游观?

"游"与"观"是一组密不可分的行为。秦观字少游,陆游字务观,古人名字的意义关系,暗含着"天地大观尽游览"的意蕴。"游"让人想到《逍遥游》,也与"语言游戏"默契,它意味着自由的立场与多元的可能。"观"与看、望、见、视不同,它是一种视野深远、角度多样的视觉行为。既来自同一视角下对象的变化,也可以围绕对象进行不同角度的观察,在多角度的观看中获得深刻透彻的见解。正因如此,人生、世界、价值、是非、幸福、爱情这些大词,在构词时只能与"观"相配。对陈少明而言,做中国哲学正是一场"游观"之旅——随着学术视角的不断变换,经典世界中的人、事、物、器,在范畴之外的中国哲学的多重"理想型",被淋漓尽致地豁显出来了。

"人"是中国思想传统的中心,无论是历史的人还是虚拟的人,都意味着思想的鲜活。脱离了具象的性格、情绪与生命质感,抽象的范畴框架不免成为干枯的理论教条。缺乏

"人"的哲学史写作，甚至已侵蚀到"评传"这一体裁，让不少思想家的评传难以卒读。"事"是哲学与历史的交点，也是基于生活经验的反思起点。孔子说"我欲载之空言，不如见之于行事之深切著明也"，无论历史事件还是思想史事件，对它们的思考都指向了思想的深切与昭明。人物关系更是中国哲学的基础视域，无论"格物"还是"齐物"，对物的反思推动着知识的产生，"观物取象"更隐喻了中国人的生命价值与生活原则。"物"统摄了"器"，对"器"的哲学反思不但涉及人与文明的根本命题，在"道—器"的重心移易中，更体现出理念与经验、思想与实践、人性与制度、文化与经济之间的复杂关联。在现代社会中，"器"更可与科技沟通，成为哲学思考与现代生活之间的桥梁。

做中国哲学的游观之旅，是一个不断探寻范畴之外的中国哲学的思想特质的过程，也是一个不断创造新的"理想型"的过程。当中国哲学从范畴框架中游走出来，其独特的思想魅力随之彰显。"用抽象概念与用具体叙事提供的经验不同，就如一束干花与连根带泥捧出的植物的区别一样。哲学地思考这些经典的叙事，有两种不同的方式：一种是用概念的标签把它标本化，就像把鲜花制成干花。另一种就是培植它，维护它的鲜活，不仅看到花或树的姿态，还要从中想象视野更宽的风景。"[1]这种鲜活的风景，意味着不断拓展的哲学视域、情理交融的哲学心态，意味着思想与经验、抽象与想象之间贯通无碍，也意味着古典与当代

---

[1] 陈少明：《做中国哲学：一些方法论的思考》，第144页。

息息相关。总之，游观风景不是"圈地运动"，也不是建造坚固的思想城堡，而是富于诗意的思想尝试。某种意义上，陈少明身上有一种"游吟诗人"的气质，而不是思想界的盟主或诸侯。他的作品中没有太多层叠繁复的长句，也鲜见铿锵切齿的惊人之笔，而是时有生活化的譬喻、智慧透达的隽语，这也与那种气质密不可分。在汉语中，"做"是一个具有多重意蕴的泛动词，它可以指宏大事业的建构，也可以指艰辛劳苦的工作，还包含了那些亲切怡人、无拘无束的活动方式，对陈少明而言，做中国哲学的"做"，也许更偏于后者。

什么是"观"：根基性与体系性的维度

"对谈"不仅是理解和赞赏，也要有相应的批评。对于思想堡垒的坚守者，无论能否中的，批评之箭都不难射出；但对于哲学风景中的游观者，反而不知如何弯弓搭箭。整体性的坚硬批评，很容易带有"本质主义"的特性，在方法论的源头就被消解；具体性的质疑，又好像在指责作者"为什么看到这朵小花，而不是那朵"一样，不免有些矫情。因此，这里的批评，不过是沿着陈少明的路径提出进一步的期待，它们也都与对"观"的理解有关。

首先，"人、事、物、器"全面地让哲学走出范畴，但这种出走呈现的是多元的可能性，而不是新的根基性。在中国哲学的世界中，概念范畴是城市与村落，是地图上的基础坐标；丰富多彩的观念，则是山水，是池沼，是林泉——优美的风景固然惹人心动，贴近生活，但毕竟难以成为中华民族人文思考的底层结构。对做中国哲学而言，如何把握中国人独具特色的、根基性的思想单元，恐怕是一个根本挑战。无论"事"也好，"物"也好，"器"也好，生活与经验的视域可以展开丰富的形而上学论说，但就其思想统摄而言，尚不足以和"仁学""道体"这样的基本范畴相比。想要在范畴之外建立思想根基，真是一个难题！这需要进行一种本源性的思想探求。也许，汉语言文字的特殊性能够提供某种线索：语言文字产生于范畴之先，是哲学思考的温床；语言文字的沿革与应用，又是汉民族最基本的生活方式。有意思的是，中国古人的"观"，首先是"观象"，而这恰恰是汉字创制的基本规律。在这里，对"观"的理解不仅是自由游览，更有追溯源头的意味。思考先民奠定的人文符号之"观"的特质，意味着有中国特色的语言哲学的开启，也对思考中国哲学根基性的意义单元具有启示。需要强调的是，关于语言和哲学的关系，陈少明的理解也是不断发展的，在《由训诂通义理：以戴震、章太炎等人为线索论清代汉学的哲学方法》一文中，他指出训诂可以成为"解蔽"的基本手段，也能在语义的不断理解中揭示更根本的思想特质，我们期待对这种"根本的思想特质"的进一步开掘。

其次，"观"是自由开拓的，但这并不意味放弃了整体性的系统；在狐狸和刺猬之间，也并非只能二选一。《说文解字》将"观"释为"谛视"，这个解释含义甚深："谛"是审谛，犹如禘祭一般昭穆清晰、宗法森严，是"帝者，谛也"的自上而下的统摄。在多样性的层面，"观"是自由的；

在整体性的层面，"观"又有内在的秩序。"鸢飞戾天，鱼跃于渊"，无论观鸟还是观鱼，它们都是自在灵活的生生之物；但倘将视线充分放大，在天地宇宙的大观中，一切事物又共同形成了自组织式的天道与天理。如果效法章太炎先生，用训诂解释佛理，在"观自在"一名中，"观"既是对真如自性、法尔如是的彻悟，也是对无尽缘起、帝网森严的遍知。既然"观"意味着自由与体系的统一，中国哲学的独特风景也就不止于魏晋的山水诗，还可能有司马相如的《上林赋》——在两汉大赋秩然有序的图景中，包含了繁复博洽、光怪陆离的天地万象，其现象与经验的丰富，甚至让人不能尽识其字。其实，对于这种统一性的认识，陈少明在阐述维特根斯坦与黑格尔的关系时，早已谈道："接受'家族类似'只是深化我们对理论的认识而非抛弃理论的借口。反过来，黑格尔理念的楼阁虽然无法于空中建立，但其内部卓越的设计思路，对我们利用生活的地基，仍不失为有启发的参照系。"[1]在刺猬和狐狸之间，他也有颇为精彩的见解："不是弃大从小，走狐狸的路，而是用具体充实抽象。这个具体是黑格尔意义上的具体，即不仅注意对象的普遍性，同时把握对象的特殊性。通过一层层的深入，揭示对象独一无二的性格，让对象生动起来。"[2]在他看来，在一个"满街都是刺猬"的时代，刺猬反而容易被迅速遗忘，特别是那些踌躇满志的"超级刺猬"。但这绝不意味着他要当"狐狸"，而是要

---

[1] 张志林、陈少明：《反本质主义与知识问题：维特根斯坦后期哲学的扩展研究》，第77页。
[2] 陈少明：《等待刺猬》，上海三联书店，2004年，第29页。

做一只拓展可能、贴近生活的"刺猬"。既然如此,我们也就可以不断期待这位游观者所构建的"做中国哲学"的更恢宏完整的思想殿堂。

原　物

刘　伟[*]

一

所谓"原物",是要探究前诸子时代物的含义。这么说意味着,物的含义在前诸子时代和诸子时代之间存在明显的断裂。表现在用法上,"百物"和"万物"之别是最显著的差异之一。

说起"万物",最有名的用例可能是《老子》首章所说"无名,天地之始;有名,万物之母"[1]。天地对万物,呈现了万物存在于天地之间、富有秩序的图景。何为万物? 万物是否就是物之林林总总? 回到《老子》,今本第十六章有云:"致虚极,守静笃,万物并作,吾以观复。夫物芸芸,各复归其根。"芸芸万物,欣欣向荣,充满了生机。圣人深知,万物中每一物最终都要回复到自身的本根中去,循环往复,

---

[*] 刘伟,中山大学哲学系。
[1] 今本《老子》作"无名,天地之始",而帛书甲、乙本皆作"无名,万物之始也"。见高明撰:《帛书老子校注》,中华书局,1996年,第222页。

而道就蕴含在这种循环往复之中。"万物并作"最终"各复归其根"。这一表述意味着，"万物"是由每一个个体之物组成的复数集合。这一点，荀子表述得更为明白："万物为道一偏，一物为万物一偏。"（《天论》）偏，意指总体之中的部分。如果将万物视为一个总体，该总体由作为部分的每一物组合而成，那么由此，每一物都作为独立的个体而获得了存在的意义。个体之物的独立性表现为在天地之间（或大地之上）占据一个属己的空间位置，而空间位置的排他性反向证成了物体的同一性。荀子说：

> 物有同状而异所者，有异状而同所者，可别也。状同而为异所者，虽可合，谓之二实。状变而实无别而为异者，谓之化。有化而无别，谓之一实。（《正名》）

处于不同位置，即便形状完全一样，也是两个独立的物体；同样，连续处在同一位置即便形态前后不同——比如一株植物从青葱到凋零，也是属于同一物体。故万物之别首先表现为位置之别，占据不同位置的个体可以并行不悖地生存于天地之间，所谓"万物同宇而异体"（《富国》）是也。

在万物的图景之中，世界表现为个体之物的总和。每一个体之物都是不可再还原的，因而对于个体之物的感知就必然作为原初经验而成为致知的前提。值得注意的是，对于个体之物的"设置"基于占据空间位置的形体，而附着于形体的边界划定了空间，区分了彼我。形体是视觉感知的对象，当人们试图区别和认知每一个个体之物时，视觉是最重要的感官。视觉感知的优先性或者说认知的"视觉主义",在整个诸子学传统中,都牢牢占据主导性地位。当试图说明人们如何区别和认知每一个个体之物时,荀子说"形体色理以目异"(《正名》),视觉之后才是听觉、味觉、嗅觉和触觉,五种感官是天生的,故称为"天官"。由视觉引申开来,几乎每个人天生都具备复杂的感知能力,并由此编织成一个"感知之网"。什么是物?物就是能被"感知之网"捕捉到的东西。在此基础上,万物中的每一物就被理解为可以感知的对象。

二

在诸子以前,几乎没有"万物"的踪迹,传世经典中常提到的是"百物"。说起"百物",中国人最熟知的可能是孔子说的"四时行焉,百物生焉,天何言哉?"(《论语·阳货》)。"百物"是什么?"百物"和"万物"有何不同?历代注疏鲜有说明。

让我们来看一下"百物"比较有代表性的用例。

> 例一 黄帝能成命百物,以明民共财,颛顼能修之。(《国语·鲁语上》)

> 例二 日至之景,尺有五寸,谓之地中:天地之所合也,四时之所交也,风雨之所会也,阴阳之所和也。然则百物阜安,乃建王国焉,制其畿,方千里而封树

之。(《周礼·大司徒》)

例三　昔夏之方有德也，远方图物，贡金九牧，铸鼎象物，百物而为之备，使民知神奸。故民入川泽山林，不逢不若，螭魅罔两，莫能逢之，用能协于上下，以承天休。(《左传·宣公三年》)

例一"黄帝能成命百物"云云，《礼记·祭法》因之，作"黄帝正名百物，以明民共财，颛顼能修之"。命，名也，"成命"就是命名。黄帝能够为"百物"命名，方可成就一个和谐的秩序，民人由是可以将"百物"作为财货利而用之。例二所云大司徒职能之一是确定大地中心，这一点是天地阴阳交会之所，于此奠立王畿，能让"百物阜安"，天下和平。例三则透露了达至"百物阜安"的具体细节，可为前两个案例有益的补充。九鼎是夏王朝最重要的礼器，用各地贡金（青铜）熔铸，鼎身则铸有"百物"的图像。由此，人和图像背后的神明建立了保证和平的"契约"，民人进入并利用"川泽山林"，便不会触犯神明（"螭魅罔两"）。很明显，"铸鼎象物"的"物"就是"百物"。在熔铸的过程中，刻画到鼎身的"百物"显然不是每一个具体的物（"万物"之物），而是各个族类的代表。每一族类都有一个对应的名，而将各个族类纳入秩序的重要途径就是命名，即例一所谓"成命百物"（或"正名百物"）。只有做到"百物阜安"，才能"协于上下，以承天休"。

"百物"可以命名，也可以摹象。但是熔铸在鼎身的图像并不是"百物"之"物"的全部，甚至不是最重要的部分，重要的是形象之上的神秘力量（神格）。由此可知，"百物"不同于"万物"：第一，"百物"不是个体之物的总和，而是族类的总和，每个个体之物都属于一个族类，所以没有纯粹的个体可言；第二，"百物"有各自的形象可以被人经验和想象，但人感官经验（特别是视觉）到的只是物的表象，使物显现并决定物之为物的是形象之上不可见的力量，一般称之为神。所以，与"百物"相匹配的一组认知范畴是形和神。形可以摹象，但主要不是形体。形是显现，可以感知，但是决定形的神则难以直接经验，所谓"不测""不可知之"者谓神是也。

"百物"之"物"，有神怪、精魅之义。有学者早已指出，"物"可训作神怪、精怪，根据就在《周礼》《史记》等经典文献之中。[1]《史记·留侯世家》有云："太史公曰：学者多言无鬼神，然言有物。至如留侯所见老父予书，亦可怪矣。"《索隐》注曰："物谓精怪及药物也。"[2] 在时人看来，赠予张良《太公兵法》的老翁乃是石头幻化而成，人称"黄石公"，故可谓之"物"。这和称熔铸"螭魅罔两"的图像为"铸鼎象物"，是一个道理。《周礼·春官宗伯》记录了一众掌管礼乐的神职人员，职能是通过宗教仪式招致"天神人鬼"和"地示物魅"（"冢宗人"）。同样，作为"春官"首

---

[1] 牟润孙：《说"格物致知"》，收入氏著：《注史斋丛稿（增订本）》，中华书局，2009年，第217—218页。
[2] 司马迁撰，裴骃集解，司马贞索隐，张守节正义：《史记》，中华书局，1959年，第2049页。

脑大宗伯的职能就包括"以礼乐合天地之化、百物之产，以事鬼神，以谐万民，以致百物。"郑康成注曰："百物之神曰魖。"[1]大宗伯所致之"百物"乃百物之神，即百物之精魅（魖）。它们是代表各自族类的神明。

三

"百物"为百物之神，为精魅，有别于"万物"，应无异议。但若将"物"只理解为精魅、神怪，不免有过分简化之嫌。

《说文》云："物，万物也。牛为大物，天地之数，起于牵牛，故从牛，勿声。"解"物"为"万物"，乃是用晚起的观念追溯本字的源初意义，并不可取。许慎为了解释物字"从牛"，一方面说牛为有代表性的"大物"，另一方面又说物字有天象依据，让人更加疑惑。[2]戴震认为，"周人以斗、牵牛为纪首，命曰星纪。自周而上，日月之行不起于斗、牵牛也"。这让许说显得更加可疑。其实，"物"的含义不取决于"牛"，而取决于"勿"。这一点先贤早有所论：《仪礼·乡射礼》曰："物长如笴。"郑注云："物，谓射时所立处也。谓之物者，物犹事也。"《礼记·仲尼燕居》郑注："事之谓立，置于位也。"《释名·释言语》曰："事，倳也。倳，立也。"盖"物"字本从"勿"。勿者，《说文》："州里

---

[1] 郑玄注，贾公彦疏，彭林整理：《周礼注疏》，上海古籍出版社，2010年，第1065页。
[2] 许慎撰，段玉裁注：《说文解字注》，浙江古籍出版社，1998年，第53页。

所建旗，趣民事，故称勿勿。"阮元辗转训"物"为"事"，不欲破康成"物，犹事也"这一古训，虽然迂曲，但仍不乏洞识，给人以启发：一，明确指出"物"本从"勿"取义；二，引《乡射礼》和《大射礼》，提示了"射时所立处"可称为"物"。[1]章太炎便从"射时所立处"理解"物"的轨度之义，并认为"格物"取义于不逾越轨度。[2]

阮元说"勿"为"州里所建旗"，《说文》原文是："勿，州里所建旗。象其柄，有三游。杂帛，幅半异。所以趣民，故遽称勿勿。"简单说，勿指旗帜，由不同颜色的丝帛所组成，上绘有不同图案。《周礼·司常》云："司常掌九旗之物名，各有属，以待国事。日月为常，交龙为旂，通帛为旜，杂帛为物。"此文两"物"字含义有别。"杂帛为物"的"物"特指以赤、白两色丝帛组成的旗帜，一般为大夫士所用。"九旗之物名"，康成注曰："物名者，所画异物则异名也。"[3]这一用法道出了"物"字相对原始的含义——绘制于旗帜上的图案或者形象，由此引申，可以指广义或者特定的旗帜。《左传·宣公十二年》云："百官象物而动，军政不戒而备。"杜注云："物犹类也。"孔颖达则进一步解释说："类谓旌旗画物类也。"今人杨伯峻说得更直接："物读为《周礼·大司马》'群吏以旗物'、《春官·司常》'大夫士建物，师都建旗'之'物'，本是旌旗之一种，此则借为旌

---

[1] 阮元撰：《大学格物说》，收入氏著：《揅经室集》，中华书局，1993年，第55页。
[2] 章太炎：《说物》，收入氏著：《章太炎全集·太炎文录初编》，上海人民出版社，2014年，第31页。
[3] 郑玄注，贾公彦疏，彭林整理：《周礼注疏》，第1055页。

旗之通称。"[1]此外,《国语·吴语》记载,文种曾问越王勾践:"审物则可以战乎?"韦昭注云:"物,旌旗,物色徽帜之属。"[2]

物为旌旗、徽帜,其本质是一种标志,于可以经验的形象之中寄寓着不可经验的神圣的意涵。有学者将"物"理解为初民社会信仰的图腾,[3]庶几近之。

四

综上所述,古典"物"的概念有两方面难以化约的含义,或为精魅,或为徽帜。然而,细味这两层含义不难发现,它们正好构成了早期思想中重要范畴——"形/神"——的一体两面。所谓精魅,乃是"百物"之神,是能够让一类特定之物抟成一个族类的神明,通常是不可经验的;所谓徽帜,是特殊的形象或图案(形),作为人类族群的标志,它往往指向了超越感官经验的神明,以获得维系族群存续的神圣性。

和"物"直接相关的概念是"形"。在诸子时代,形一般指形体,是人感官知觉的对象,基于对形体的知觉,构成了属人的知识。而在古典时代,形一般指"形象",同样可以被人的知觉经验,但形象始终是表象,表象所维系的神圣性含义才是核心。一言以蔽之,古典时代的"百物"皆有神

---

[1] 杨伯峻:《春秋左传注》,中华书局,1990年,第724页。
[2] 董增龄撰:《国语正义》,巴蜀书社,1985年,第1253页。
[3] 刘节:《说彝》,收入氏著:《古史考存》,太平书局,1963年,第166页。

格。如果说神格往往是人格的拟制或者引申，那么说古典之物皆有人格，也不为过。

陈少明教授近年来一系列对"物"的研究非常引人关注，其核心关切是物的精神向度。[1]为什么要在"人""事"之外着重讨论"物"的问题呢？一个可能的理由是，在高度数字化的今天，人的行为常常蜕变为最简单的指令和符号操作。人越来越不需要"他人"，也越来越"无所事事"，甚至人的意识活动都可能沦为整体程序必要的组成部分。这一切的根源是由人的目的所规定的物（实用性器具）主导并充满了人的生活。这使得我们不得不重新寻问作为精神现象的物，用以激活"人"和"事"。本篇所论，无非是要说明，作为精神现象的物原本存在于古老的精神家园之中，对于物之精神向度的凝望本质上是一种回归的渴望。

---

[1] 参见陈少明：《作为精神现象之"物"》，前揭刊；陈少明：《物、人格与历史——从"特修斯之船"说及"格物"等问题》，前揭刊。

新题、新证、新思与"做中国哲学"

朱 承[*]

近百年来,围绕狭义"中国哲学"传承与创新的方法问题,中国哲学学者提出了很多构想,如"照着讲""接着讲""综合创新""反向格义"等明确论断,还有经典新诠、中西比较、马中融通、史思结合等或隐或显的路径主张,表现出了高度自觉的"方法论意识"。近十几年来,围绕中国哲学的传承与创新的理论问题,还出现了一个新趋势,那就是源自中国哲学本土意识的哲学理论之创新书写,在本体论、形上学、生生论、天下观、王道观、家国观、道器论、文明论等多个维度,展现了中国哲学思想的"慧根新命",以此来回应时代的理论与现实问题,表现出了别开生面的"创造性意识"。上述两种意识,都说明了中国哲学在学科自觉与理论创新上有着不懈的追求,这是"中国哲学"在当前时代之发展的写照。

---

[*] 朱承,华东师范大学中国现代思想文化研究所、哲学系。本篇是教育部人文社科重大课题攻关项目(21JZD018)阶段性成果。

在当代中国哲学学术共同体中，无论是"方法论意识"层面，还是"创造性意识"层面，陈少明教授无疑都是其中的代表性人物之一。陈少明提出"做中国哲学"的方法和理论主张，既反映了在哲学研究和哲学书写上的方法论探索，又呈现了沟通经典世界与现实经验的理论性创新，兼具方法引领和理论开拓的意义。具体来看，"做中国哲学"之思想主张与书写实践，大致体现了三个层面的意涵。

一是找出新题。不断提出"新题目"可以说是所有人文学术研究的共同追求，但"新题目"不仅意味着开疆拓土——一段时间内的领域拓展总是有限的；"新题目"更不是意味着索隐行怪地去刻意寻找偏门、冷门——如果所谓的"创新"只是无法与他人分享共有前提的个人偏好，那么这种新题目的生命力将极其有限。从积极的可行性的角度来看，新题目可以是从新角度对旧材料的再发现和再分析，在熟悉之地建构出新的理论风景。陈少明哲学论说的选题总是能够从学术意义上的"司空见惯"处找到新意，从学术同行能够普遍分享共有前提的思想资料中提炼出新的论题。这样的案例特别多，如"释忧""解惑""说器""谈羞"等一系列观念性阐释，如从事件、文章与字帖集合体的维度对《兰亭序》进行哲学分析，如从思想配角的角度讨论杨朱，从"说服力"的角度讨论儒学的价值，从时、命、名三个概念切入儒家的历史形上学，从文本、思维、哲学、历史四个层面拓展庄子的思想，等等。无论是范畴性对象，是文本性对象，还是学派性对象，都是学术同行所熟知的材料，更是已有很多研究成果。即使是这样，从"做中国哲学"的角度来看，还是要寻找新角度去发掘新意。陈少明多年来的研究成果，从事实、从新角度来分析旧材料，既能够使之成为"新题"，又能够让读者在"似曾相识"的前提下得到"宛如初见"的崭新阅读体验。

二是做出新证。从形式上看，哲学是讲道理的事业，哲学研究最为重要的是对提出的观点进行合理的论证，论证是否有深度和新意将决定说理是否透彻与有效。金岳霖先生在20世纪40年代论中国哲学时曾说道："中国哲学家没有一种发达的认识论和逻辑意识，所以在表达思想时显得芜杂不连贯，这种情况会使习惯于系统思维的人得到一种哲学上料想不到的不确定感。"[1]换言之，在受到完整西方哲学训练的人看来，中国哲学往往在论证上存在着不确定性。虽然金岳霖先生认为这种"不系统性""不确定性"并不影响传统中国哲学家的"独创性"，但随着中西思想交流的扩大，如果中国哲学能在论证上有所提升，那将更好地增强中国哲学的世界性影响力。就此而言，如何更好地进行论证显然是"做中国哲学"所不能回避的问题。陈少明对"论证"格外重视，对上述提到的那些"新题"也做出了具有典范性意义的"论证"。从他近年来的哲学著述看，在传统的经典性哲学论证之外，他还特别留意在材料、方法和文辞三个方面上有所开新，第一是论证材料"不囿于"哲学史上惯用的理论命题与哲学概念，还包括了那些在文本和历史上曾经鲜活

---

[1] 金岳霖：《中国哲学》，收入胡军编：《金岳霖选集》，吉林人民出版社，2005年，第67页。

的人、事、物，寓抽象于具象之中。传统中国哲学不仅是概念上的抽象与思辨，更包含着即人言道、即事言理、即物言志的论说方式，因此拓展"做中国哲学"的材料来源，显然是对中国哲学传统的继承与弘扬。第二是"不拒斥"世界哲学范围内的思想方法，如分析哲学与现象学，"面对事情本身"进行细致绵密的话语分析。近年来，有人深感中国哲学研究缺乏主体性意识，跟着西方哲学，亦步亦趋，因此主张走向另一个极端，那就是拒斥西方哲学，这种拒斥甚至包括概念表达、说理方式等。中国哲学有着悠久而深厚的传统，当然不可能成为西方哲学的"学徒"，但是中国哲学向来具有开放包容的姿态，注意吸收有益的外来资源并进行涵化融合。就此而言，"做中国哲学"不是要回到宋明、汉唐、先秦的话语范式中，而是要有世界哲学的胸襟、眼光和抱负，不拒斥其他文化传统中的思想资源。第三是"不停留"在思辨层面，而是使生活经验与想象力参与思想的论证。哲学首先表现为思辨，但不能仅仅是思辨，当代中国哲学家冯契先生曾指出"理智并非'干燥的光'"[1]，他提出哲学要诉诸哲学家的亲身体验，"没有真切的感受，也不可能有真正的哲学著作"[2]。生活经验、个人的体悟与想象同样可以构成思想的论证，正如陈少明在研究庄子思想时所说，"对小大、知信、吾我之类词语的分析，对自我、梦、死亡的意识描述，都力求从经验而非从概念出发推求事物的意义"[3]。个体的切

---

[1] 冯契:《冯契文集（增订版）》第一卷，华东师范大学出版社，2016年，第6页。
[2] 同上书，第5页。
[3] 陈少明:《梦觉之间:〈庄子思辨录〉》，第17页。

身体验有益于弥补概念演绎的枯疏，更有助于意义世界之阐发的丰富性，这也正是"做中国哲学"的一个基本态度。众所周知，论证是哲学表达中最为重要的品质，但它也往往容易流于某种既定的套路化，通过材料上的"不囿于"、方法上的"不拒斥"和文辞上"不停留"三个方面的探索，陈少明在很大程度上改变了近年来中国哲学史研究领域中的"套路化"论证。在一定意义上来说，"做中国哲学"就是一种"论证"方法的宣示，这种方法不仅是个别哲学研究者的兴趣，同样也是当代中国哲学的事业。只有中国哲学研究者在论证上花更多的心思和工夫，中国哲学才有可能真正成为世界哲学的有机组成部分，为世界范围内的同行所理解和借鉴。

三是得出新思。找到新的论题、提升论证水平，其根本目的都是更好地进行思想创造，因而"做中国哲学"的意图还在于促进中国哲学思想创新发展。何为哲学的新思？一般来说，就是在既有的观念基础上，形成新概念、新命题、新判断、新见解，并能够完善或推进人们在某个理论问题上的认识。在陈少明近年有代表性的著述里，无论是道器形上学中关于"如何赋予世界和各种各样的事物以意义"的论述，还是关于生命精神场景的庄子式言说；无论是探讨经典世界里的人、事、物，还是对儒家思想、中国哲学的普遍性意义阐发，其中所展现的学说观点总是能推进这一领域产生理论新识，也能博得读者的思想共鸣。换言之，"观念的支票"能够在其文字中得到"兑换"，阅读者在个体的经验中也能够感受到切实的思想启发。就个人的阅读体验而言，可略举一例：在《梦觉之间：〈庄子〉思辨录》一书围绕"庖丁解牛"的申论中，陈少明从克服命运的阻力、探究身心协调的生命潜能来展现"解牛事件"所蕴含的技艺、形上学与生命意义的三位一体，[1]这种解读，是我们每个人也都能"得之于手而应于心"的；在日常生活中，任何一桩技艺都是人因循自然之道并彰显着人之生命意义的，这样，"解牛"就不仅是《庄子》文本里的故事，而成了自我生命意义的体证。像这样解读"庖丁解牛"的做法，就成为经典世界与个人经验的交互融合的例子，可谓之"新思新解"。

如上所言，"新题"蕴示着在中国传统里寻找具有普遍性意味的哲学问题，"新证"意味着通过材料、方法和个人的体验去做出合乎逻辑、富有新意的论证，"新思"则展现在从中国传统的经典世界出发对哲学论题做出推进性的贡献。正是在"三新"的意义上，"做中国哲学"的主张才能够挺立起来，为中国哲学的发展提供一种具有可参照性的新路径。

当然，就文辞表达而言，"做中国哲学"一词可能还需要做出更多的概念阐释工作。虽然陈少明曾指出"做中国哲学"是维特根斯坦的"做哲学"（do philosophy）的"衍生形式"，但从汉语表达维度来看，"做哲学"的文字似比较容易带来歧义。中国学术传统讲"知行合一"或者说"治学为人一体"，在这个意义上，"做"意味着履行某种观念、笃行某种主张、落实某种思想的意思，"做中国哲学"可能会

---

[1] 陈少明：《梦觉之间：〈庄子思辨录〉》，第156页。

被理解为"按照中国哲学的价值观念去展开行动"之意，也即"中国哲学的应用"之意，因而在接受上可能会产生一定的歧义。另外，在现代汉语里，"做某事"往往具有技艺层面的意涵，而"哲学"往往被视为"性道之学"，因而"做哲学"有可能被理解成某种"哲学技艺"，由此，传统具有"道"意味的哲学可能转化成"技"，这也可能是"做中国哲学"一词带来的另一个误解。"做哲学"一词，最近一段时间在汉语哲学界经常出现。英国学者加里·考克斯（Gary Cox）的 How to be a Philosopher 一书，中文译名是《做哲学》，美国学者小西奥多·希克（Theodore Schick, Jr）和刘易斯·沃恩（Lewis Vaughn）合著的 Doing Philosophy: An Introduction Through Thought Experiments 一书，也被翻译为《做哲学》，在这两本书里，"做哲学"有着思想实验的意思。近年来，哲学界有很多人使用"做哲学"一词，如赵敦华教授、杨国荣教授曾使用"做哲学"一词来指称"哲学创作""哲学思考""哲学诠释"，赵敦华教授以《精神现象学》为中心讨论"向黑格尔学习如何做哲学"，[1] 杨国荣教授2016年在《哲学动态》发表《如何做哲学》一文，将"做哲学"理解为"哲学之思"。[2] 另外，还有一些学者在元哲学领域、伦理学领域也提出类似于"做哲学"的相关提法。由此可见，"做哲学"的提法逐渐为学界所运用，但相较于"哲学创作""哲学书写""哲学思考""哲学诠释""哲学运思"等

---

[1] 赵敦华：《向黑格尔学习如何做哲学——〈精神现象学〉的启发》，载《学术研究》，2008年第1期。
[2] 杨国荣：《如何做哲学》，载《哲学动态》，2016年第6期。

更加为人熟知的提法而言,"做哲学""做中国哲学"等概念还可能带来一定的误解,特别是向社会推广的时候,可能还要多用些力气去解释。

做"哲学"不易,做"中国哲学"更难。近年来的研究实践表明,中国哲学二级学科既可能遭受"合法性"的质疑,其研究对象和方法路径还可能会招致"只会研究哲学史"的批评。为了有效保证这一学科的生命力、创造力和现实参与度,学者需要不断地进行方法和观念上的自我反思与自我更新,庶几才能维护中国哲学学科研究的自立与尊严。在这一点上,陈少明可谓是"用心至深、用功至勤",他不断在中国哲学领域开疆拓土,对中国思想和文化传统中的经典、人、事、物以及概念进行深入的哲学分析,即器言道,守正创新,形成了一套"做中国哲学"的研究范式:从经典世界里获得问题的灵感,按照现代哲学方法并引入经验及想象予以论证,进而围绕"人与世界的意义问题"形成既具有普遍性又合乎逻辑且具有现实感染力的哲学新思。"做中国哲学"这一路向,是当代中国哲学界在传承与创新中国传统哲学思想上的重大创获,同时也反映了中国哲学界正在以切身的哲学创思来回应所谓"中国哲学合法性"等质疑。我们有理由相信,包括"做中国哲学"这一路径在内的各类中国哲学方法创新与理论创新,正在合力将传统的中国哲学学科带进一个新的世代,并以近代以来前所未有的"哲学自信"参与到世界性的"哲学之思"中。

"做中国哲学"与文明传统的新生

宫志翀[*]

中国哲学的文明重任

相比于我们学科体制下的其他学科,人们对于中国哲学总有一些特殊的期许。例如,自然科学无须体现"中国"属性,社会科学也较少面向"传统中国",这些是人文学科的任务。在人文学科中,文学和历史学又都不主要担负思想的使命。只有中国哲学既需体现"中国",也要能够"思想"。这不但要求真实展现传统中国如何思想,也要求使当代中国仍发挥思想的力量。显然,这不是一般的任务,而有一种文明意义的重量。事实上,只有从文明的视野,才能理解中国哲学学科百余年的处境及其内在焦虑。

中国哲学学科的基本面貌,是近代以来中国在世界文明图景中的位置的一个缩影。遭遇西方主导的现代世界,中国被降为前现代的"历史",只能去融入和适应现代西方的各

---

[*] 宫志翀,中国人民大学哲学院。

种规则体系。这一中西变为古今（历史-文明）的力量对比，深入到现代中国的各处肌理。作为移植西方学科体系的产物之一，中国哲学学科的建立方法，就是用西方哲学框架对照我们的思想传统。冯友兰先生感叹过只有我们写作"中国哲学史"，西人不会写作"西洋义理学史"，这折射出了中国哲学的属性深受中西-古今的处境支配，故它自始就是一副"历史"的面貌。我们的思想传统总在他人的框架下找位置，往往既无法安处，也无从生长出面对现代世界的思想力量。

不过，认识到哲学在这座新的人类知识大厦的地基位置以后，中国哲学的奠基群体中有文化传统意识者，都主动尝试哲学创作。使中国有哲学思想的创造，对他们来说意义重大，这内含着文明新生、贞下起元的期待。并且，从20世纪90年代中国哲学合法性的讨论，至近年中国哲学"登场"与"自立其体"的呼声，背后都是对思想创造的期许。我们毫不怀疑，陈少明先生"做中国哲学"的探索，内在呼应着这一学科焕新整个文明传统的使命，只是他向来谦和、克制而未尝明示。然这种呼应，就他二十余年的一以贯之、苦口婆心当中，我们仍能窥见。

"做中国哲学"的两柄钥匙

"做中国哲学"的方法论，有两柄最主要的钥匙：经验和论证。前者保证了"中国"，后者体现出"哲学"。当然，选择经验进入中国传统，也有哲学本身的考虑；抓住论证体现哲学，也有适应并补足传统思想特质的意图。这使得"中国"与"哲学"相互适应和支撑。

1. 经验

相较于套用西方概念范畴的方枘圆凿,让中国哲学回归经验的土壤,重要性表现在三个方面。首先,顺应自身哲学传统的表达方式与内容议题:第一,哲思的表达方式可以有多种,透过记录乃至构造具体情境以"识人、说事、观物、问学",是中国哲学传统的独特方式。[1]这些经验情境有着"言外之意",是其中哲理思考得以生发的土壤。若一定要摆落它们,抽象出一些概念和命题,一方面必然是粗略的,无甚高论,绝不如西学细密;另一方面也是干瘪的,丧失了哲思本身的鲜活。第二,经验情境引导我们回向意义世界。中国哲学当然不乏道、理、气等足够抽象化的概念,但它们也始终关照着形而下的意义世界。[2]此外,更多的是具体生活图景下的存在经验与道德经验。它们未必构成大的论题,更往往在西学框架下找不到位置,但正是这些经验共同编织起了中国人的意义世界。这才是中国哲学传统的重心,而不是一个虚玄的形而上世界。回向这些原初的生活经验,拓展我们研究的对象范围,也是为新的哲学创造培植土壤,以延续我们的意义世界。

进而,中国人的生活经验与意义世界的源头活水是经典。中国哲学的另一特质,是我们有厚重的经典传统。历史

---

[1] 陈少明:《经典世界中的人、事、物——对中国哲学书写方式的一种思考》,前揭刊第65—67页。
[2] 参见陈少明:《中国哲学:通向世界的地方性知识》,前揭刊第34—35页。

上每一次哲学思想的发展，都汲取经典的精神，围绕经典解释展开。经典是"提出人类精神生活中某些根本性的问题，同时给予某种原创性的论述，从而启发后人不断去领会或讨论其思想含义，由此形成重要的思想传统的作品"[1]。可以说，只有挺立经典的价值，才能彰明中国哲学的体性。陈少明特称经典为"经典世界"，表明了经典不是一堆文献、一段历史或一些西方哲学看来蹩脚的道德教条，经典成其为一个独立的"世界"，它里面有鲜活的人、事、物，"演示"着原初的、真实的和典范性的人类生活经验。

让经典世界重新鲜活起来，中国哲学的视野和深度就都有了继续开拓的可能。例如，作为儒家性善论的经典例证，"乍见孺子将入于井"多少已被用得程式化了，而以笔者所见，它仍是陈少明最青睐的例证，每次举出都有新义。[2]还原至经验情境及其意义的层面，我们能问很多问题：这种善的性质是什么？在善行的序列中居于什么位置？它的普遍性该如何理解？它的推论足够周延吗？如果存在边界，又意味着什么？[3]这样，我们就不只是诠释经典，也是在做哲学思考，或者说是在经典的启示下做哲学思考，这才是"做中国哲学"。

最后，在此过程中，我们就是在将经典世界重新带回当下的世界中来，经验是古今得以沟通的地平面。"哲学研究

---

[1] 陈少明：《经典解释与哲学研究》，载《中山大学学报（社会科学版）》，2003年第2期，第2页。
[2] 参见杨海文：《古典生活经验与中国哲学创作——陈少明〈做中国哲学：一些方法论的思考〉读后感》，载《开放时代》，2015年第6期，第222页。
[3] 参见陈少明：《想象的逻辑：来自中国哲学的经典例证》，前揭刊第58—60页。

不只是研究文献，而且是面对生活经验。它所要解释的对象以及解释赖以成立的基础都在生活世界。"[1]哲学之所以能超越古今中西，正因为经验可以为古今中西的人类所共享。

不过，就国人的感受而言，西方哲学观念在当代生活中总能获得更多的呼应，道、德、天、理、气等中国传统观念都已落入"历史"。如果中国哲学停留在复述的工作上，传统只会离我们越来越远。扭转这一处境的关键，是为中与西、古与今找到接榫处，展示中国传统的普遍意义。普遍性不只体现在逻辑的必然上，也体现为经验的可复制普及。[2]是故，中国哲学有必要把经典世界带回到当下人仍能感受的生活中，通过经验阐明观念的可信性，扩大或丰富相关题材的可能经验，寻根问底地思考，把问题置于生命或生活赖以存在的基础上阐明。[3]只有向当下的中国人证明，经典世界仍是我们理解与塑造生活的精神坐标，我们与文明传统之间的裂隙才可能弥合。当然，这一工作很艰难，它需要哲学的辅助。

2. 论证

强调哲学的品格在于论证，是陈少明另一反复申明的方

---

[1] 陈少明：《中国哲学史研究与中国哲学创作》，载《学术月刊》，2004年第3期，第14页。"哲学或其他知识创造，历来有两大思想资源，一是前人的思想成果，一是当下的生活经验。而归根到底，生活本身才是思想创造的最终源泉。"（陈少明：《经典世界中的人、事、物——对中国哲学书写方式的一种思考》，前揭刊第67页）
[2] 陈少明：《跨文化视野中的"道"》，载《船山学刊》，2019年第5期，第4页。
[3] 参见陈少明："做中国哲学"再思考》，前揭刊第36页。陈少明：《中国哲学研究方法论再思考——从"兑换观念的支票"展开》，载《哲学动态》，2014年第6期，第10页。

法论，当中包含两方面的考虑。首先是为中国哲学卸下对照西方哲学的负担。西人本是先有哲学才有哲学学科，而中国建立哲学学科时则面对着整个西方哲学传统，对照成为不自觉的选择。这就似乎默认了哲学是有主题与领域的，尤以形而上学为主。如何匹配上这一形而上学的传统，成为长期困扰中国哲学的焦虑之一。然而，回顾西方哲学史本身，第一哲学的追寻是其展开的重要动力。也正由此，哲学具有了排他性格，不止排斥其他内容为哲学，连哲学史本身也不断地重构与决裂。可见，哲学其实难说有不变的主题与领域，形而上学曾经是大宗，现代哲学又作为它的"反动"发展着。无论哪一个，中国哲学都不必歆羡与追随。[1]

而且，哲学关注的问题，与神话、宗教、文学、科学乃至常识都有交集，使哲学区别于这些领域的，是它的方式：以明晰的论说进入深刻的道理。[2]从论证说理来定义哲学的品格，如同开放了一个哲学的"市场"，各种主题都可以进入，参与竞争，只要它有理论的说服力。

这就进而要考虑到，中国哲学亟须补足自己的说理论证能力。它由两方面的历史原因造成。一方面，由经典世界延伸开来的中国哲学传统，它的主要形式是经典解释学。它在古代有效，但在现代世界面前要自我证明则力量不足。[3]另一方面，中国哲学学科通过比较建立起来，哲学史多描述而

---

[1] 陈少明：《"做中国哲学"再思考》，前揭刊第36—37页。
[2] 陈少明：《重提"中国哲学"的正当性》，前揭刊第34—35页。陈少明：《中国哲学史研究与中国哲学创作》，前揭刊第12页。陈少明：《哲学与论证——兼及中国哲学的方法论问题》，载《文史哲》，2009年第6期，第29—30页。
[3] 陈少明：《经典解释与哲学研究》，前揭刊第2页。

少论证。上节已言，中西古今的裂隙已致文明传统的意义落空，未来人类生活的变动只会更剧烈，重回经典解释或细化哲学史，都不能为传统提供面对当下的说服力，无形中会加剧透支传统的"信用"。

"兑换观念的支票"的比喻，形象表达了以说理论证沟通古今中西经验的必要。经典中的观念的"价值"，要在人类共通的生活经验层面上衡量，要通过明晰的分析和推理阐明它的解释力和规范性，才算完成一次"兑换"。[1]陈少明尝试"兑换"的内容，有耻、乐、忧、惑等道德情感，也有亲亲、仁义等伦理原则。这些相比于哲学史关注的天、道、性命、理气等，看上去"票面"要小，但足够真实切近。只有从这些小额支票的一次次成功兑付开始，中国哲学及文明传统的"信用"才能初步建立，那些形而上的"大额支票"才可能真正起用。这是中国哲学不必只用力于形而上学的另一原因。形而上概念固然从具体经验中抽象上升，成为综摄各具象观念的枢纽，但是形而上概念的解释力和规范性，也要由一系列具象观念及其经验内涵支撑着。形而上与形而下相互依存，即"器"言"道"，是中国哲学传统的特质。[2]

此外，"兑换"的过程一定会面临哲学市场中的竞争，中国哲学应主动回应挑战乃至参与竞争。近代中国受迫于文明的压力，在如何面对西方、面对现代的选择上，往往立场

---

[1] 陈少明：《中国哲学研究方法论再思考——从"兑换观念的支票"展开》，前揭刊第11—13页。
[2] 陈少明：《中国哲学：通向世界的地方性知识》，前揭刊第34—37页。

重于论理。百余年后，现代已经融入了中国的身体，我们也有了重新审视古今中西关系的契机。陈少明总是以清明的论证"置身事外"：不必一定要捍卫或抵抗谁，而是先澄清双方分别能贡献什么，在何种经验层面上可交融；他既揭示出古典的切近人情之处，也承认现代规范的有效运转。

当然，古今中西之间往往有不能"通兑"的情况。例如，儒学传统以仁爱为重，这包含一种责任的维度，能够涵纳现代社会保障民众生命、财产的要求，但没有克制权力的制度保障。现代秩序则是以自由和权利为基础，有明确的制度诉求，可自由和权利也不是自足和万能的。所以，严密的学理分析能帮助我们认清，仁爱与自由本不相排斥，也不需相互取代。一个健全的秩序更应致力于使二者各自发挥功能，两造相安。[1]我们的文明传统既应坚守自己的核心价值，也需要和现代秩序相平衡。从经典世界发掘的鲜花带着原本的泥土，又培植在现代生活的新土壤中，可以期待开出新的花色。

用哲学"新生"中国

总结起来，"做中国哲学"的两柄钥匙，经验上溯至文明源头的经典，又通向当下生活，论证保证了哲学的品格，以明晰系统的学理论说，使中西古今的经验得以沟通。在某

---

[1] 参见陈少明：《儒学与自由——一个仍然有待商讨的问题》，载《华东师范大学学报（哲学社会科学版）》，2019年第2期，第4—6页。

种意义上,"做中国哲学"的实质,就是用哲学学科的思想力量来激活并拓展经典的意义与价值。如此,中国哲学才能承载起一个文明最核心的思想与精神的传统,进而才可能期许,用哲学思想的创造焕发文明传统的生机。

我们文明传统的特质,就是不断回到经典当中去,探寻面对每个时代的方案。正因此,我们的文明传统不是以古今决裂的方式推进,而是始终在返本开新中延续,保持一贯的文明底色。而且,中国在历史上和其他文明的交流从未断绝,也真实遭遇过文明的挑战。值此,先哲仍取径于经典,创造出新的思想,不止回应挑战,甚至也吸收他者的文明因素成为我们传统的一部分。

而今,古今中西的交冲比历史上的挑战更深刻,甚至连整个知识分类体系都被置换。在古代,经典之学以注疏学的方式传承发展,就具备了理论的解释力和规范性。现今,在现代学科体系下,经典的意义则需以哲学说理的形式来证明。时迁世异之下,思想的主题和重心可以不同,注疏解释或论证说理的"术"亦可因时而变。只要经典仍是我们生活的精神坐标,"道"就保持一贯。由是我们就有理由期许,文明传统能在"新生"中延续。

言说方式、经典解释与中国哲学的未来

龙涌霖[*]

"言说方式"(又称"论说方式")的提法受陈少明老师《"四书"系统的论说结构》[1]一文启发。它是指文本思想内涵之外的表达形态、说话风格、文学体裁等,亦即内容之外的形式性的东西。例如《大学》的言说方式是纲领式的,《中庸》最具特色的言说方式则是神秘性玄言,而在《论语》则体现为师生之间的日常对话。当若干言说方式各异的文本组合、熔铸成一个思想体系时,我们就称其言说方式为"言说系统"或"论说结构",典型如朱熹《四书章句集注》的注经体系。对言说方式、论说结构的关注是陈少明论述整个经典文化中的重要一环。经典并非只提供概念和命题。要整全地理解经典,还需充分考虑到经典展现的广阔而活泼的生活世界,经典文本的传播和意义再生,经典与历史的互动,以及经典的思想史背景等方面。正如陈少明的一个生动

---

[*] 龙涌霖,中国社会科学院哲学研究所。
[1] 此文收入氏著:《仁义之间:陈少明学术论集》,孔学堂书局有限公司,2017年,第44—74页。

譬喻，他要看到的是整个经典森林体系的"土壤、气候、阳光、水分"等要素。[1]而言说方式作为经典显示自身的形态，自然也会进入陈少明的视野。在《"四书"系统的论说结构》一文中，我们看到儒学从孔门中的原初伦理形态，一路发展到朱熹通过注经而塑造的一套贯通天人的思想体系，其言说方式不断丰富和融合，由此使我们得以从一个新的角度看到深层的思想文化经验。陈少明的这一考察工作有他一贯的关怀，即对儒学趋于学理化、抽象化从而脱离日常生活的反思。他抛出的问题是，在共享特定信仰的传统学术共同体瓦解、注经方式难再奏效的当下，我们如何继承四书学乃至传统文化这一伟大的遗产，让中国哲学仍具说理力量？

笔者不揣谫陋，想结合《大学》诠释史的问题指出，言说方式这一视角对于深入考察经典解释的发展机制，乃至思考如何在古代经典的基盘上"做中国哲学"，都具有前景广阔的方法论意义。我们知道《大学》是理学工夫论的核心文本，宋明儒者格物穷理、诚意慎独等工夫主张都需要在此篇找到经典依据。但我们参考陈来老师的研究，会看到汉唐儒者对此篇主旨的把握更多是外在的为政论，而非内在修行的工夫论，亦即其重心在"修齐治平"，而非"格致诚正"。[2]事实上汉唐儒者的理解更接近《大学》作者的意图，因为《大学》对修齐治平四目的逻辑建构是很完备的，如"齐其

---

[1] 参见陈少明：《什么是"经典世界"？》，收入中国社会科学院哲学研究所《中国哲学年鉴》编辑部编：《中国哲学年鉴》，中国社会科学出版社，2017年。
[2] 参见陈来：《〈大学〉的作者、文本争论与思想诠释》，载《东岳论丛》，2020年第9期。

家在修其身""治国必先齐其家""平天下在治其国"的表述，而对于格致诚正四目只给出"修身在正其心"一环，其逻辑紧密性相对欠缺。而且"格物致知"章并没有像程朱说的那样脱简了，据梁涛的研究，它实际上讲的是对首章"物有本末，事有终始"的认知。[1]这很可能就是《中庸》讲的"凡事豫则立"及"道前定则不穷"，实即指追求"天下有道"的士君子在行动前对于行动步骤有清晰的认知和规划，亦即弄清修齐治平孰先孰后的问题，这里面并没有很浓的理学工夫论味道。

因此，当二程和朱熹要重新解释《礼记》中这一文本的时候，就不仅是在思想内涵层面引入理学概念做解释那么简单。注经作为一种言说系统建构，实际上包含着极复杂的在文本言说方式层面的剪辑、拼接、改造、配套、转移等一系列重塑工作。简单说有四个方面。第一是判定文本脱简。这一步是二程兄弟的工作。应当说，脱简之说在当时的认知能力和条件下是比较合理的解释，由此打开了"格物致知"的诠释空间，为后来朱熹顺理成章地作理学式《补传》创造了条件。第二是分经分传。朱熹将《大学》首章判定为孔子所作，极大提高了《大学》的地位，使其具有工夫论经典依据的资格。第三是为《大学》作长序。朱熹的这一工作非常重要，因为以往郑玄、孔颖达对《大学》所作的题解都非常简略，而朱序则为《大学》提供了一套立足于三代政教、尽心

---

[1] 参见梁涛：《郭店竹简与思孟学派》，中国人民大学出版社，2008年，第126—128页。

复性的伟大叙事，以及一条孔、曾、孟的道统谱系，这也一下子拔高了《大学》的地位，为理学式解释埋下伏笔。第四是解释重心的悄然转移。以往我们考察经典解释的时候，倾向于关注注家用什么新概念来解释文本，却较少去琢磨注家在文本的哪些章节段落上不提出新解释，而是选择"留白"，以及这是为什么。这其实也是注经这一言说方式非常关键的一步。朱熹对格致诚正提出了很多崭新的理学解释，对修齐治平则淡化了很多，更多在沿用旧注。我们尤其注意到，在《大学章句集注》末尾，朱熹还叮嘱学者尤当留心用功于"格物致知"和"诚意"两章，这恰恰是他自己理学化解释味道最浓的地方。通过这种言说系统的重新塑造，朱熹就淡化了原本《大学》对修齐治平的强调，不知不觉间把重心转向了格致诚正的内在工夫，从而为理学的新解释奠基。

可见，经典解释的发展并非只是把经典文本作为空瓶子来注入新概念那么简单。注经背后往往是一系列复杂的言说方式、话语体系的重新塑造，言说方式的更新使经典的新生得以可能，这需要我们能立体地把握这一动态过程。从这个意义上说，言说方式对于更深入把握经典解释学的发展机制，是一个很有潜力的研究视角，值得我们进一步探索。

回到陈少明提出的问题，如何让当今中国哲学更具说服力呢？在笔者看来，除了在中国哲学的内容和论域上需要推陈出新，在言说方式的层面也需要有自觉意识。实际上陈少明"做中国哲学"的工作本身正是一种言说方式转化的典范。在儒家经书不再具有政治权威的后经学时代，单纯注经的方式显然无法满足传统哲学面向未来进行说理的需求，通过现代汉语表述的现代学术论文大概才是正途。陈少明以其通达、凝练、流畅、隽永的文章风格已在学界独树一帜。但更关键的是,陈少明有意淡化西方哲学传统下围绕概念、命题、体系的枯燥写作,以及冯友兰先生传统产生以来对中国哲学经典中原有的形而上学概念体系的注重,他更喜欢直面"经典世界"中活生生的人、事、物,从具体的古典生活经验中讲出通达古今的普遍事理,由此,中国哲学的现代转化,展现出了一幅富有生命力的前景。这也是一种言说方式的悄然转化。因此,中国哲学的未来发展,或许应当走出一条"新瓶(言说方式)装新酒(思想内涵)"的道路,但保留并提纯了传统的味道和神韵,即既在思想内容上日新日成,相应地也发展出符合时代需要的新的说理方式。

何谓"做中国哲学"?

陈壁生[*]

"做中国哲学",看似一个口号,其实是一种方法,更是通达哲学研究的道路。学科意义上的"哲学",舶自西学;"哲学"之前加上"中国",则常常变成对"中国哲学史"的研究。西方化与历史化,是"中国哲学"研究的两种基本取向,这两种取向乃是中国哲学这一学科赖以成立的基础,也是"中国哲学"研究发展的必要动力。但是,过度西方化与过度历史化,也容易成为中国哲学研究的陷阱。前者在"中西"维度中,过度使用西方哲学概念,从而忽视中国文明自身的特征,后者在"古今"维度上,过度注重历史化,忽视中国当代哲学的创造。陈少明先生所提出的"做中国哲学"的方法,正是对过度西方化与过度历史化的克服。在《讲求方法:来自西方哲学的启示》一文中,陈少明提道:

> 悬置价值取向或意识形态的争端不论,对中国哲学

---

[*] 陈壁生,清华大学哲学系。

的反思，可能引发或者放弃中国哲学，或者试图摒弃西学治中学的倾向。原因是过去中国哲学研究中广泛存在的，或者很"哲学"而不"中国"，或者够"中国"而缺"哲学"的现象。前者指过度用西方哲学概念框架对中国古典思想作削足适履的论述，后者指回归对中国经典的传统注疏或文献学研究。我的意见是，过度西化的中国哲学论述应该放弃，而注疏式的研究本身有它的学问价值。但是，如果把后者作为重新发展中国哲学的康庄大道，则可能是南辕北辙。[1]

很"哲学"而不"中国"，是过度西方化。够"中国"而缺"哲学"，常常是过度历史化。在陈少明的《做中国哲学》的序言中，他强调"做中国哲学"的方法论意义：

> 一是区别于只述不作的哲学史论述，一是追求"做"出它的中国特色。"中国哲学"有经典哲学与当代哲学两层含义，前者就其包含经典文化与思想经验而言，后者则是时间概念，前者也包含在后者中。[2]

也就是说，"做中国哲学"不只是哲学史研究，而且也强调从事中国哲学研究者的"哲学创造"。"做"带有"创造"之义，通过这种思维的创造性行动，既克服因强调"中国"带

---

[1] 陈少明：《讲求方法：来自西方哲学的启示》，载《学术研究》，2008年第5期，第5页。
[2] 陈少明：《做中国哲学：一些方法论的思考》自序，第6页。

来的非"哲学"倾向，也克服因强调"哲学"而带来的无"中国"倾向。前者导致只有哲学史研究而没有哲学创造，后者则导致强调哲学而缺乏中国关怀。而"做中国哲学"的基本立足点，则在于研究者自身经验到的身体活动、道德生活、思维意识的经验，对哲学创造而言，这种经验既是"切己"的，也是古今、中西所共通的。

一、从哲学史到哲学创造

"做中国哲学"的研究方法，是在中国哲学学科的既有框架、内涵基础上，希望在哲学史的梳理之外，发掘中国哲学中那些古今共通的观念、命题，乃至于学派、思想，使之能够直接面对现实生活世界，建构当代中国思想。

中国古无"哲学"之名，现代学科意义上的"中国哲学"，是在中国学术的古今转型中形成的。[1] 自甲午战争之后，中国人对自身的文明产生了深重的怀疑，从俞樾、孙诒让到康有为、章太炎，都已经清楚地认识到，作为传统学问核心的经学，按照有清一代的学术脉络，业已难以为继，走向崩溃，而传统学问的基本格局也必然产生革命性的变化。[2] 而辛亥之后，胡适一代走向中国学术舞台的中心，则完全把中西问题变成古今问题，"中国"成为"古代"之后，

---
[1] 参见桑兵：《近代"中国哲学"发源》，载《学术研究》，2010年第11期；陈少明：《论比较哲学》，收入氏著：《做中国哲学：一些方法论的思考》。
[2] 详见笔者的《晚清的经学革命——以康有为〈春秋〉学为例》，载《哲学动态》，2017年第12期。

对中国学术的一切讨论，无形中完全变成了对"古代"学术的研究。

在这一古今之变的背景中，对过去中国文明的研究，变成一种历史研究。因此，人文学科中的文学、历史、哲学，常见的研究讨论，是用西方的"学"，来整理中国的"史"。这种思路，正是胡适所代表的"整理国故"的思路，而且，胡适的哲学史、文学史写作，都是建立在这样的思路的基础之上。[1]正如陈少明所认为，"以西学的概念框架叙述的中国哲学史，实际是一种隐形比较的产物"[2]。因为有了西方"哲学"这一学科为参照，以其框架、范畴为标准，在比较中寻找"中国哲学"的内容，才能最终建立一套完整的"中国哲学史"的历史叙事，成就中国哲学的系统性。

如果说这种"整理国故"的思路，在中国学术现代转型的早期，是建立一个新兴学科不得不然的选择，那么，这一学科的生命力，则更在于面对时代要求，在不断的自我反思中向前推进。进入21世纪之后，中国学术开始在一定程度上呈现出某些新的面貌，其最主要的背景便是对"古今"问题的重新认识，具体而言，这表现在不再把"中国"看成时间意义上的"古代"，而把视角转向"中西"，希望在中西文明比较的视野中，重新发掘"中国"固有的思想价值。陈少明在《中国哲学史研究与中国哲学创作》中说："中国哲

---

[1] 详见笔者的《经学的瓦解：从"以经为纲"到"以史为本"》，华东师范大学出版社，2014年。
[2] 陈少明：《论比较哲学——从现代中国学术的经验看》，前揭书第57页。

学史研究对中国哲学创作的促进作用不大。其深层的原因，植根于一个世纪的学术史或思想史中。"[1]这场正处于开端期的思想运动，总体上正是对20世纪学术的反思，而其基本内容，可以说是从"史"中拯救"学"。十余年来，无论是"中国哲学合法性"讨论，还是史学界对边疆民族问题的重新关注，抑或学界对"何谓中国"问题的各种重新检讨，其背后的动机，都或多或少带有重论中国之"学"的问题。

陈少明提出的中国哲学史学科创立模式，可以归结为"从哲学比较到哲学史研究"。这一模式，一方面解释了"中国哲学史"学科的由来，另一方面预示了真正的"中国哲学"创作。从写作《知识谱系的转换——中国哲学史研究范例论析》开始，他所追求的不只是反思"中国哲学合法性"，而还要探索一种"中国哲学"创作之道。中国古代没有"哲学"，我们今天却从中写出了"哲学史"，这种现象，本身就是值得反思的。所谓"中国哲学史"，如果是奠基在中国哲学创作的基础之上，那么对这样的哲学史的描述与整理，不但能够展示旧的"中国哲学"的旧道往辙，而且能够为新的"中国哲学"创作提供前车之鉴。但是如果没有中国哲学创作，而只是用哲学的框架、术语去描述古代的经典，那么结果只能是把经典中蕴含的古典智慧，变成用现代逻辑框架搭建起来的理论游戏，对理解现代生活几乎毫无帮助；而且过度注重西方哲学式的抽象，对审视古代人的生活也几乎毫无

---

[1] 陈少明：《中国哲学史研究与中国哲学创作》，前揭书第70页。

裨益。

但是，在中国哲学学科创设过程中，除了中国哲学史的梳理，同时也存在一条哲学创造的隐线。冯友兰先生的两卷本《中国哲学史》是中国哲学学科创立过程中的经典作品，在绪论中，冯先生对这一学科的基本内涵做了非常清晰的规定，其中有两点，至今仍然是中国哲学发展的重要基础，一是西学的意义，冯先生强调："哲学本一西洋名词。今欲讲中国哲学史，其主要工作之一，即就中国历史上各种学问中，将其可以西洋所谓哲学名之者，选出而叙述之。"[1]这一判断虽然颇受诟病，但其中强调西方哲学对中国哲学的意义，仍然非常重要。二是以"中国哲学"接"义理之学"，冯先生说："西洋所谓哲学，与中国魏晋人所谓玄学，宋明人所谓道学，及清人所谓义理之学，其所研究之对象，颇可谓约略相当。"[2]中国传统义理之学，远不止玄学、道学，凡涉义理者，皆可以纳入哲学范围，而且，传统学术中，义理之学确实与哲学最为接近，因此，冯友兰先生以哲学去对接义理之学，极具卓识。如果把西方哲学从框架的角色，转化成方法的意义与借鉴的价值，对义理之学的理解，从与考据、辞章相对应，转化为宽泛的传统义理，那么，冯先生的这些看法，无疑是中国哲学这一学科应有的基本共识。而且，也正因为强调西学的重要性与传统义理之学的哲学性，在中国哲学学科创立以后，虽然这一学科在形式上以"哲学

---

[1] 冯友兰：《中国哲学史》，华东师范大学出版社，2000年，第3页。
[2] 同上书，第6页。

史"的梳理为主，但在实质内容上，仍然不乏"哲学创造"，即"做中国哲学"的努力。

在理解"中国哲学"的问题上，陈少明在哲学史书写之外，挖掘出一条新的"中国哲学"研究的线索：章太炎的《原名》《明见》《齐物论释》，王国维的《论性》《释理》《原命》，冯友兰的"新理学"构建，庞朴的《谈"玄"》《说"无"》等一系列探究中国智慧的文章。[1] 这条线索的特征，是以哲学的方式面对现代的生活经验和思维经验，通过古典文本的研究，直接解释当下的生活。正像陈少明所说的，这些论文论著，谈论哲学都不脱比较的方法，但"即使在诠释传统思想范畴或命题时，也不是以还原本意为满足，而是努力从说理方式上进行反思或重构。这才是真正的哲学性研究"[2]。

在这一意义上，"做中国哲学"的方法论所指向的，是在既有的学科中，以胡适、冯友兰奠定的中国哲学史书写为基础，追求创造一种将中国哲学史的梳理与当代中国哲学的创造进行有效关联的新方法。而要实现这种关联，关键不在于对中国哲学史进行学术史式的研究，而是要对中国人的生活经验、意识经验进行哲学式的探讨。

在中国传统义理学的发展史上，义理的提出与更新，从形式上来说，到底是来自经传的文本，还是来自现实的生活，向来是一个问题。如果回溯中国经典传承的历史，可以

---

[1] 陈少明：《中国哲学史研究与中国哲学创作》，前揭书第75—77页。并见同书《哲学与论证》，第184页。
[2] 同上文，第77页。

看出，经典传承在形式上包含着两类知识，一类是围绕经典文本所展开的知识，包括揭示或弥合群经异义，重新排比经史子几部的关系，等等。比较典型的，如郑玄遍注群经，弥合群经异义，使经学实现新的"小一统"，又如清代乾嘉考据之学，通过考证文字音韵训诂，重新揭示经义本原与汉人经说。一类则是针对现实生活所展开的知识，即在现实生活中提出一套理论，同时，可以把这套理论放到经传中，质诸经传而不悖，比较典型的，像宋明理学家。这两类知识只有形式上的差别，在实际内容上，单纯解释群经，也可以有系统的新义理，重新整顿经子关系，背后也可能有全新的世界观，而且这些新义理、新世界观，也是面对现实生活的。同样，针对现实生活所提出的理论，并不是一套没有文明根基的道理，而是会被放到经典中去进行检验。

但相比较而言，针对现实生活而展开的知识，更加具有现实义理价值。而中国传统中先秦诸子、魏晋玄学、宋明理学这几个义理之学的高峰，都是哲学家们在单纯研究文本已经无法真正回应现实生活的时候，把眼光主要投射到现实生活中，通过现实生活与文本世界的结合，开创新的思想形态。同样，"做中国哲学"与哲学史研究的差别，即在于形式上把关注点从经典文本转向现实生活经验，更确切地说，是从考虑如何解释经典文本，转向如何建立现实生活与经典文本之间的关联。不过，这就牵涉到一个问题：把研究的对象转向现实生活，只需要"做哲学"就够了，为什么还要在"哲学"前面加上"中国"？

二、"哲学"内在于"中国"

从文明史的角度来看,"做中国哲学"与"做哲学"的不同,在于凸显"中国"关怀。陈少明说:"'中国哲学'中的'中国'是文化而非政治或地理概念,不是指国籍为中国的人所做或在中国出版的哲学论文,而是体现中国文化或中国生活方式的哲学论说,才是中国哲学。"[1]这一"中国"的内涵,大略相当于以汉语为载体的思想、生活经验。在陈少明的用语中,"中国哲学"的意思,不是"中国的哲学",而是要把"中国哲学"作为一个单独、完整的词语来理解,也就是"哲学"内在于"中国"。这种认识来自陈少明《做中国哲学》一书中强调的"经验"。

"经验"一词,是陈少明所讲的"做中国哲学"最重要的关键词。理解"经验"的意义,才能理解中国哲学要如何"做"。在中西哲学中,"经验"对哲学家哲学体系的建构,往往既扮演着重要的角色,又隐含着致命的陷阱。因为任何经验被经验到,都是通过个体经验,而个体经验往往是不可靠的。因此,如何阐述经验,便是一个非常麻烦的问题。在《兑换观念的支票》一文中,陈少明认为"经验从当下开始":

> 这一"当下"的经验,虽然是既现代又中国的,但它并不排斥古典的与西方的。人类的经验有普遍性的内

---

[1] 陈少明:《中国哲学史研究与中国哲学创作》,前揭书第103页。

容，既通古今，也通中西。不过，对任何人群或文化共同体而言，它必须是自身在"当下"能体验到或领会到的。……经验的理解必须从最普遍的类型开始。[1]

在此，陈少明大体列出几种经验类型：其一，身体活动的经验；其二，关于道德（首先是伦理）生活的经验；其三，语言学习与运用的经验；其四，意识经验，包括认知与情感活动。[2] 这段表述中，包含着"做中国哲学"的几个关键问题：一是可以在纷芸杂乱的个体经验中，抽象出共同的人类经验，作为哲学研究的问题；二是这种人类经验具有普遍性，不分古典与现代，也不分中国与西方；三是这种人类经验可以在哲学思考中被把握。

陈少明屡次说到从当下开始的"经验"对中国哲学创造的重要性。在《经典世界中的人、事、物》自序中，他说："要充分吸收古典智慧，便需要在现有的哲学史之外，从挖掘经典文本的各种叙事内容入手，进行中国哲学创作。这样，它要求的，首先不是面对古典思想概念，而是面对经典世界的生活方式。是经验而非概念，才是哲学的根本出发点。"[3] 在同名论文中，他又说："哲学或其他知识创造，历来有两大思想资源，一是前人的思想成果，一是当下的生活经验。归根到底，生活本身才是思想创造的最终源泉。"[4] 但

---

[1] 陈少明：《兑换观念的支票——中国哲学的新探索》，前揭书第242页。
[2] 同上文，第242—245页。
[3] 陈少明：《经典世界中的人、事、物》自序，第5页。
[4] 陈少明：《经典世界中的人、事、物——对中国哲学书写方式的一种思考》，前揭书第143—144页。

是，另一方面，他又认为：

> 以当下的生活经验为反思的对象，当然是当代中国哲学最基本的任务。但就中国哲学创作而言，储存于文献中的古典生活经验，更是重要的思想资源。[1]

"经验"包括两个方面的内容，一是"当下的生活经验"，当下的生活经验包括个人的情感、意识、思想体验等方面的内容，这完全是当代的、个体的。只有对当下的生活经验的研究，才可能有真正的"学"的创作，而非仅是"史"的梳理。一是"储存于文献中的古典生活经验"，主要通过读经典而得，与之相对应的是哲学史的框架与概念，经典本文中的知识——教科书式的哲学史往往关注前者，考据式的学术史往往关注后者。而"做中国哲学"，则关注经典文献中保存着的活生生的古典生活经验。

这涉及一个非常关键的问题，即在"做中国哲学"的方法论之中，如何看待经典？陈少明认为："经典只是哲学反思古典思想经验的中介。"[2]哲学地看待古代经典，不是把经典当成已经死去的书籍，与我们无关的知识，而是把经典看成鲜活的"古典生活经验""古典思想经验"，经典最大的意义，便是它们记录着无比丰富的古典生活、思想经验。在这里，与"经验"相对的是概念以及对概念的各种再诠释。

---

[1] 陈少明：《中国哲学史研究与中国哲学创作》，前揭书第103—104页。
[2] 同上文，第109页。

例如对于《论语》，哲学式的思考，不是把《论语》理解为仁义礼智所组成的概念世界，而是首先把《论语》中的每一句话，还原为孔子的教化实录，陈少明在《立言与行教：重读〈论语〉》中就说过："《论语》是孔子行教的记录，不是孔子的教材。"[1]只有还原文本背后的经验，才能够真正看到孔子的行教是如何进行的。事实上，这种读法古已有之。朱子在《四书章句集注》中言"读《论语》《孟子》法"，便引程子之言云："学者须将《论语》中诸弟子问处便作自己问，圣人答处便作今日耳闻，自然有得。"[2]如此读《论语》，便是将《论语》的每一则语录都还原为孔子的教化场景。而这种特征遍见于朱子对《论语》的注解之中。将《论语》视为孔子行教实录，便有必要注意这些实录中所表现出来的各种人、事、物本身的关系。比如《论语·颜渊》所录季康子与孔子的对话："季康子问政于孔子曰：'如杀无道，以就有道，何如？'孔子对曰：'子为政，焉用杀？子欲善而民善矣。君子之德风，小人之德草。草上之风，必偃。'"如果把这则对话看成一种思想表达，惯常做法是会把孔子的回答，仅仅理解为孔子的思想学说，将这句话与"政者，正也。子帅以正，孰敢不正"（《论语·颜渊》）等语相发明。更进一步的做法，是甚至把这句话理解为孔子的思想

---

[1] 陈少明：《立言与行教：重读〈论语〉》，收入氏著：《经典世界中的人、事、物》，第63—64页。该文对孔子行教方式的分析，正是将《论语》视为孔子的行教经验的范本。
[2] 朱熹：《四书章句集注》，收入朱杰人、严佐之、刘永翔主编：《朱子全书》第六册，上海古籍出版社、安徽教育出版社，2010年，第61页。

与行为的基本原则,用它来反驳孔子诛少正卯等问题。[1]但是,如果把这则对话还原为生活经验,问题就没有那么简单,它跟季康子的权臣身份有关,也跟当时"有道""无道"开始失去标准也有关。甚至,如果从"事"的角度,把它与《荀子·宥坐篇》孔子答季康子言父子争讼的案由联系起来,又是另一种理解。假设问者不是季康子而是颜回,师徒之间对"道"的标准有统一的认识,那么孔子必定不是做出这样的回答。

再如对"孝"的理解,"孝"是一个道德词语,但其背后是父子关系,也就是子对父的态度。教科书式哲学史的做法,是把儒家讲到孝的内容,做归类与总结,说明孝的特征、演变等问题。更"哲学"的,是将孝更加抽象化。但是,如果用"做中国哲学"的角度来看待孝问题,儒家经典中大量讲到"孝"处,其背后都是父子关系的经验思考,而父子关系则是古今、中西都普遍存在,并且在人类社会扮演着重要角色的一种最基本的人伦关系。将经典所述的孝还原为父子关系,可以看到中国古代圣贤如何用这一道德词语去定义、规范子对父的感情,并由之发展出一整套伦理秩序。而今天要理解当代不断变动的父子关系,古人的智慧仍为我们理解现实生活提供至关重要的思想资源,甚至为分析西方的家庭生活提供了理论支撑。[2]

---

[1] 例如徐复观先生的《一个历史故事的形成及其演进——论孔子诛少正卯》、唐君毅先生的《孔子诛少正卯传说之形成》等文,皆曾引用《论语·颜渊》所录季康子与孔子的对话作为论据。
[2] 在这方面,张祥龙教授做出过非常精彩的研究,详见张祥龙:《家与孝:从中西间视野看》,生活·读书·新知三联书店,2017年。

可以说，陈少明所说的"经典只是哲学反思古典思想经验的中介"，提供了一种对经典的新的认识与理解。将文本还原为经验，需要体察文本的能力，也需要想象力，更需要对当下生活经验的洞察力。面对储存在经典中的古典生活经验，从今人的立场上可以赞同或反对之，从效果上可以认为其有效或无效。但是，因为今天每一个人的生活经验都受个人生活世界的限制，即便是抽象出生活经验的基本类型，它们也只是今人的总结，因此，"储存于文献中的古典生活经验"，便成为做中国哲学最重要的思想资源，而且其重要性超过了当下的生活经验。可以说，"做中国哲学"关注的是现实生活，研究的对象则主要是经典文本。

在"经验"的意义上，当下的生活经验与古典生活经验是相通的。当我们用汉语思维、表达的时候，无论古今，都经验着同一个世界。中西之间因为语言差别，所涉及的问题会更加复杂。但是对中国而言，经典所描述与今人所认识，在"经验"意义上具有相通性。例如，在陈少明的《解惑》《明耻》《忍与不忍》等一系列论文中，可以看到大量可命名的道德情感，有着古今共通的意义。从当下开始的经验，只有走向经典研究，才能超越个体经历的局限，而实现经验的真正普遍化。因此，"做中国哲学"的方法，实质上是一种古典思想研究，也表现为古典思想研究。

事实上，陈少明所认为的经验从当下开始，可以类比于朱子学说中特别强调的"切己之学"。朱子读书之法，注重读书过程中的切己，《语类》记录其言："读书须是虚心切己。虚心，方能得圣贤意；切己，则圣贤之言不为虚说。"

又说:"虚心切己。虚心则见道理明;切己,自然体认得出。"[1]在读书中,每于圣人之所言,切合于自身的体验,才能对圣人之言有真正的认识。程伊川有语云:"读书者当观圣人所以作经之意,与圣人所以用心,与圣人所以至圣人,而吾之所以未至者,所以未得者。句句而求之,昼诵而味之,中夜而思之,平其心,易其气,阙其疑,则圣人之意见矣。"[2]《语类》云:"问伊川说'读书当观圣人所以作经之意,与圣人所以用心'一条。曰:'此条,程先生说读书,最为亲切。'"[3]也就是说,通过读书,领会经典文本中的古典生活经验,使之与自己当下的经验相参照。这样,面向经验的哲学研究与创造,便能够克服个体经验的局限,而达到普遍经验。

从中国现代学术转型以来,如何看待"经典",向来是一个至关重要的问题。但在"整理国故"的思路中,经典成为历史的陈迹,风干的标本,用陈少明的比喻,是"用概念的标签把它标本化,就像把鲜花制成干花"[4]。而"做中国哲学"所提倡的,则是借助经典,不是利用西方的概念去总结、概括中国经典的内容,而是把经典还原为古人的思维、生活、意识、情感经验,并在经验的层面上,使之获得古今共通的力量,以成为今天建立在现代生活经验上的哲学创作

---

[1] 朱熹:《朱子语类》,收入朱杰人、严佐之、刘永翔主编:《朱子全书》第十四册,第335页。
[2] 程颢、程颐:《河南程氏遗书》,收入氏著:《二程集》,中华书局,2004年,第322页。
[3] 朱熹:《朱子语类》,前揭书第633页。
[4] 陈少明:《经典世界中的人、事、物——对中国哲学书写方式的一种思考》,前揭书第144页。

最重要的内容。正因如此,"做中国哲学"必然要有文化意义上的"中国",甚至可以说,中国人"做哲学",天然就是"做中国哲学"。如果超越"中国""经典"这个维度,也就是否认今天的哲学创造必须植根于两千多年的传统,而用汉语"做哲学",那只能是自说自话。传统只有中国传统与西方传统,没有非传统。同样道理,"哲学"可以无中西,但哲学研究乃至哲学创造,如果以汉语为载体,便有"中国哲学"和"西方哲学"的区别。

三、"做中国哲学"的"中国关怀"

中国哲学从研究中国哲学史发展到"做中国哲学",即强调中国哲学创造,这种以方法论转移为中心的变化所带来的中国哲学变革,其背后所凸显出来的,是哲学的"中国关怀"。近十余年来,中国哲学研究的诸种突破,都与这种中国关怀密切相关,无论是陈来先生在《仁学本体论》中所表现出来的从本体论意义上重建儒学的新哲学体系,还是张祥龙先生在《家与孝》开始对"孝"这一中国传统核心概念进行哲学性的论证,抑或陈少明在《做中国哲学》中强调方法论转化的意义,"中国哲学"正在摆脱单纯的哲学史描述,而越来越明显地直接面对中国现代生活。而其背后,则是对古今问题的新认识。中国哲学使得它建立之初,把"中国"看成"古代",并由此把哲学史研究等同于哲学本身,使得它只能培养出大量的哲学史研究者,而不可能培养中国的哲学家。而对面向现代生活的哲学创造的强调,其背后是对

"中国哲学"这一学科所能够且应当承担的责任的重新思考，即把中国文明视为一个独立的文明体系，在此前提下，我们可以借鉴西方哲学的方法，去重新阐述经典，理解当下中国人的思想处境和情感世界。

从陈少明《做中国哲学》一书中所强调的中国、经典、经验来看，这种方法论所倡导的哲学创作，主要以经验去沟通古今，并借助西方哲学的一些合适的方法去分析这种经验。"储存于文献中的古典生活经验"之所以必然成为今天哲学研究乃至创造的资源，背后还有一种历史观作为支撑。历史对一个国家的意义，就像记忆对一个人的意义，正如一个人是靠记忆才能成为他自己，中国因有自身的历史才能成就其存在。对记忆的理解，即是经验。陈少明认为研究历史的史学，是理解经验的方式，他说：

> 严格地说，史学不是同哲学、文学、社会学、经济学或者数学及其他自然科学门类并存的一门学问，它是理解人类经验的一种方式。[1]

在这种历史观中，甚至可以说，"做中国哲学"中的"哲学"，是因为"中国"才存在。因此，"中国"不是一个界定词，"中国哲学"是一个单独、自足的词语、语言单位。他在《孔学、史学与历史形上学》中说："正如一个人在学习、工作与修养的过程中，成就自己的人格一样，一个民族

---

[1] 陈少明：《孔学、史学与历史形上学》，载《中国哲学史》，2011年第4期。

或者国家在文化价值的传承、创造和发展中,形成自己的共同体。记述了这一切的历史,就是承担文化传承的伟大职责。"[1]也就是说,国家历史即是国家存在本身。"做中国哲学"的背后,有浓厚的历史自觉与中国自觉。

现代学术转型以来,以经学与理学为中心的传统学问崩溃瓦解,如何真正沟通古今,成为有传统文化情怀的学者追求的目标。20世纪前五十年的两次大革命,造成了中国的古今变局,中国固有文化成为历史,这是一种客观事实,因为光靠传统学问,已经无法解释、回应现实生活。传统学问成为广义上的"历史",也必须在广义"历史"的意义上进行研究,如经学研究,如果只是文本研究,天然只有考古的意义,这是革命造成的必然结果。

但是,这并不意味着承载着中国文明内涵的经典,会成为"历史"。从表面上也可以看到,中国人越来越"现代",也越来越感到传统文化在生活、思维层面无所不在,并且传统的许多内容仍然可以解释现代生活。就经典在中国历史上的经验而言,中国历史在殷周更替、秦汉之际、唐宋之间,都曾发生过文明的大变局,但正因为有经典的力量,中国文明才在这些大变局之后仍然能够保持自身的连续性。因此,在现代生活中如何重新认识传统,激活经典所包含的力量,仍然是文明连续性的要求。

事实上,在历史上,义理的每一次重大发展,都是面向生活而汲取经典精神。例如在宋代,作为当时的"传统"的

---

[1] 陈少明:《孔学、史学与历史形上学》,载《中国哲学史》,2011年第4期。

核心载体，五经之学面临着重大的危机，北宋诸多博雅之士已经不再相信经学能够像汉唐时那样，通过注疏就可以发挥力量，因此纷纷变古存经，他们可以怀疑《诗序》，抛弃《春秋》三传；从后世看来，这种做法使经学完全失其故步。程、朱之学兴起，不再满足于从经典中引申知识，而是面向现实生活，提出"天理"，重造"道统"，新解"心性"，构建了一套新的义理系统。这套知识的目的不在于考古学之真相，而在于在经典的基础上建构重新认识现实世界的方式。正是因为理学家们在现实的基础上提出了一套新的义理系统，并且将这一义理系统放到五经之中，仍然能够重新解释五经，所以五经之学得以存续。宋明理学家的义理经验仍然是中国古代最重要的思想内容之一，同时，他们重建义理与传统的方式，可以说是"做中国哲学"的方式：强调从经典与现实生活中提出义理，并把经典视为古代圣贤的教化经验。"做中国哲学"的方法论的要旨，正在于面向现实生活，把经典视为中国的思想经验与生活经验，以此沟通古今，重建既"中国"，又"哲学"的新哲学体系；只有这样，才能为重新理解何谓中国，重新解释与建构现代中国人的生活方式，建立一种哲学的根基。

附 录

"做中国哲学：思路、方案与实践"学术工作坊纪要

北京大学哲学系（整理）

工作坊缘起及会议情况

作为一种具有规范性的反思活动，哲学的探索始终关切视域的拓展、方法的创新与实践的检讨。当代中国哲学的研究既是朝向经典和传统的思想诠释，更是面向当下和未来的学术体系建构，中国哲学将以何种姿态、何种范型面对时代的挑战、文化的责任，乃至学科的未来，是哲学学者的共同课题。近年来，陈少明教授用一系列具有高度理论性的问题展开了"做中国哲学"的方法论，并形成了一系列具有典范性的学术成果，在学界引起广泛关注和讨论，也进一步推动了中国哲学方法论的探究。鉴于此，北京大学哲学系、中山大学哲学系、清华大学哲学系在北京大学以"做中国哲学：思路、方案与实践"为主题举办专题工作坊，围绕陈少明所倡之方法及其可能的理论空间、议题展开跨学科的讨论，以期进一步推动中国哲学的方法论探索和实践。

2021年12月18日,"做中国哲学:思路、方案与实践"学术工作坊在线上、线下同步举行。二十余位专家学者以陈少明"做中国哲学"的相关研究为中心,展开了深入的讨论。会议开幕式由北京大学哲学系程乐松主持,并由北京大学哲学系仰海峰、中山大学哲学系张伟、清华大学哲学系唐文明、北京大学哲学系郑开致辞。仰海峰指出,当今社会在"技术"与"社会结构"上都处于变动中,这为哲学研究提出了新的问题,推动着不同学科之间以及哲学内部的交流与碰撞。如何发展出符合传统而又适应当代的哲学,是当今的一个重要问题。张伟回顾并介绍了陈少明的数部著作,指出其研究前后涉及中国近代思想史、庄子研究、经典与解释等多个领域,始终致力于沟通时代与思想,对学界产生了广泛影响。而本次各位学者围绕"做中国哲学"进行的讨论,相信也能形成一系列富有启发性的思想成果。唐文明提出,陈少明在中国哲学方法论上有自身独特的思路,对学界产生了很大影响,为未来的中国哲学研究提供了很好的样板。而主办本次工作坊的北京大学、清华大学、中山大学一直都有密切联系,始终保持着学术交流,相信本次工作坊也能延续过去的势头,将"做中国哲学"的问题向纵深推进。郑开指出,这次会议的主办方——北大、清华和中大三校的中国哲学研究历史渊源颇深,近年来的合作交流又十分紧密;三校的中国哲学研究传统各有特色,又有不少殊途同归的地方。北大的中国哲学研究传统特别重视三个方面:一是自冯友兰以来,通过哲学史研究哲学,二是张岱年的范畴史研究方法论,三是比较会通的视野和方法。相信这次会议能够继往开来。并且，无论是从历史上还是近年来的学术发展看，北京大学、中山大学、清华大学都有很深的渊源与联系。在中国哲学的研究中，三校既各有侧重与特色，又有很强的共通性，在哲学史研究、经典与解释等领域取得了突出的成果，而本次的切磋琢磨也一定会形成很大的学术推进。

会议由陈少明做主题引言，与会学者在此基础上从不同角度展开评论和回应。会上来自不同院校不同哲学领域的学者，都发表了对"做中国哲学"的思路与实践的意见，并激生了许多新的想法。会议主办方在征得与会学者同意的前提下，将他们在会议期间的发言整理成会议纪要发布，以便让更多的学界同人关注和参与关于"做中国哲学"的讨论。

工作坊引言

陈少明首先对本次工作坊的主办单位北京大学哲学系、清华大学哲学系、中山大学哲学系表示了感谢，继而对其研究进行了介绍。陈少明指出，"做中国哲学"并非他提出的一种哲学理论，而是中国哲学的发展可以展开的领域，是一股思想学术潮流。例如，近年来中国哲学中的本体论重构和汉语哲学，都可以视为广义的"做中国哲学"的一部分。而之所以在"哲学"前冠以"中国"，则是力图在哲学创造中体现中国文化的经验与精神。

陈少明继而介绍了他本人在"做中国哲学"上的工作。

首先，在方法论上的一个重要的内容是倡导中国哲学研究对象的扩展，即不仅仅以概念为中心，还要扩大到经典中的经验性内容，如人物、事件以及各种物象；而在分析中，尤其注重古典的生活经验，将之作为古与今、中与西的沟通桥梁。除此之外，想象力也是一个重点，因为抽象的方法论必须落实为具体案例，而这离不开想象力的作用。其次，基于这种方法论，一些具体案例形成了。这一方面包括对道德情感与经验的阐释，如羞耻、不惑；另一方面是将儒家伦理的核心问题提取出来进行阐述，以回应当代社会的种种问题，如陌生人伦理、难民问题等。此外，还有一部分案例集中于庄子哲学。庄子哲学的特点是不仅提出了一些独特的观点，而且它提出这些观点的方式是不以概念为中心的、独特的哲学方式。最后则是对"物的精神性"的研究，如近期对《兰亭序》的解读。这些工作仍然是试验性的，做不同的尝试，因而案例之间呈现出断断续续的特点。

陈少明指出，自己理解的"哲学"并不是一套类似科学的理论知识，而是方法和活动，即解释经验现象的方法、探索意义的过程。"哲学"是一个动词，而非名词。其目的亦非在经验中不断推导，进而形成一套形而上学的理论系统，而是通过对事物的不断探讨以了解其意义。与此相关，"抽象"与"具体"也被理解成相对的。毕加索曾创作过《牛的变形图》，第一张图是非常具体的、写实的牛，而后每一张图都是对前一张图的简化与抽象，到最后，牛的图像就成了一个长方形。抽象与具体构成了一个连续的过程。与此类似，哲学的"抽象"也并非金字塔顶端的最高原理，而是一个网状结构，从其中任何一个角度都可以入手，达到对生活的理解。当然，这种对哲学的理解是他个人的偏好，并非每个人都要接受。

最后，陈少明介绍了自己在研究中使用的"手法"。第一是"描述"，这类似于现象学的"面对事情本身"。它对应的不是概念，而是直观的描述。例如"庄周梦蝶"，先对梦境进行直观描述，继而才追问其中的意义；又如维特根斯坦用"家族类似"来描述游戏。第二是"溯源"，这既包括观念考古，也包括对原始经验、字义词义的追溯。例如庞朴先生对"无"的阐释；又如"亲"的本义是指一个人自己的身体，而后来则扩展至"双亲""亲人"。对此可进行伦理学起源的论述与探讨。最后是"拼接"，它不是比较哲学，亦非纯粹的复原，而是将不同的文化、派别进行组合，从而得出新的思考，例如将庄子与笛卡尔对"梦"的阐述放在一起进行新的阐释，这对文化互释有很大的益处。

第一场发言纪要

陈立胜　孙向晨　唐文明
朱　刚　陈建洪　陈壁生

中山大学哲学系陈立胜的发言题目是《通向"世界"的中国哲学——路径与反思》。陈立胜指出，原初的"中国哲学思想"是在"天下"的视域中发展的，中国哲学家由此始终有一种"大道在兹"的意识。唯其如此，后来佛教等外来文化传入，才会被中国人当成"道"的一部分加以安顿。但相比之下，近代以来的"中国哲学史"学科则似乎换了一个思路。它以西方哲学为参照,来选取材料进而塑造中国自身的哲学史。这导致了如下几个问题:首先,"中国哲学"本身是一个舶来品;其次,"中国意识"的形成始终依赖于比较,始终同"他者意识""时间意识"纠缠在一起;最后,过去一百年的"中国哲学"的"中国"意识基本处于价值低位。从这样的大背景看,陈少明"做中国哲学"的主张具备以下特点与意义:第一,突破了概念系统的限制,将视野拓展至经典中的生活经验;第二,注重生活经验的普遍性、可沟通性,让传统的价值观念在当下得到兑现;第三,旧瓶装新酒,将传统中国哲学的命题加以重新解释;第四,立足于中国传统智慧,应对现代性问题;第五,提出做有说服力的儒学、有说服力的中国哲学,把中国哲学变成一种世界哲学。

复旦大学哲学系孙向晨的发言题目是《在做中国哲学中"汉语哲学"的位置》。孙向晨从三个方面评述了陈少明的研究:首先,中国哲学经历了一个从传统的注疏之学到中国哲学史研究,再到中国哲学创造的阶段性发展。陈少明的工作面向的不是中国哲学史研究,而是哲学的创造;其次,面对中国哲学的创造问题,陈少明的方法论是还原古人的生活经验,而不是概念建构。这更符合中国传统经典的论说方式;最后,陈少明强调自己的研究并不以构建本体论或形而上学为目的,但从根本上来说,孙向晨认为做中国哲学仍然离不开一些形而上学的预设,而这些预设是需要澄清的。孙向晨将"做中国哲学"翻译为doing philosophy in Chinese。他认为,"中国哲学"并不是指中国的哲学,而是以汉语呈现的哲学。因为哲学本身是去语境化的、追求普遍的学术形态。在此意义上，"汉语哲学"的提法有其优越性。

清华大学哲学系唐文明的发言题目是《中国哲学研究中的真理与方法问题》。唐文明指出，"中国哲学的方法论问题"在历史上有两次集中的讨论：一是中国哲学的初创期，即20世纪二三十年代；二是20世纪90年代关于中国哲学合法性的讨论。第一阶段的代表人物是胡适，他强调"历史"与"语言"两个维度。对此，梁启超进行了批评，认为这种方式忽视了传统哲学内圣外王、修己安人的一面。此外，冯友兰强调"旧瓶装新酒"，而陈寅恪则强调"新瓶装旧酒"，二者存在一定张力。第二个阶段可以概括为"文化主体意识的觉醒"，代表性成果是诠释学转向。但诠释学对经典的理解是历史化的，并认为哲学可以达到真理，这仍然以现代人文学科为基础。唐文明认为，这一思路反而会导致哲学的废黜和史学的碎片化。而比较重要的方式应当是将传统的"教化"关联于中国哲学的研究，基于"教化"确认经典的权威性，这是超越历史的。历史是人与经典的互动过程，哲学是对经典永恒性的时代表达。经典背后的教化、文明关切应当成为未来中国哲学研究的核心。

中山大学哲学系朱刚的发言题目是《回到中国哲学的实事本身——兼谈如何以现象学的方式做中国哲学》。朱刚从现象学的角度对陈少明的研究进行了评述。朱刚指出，如果说现象学的原则是"回到实事本身"，那么"做中国哲学"就是要求回到中国哲学的实事本身，二者有一定相似性。而对"中国哲学的实事本身"可以有三个角度的理解：第一，

（中国）经典世界中的生活经验；第二，古典生活经验中的思想观念；第三，经典世界中的人、事、物。它们的共同特征，是把文本和文本中的生活经验、思想观念结为一体。陈少明所要回到的"中国哲学的实事"，既非纯粹的观念对象如概念、命题，亦非单纯的经典文本，也不是单纯的生活世界，而是经典文本、生活经验、思想观念的三位一体。关于陈少明"回到中国哲学的实事本身"的方法，朱刚从三方面进行了概述：第一，悬置，即自觉避免"立场优先"等研究歧向；第二，描述，对"中国哲学的实事本身"进行描述，而非抽象地思辨推理；第三，解释，以陈少明近期对《兰亭序》的哲学化解释为例。总之，无论是原则还是方法，朱刚都认为陈少明的研究同现象学有一定契合之处。

中山大学哲学系（珠海）陈建洪的发言题目是《做中国哲学与加减法》。陈建洪指出，在霍布斯的观点中，推理就是计算，就是概念的加减。这是一种非常简化的现代哲学观点。做中国哲学也涉及加减什么和怎么加减的问题。从这个视角出发，陈少明"做中国哲学"的主张可以被理解为两个方面：一是怎么"说中国"，二是怎么"做哲学"。首先，从"说中国"来讲，许多学者如黑格尔、海德格尔都曾提出中国没有哲学。其实，即便有人说中国没有西方意义上的哲学，我们也并不一定非要争辩称中国有哲学，在思想上同样不必为此觉得低人一等。陈少明强调了中国思想有其自身的地位与意义，并非西方哲学的附庸，也检讨了哲学史写作的一个事实：在相当长的一段时间里，中国哲学研究都在用西方的理念与方法剪裁中国的材料。就此而言，陈少明提出根植于中国生活经验进行哲学创造的主张具有很大意义。其次,"做哲学"涉及对哲学本身的理解。陈少明的许多提法对我们在中国做哲学都有重要的启发意义:第一、重视日常的生活经验,而非以概念为中心;第二、重视故事的情节与情境;第三、重视经典的当代解释,沟通古典与当代;第四、重视清晰的语言表达。最后,陈建洪提出了"做中国哲学"的两个问题:一是除了作为一个文化概念之外,"中国哲学"是否也一直是一个政治概念,是一种对人生、对社会的独特思考方式?二是中国传统经典常常以注疏形式展开,不同于西方哲学的体系建构方式,这种注疏方式的普遍性如何确立?

清华大学哲学系陈壁生的发言题目是《"做中国哲学"的方法论意义》。陈壁生指出,学科意义上的"中国哲学"产生于近代开启的文明转型中,但百余年来一直未能形成对中国人当下生活的有效的解释方式。而"做中国哲学"的目的之一,就是探讨如何理解当代中国人的生活。从此出发,可以从三方面理解陈少明的研究:第一,"做中国哲学"不是一种理论,而是方法。这是对"很中国而不哲学"以及"很哲学而不中国"的双重克服。前者是过度历史化,后者是过度西方化。"做中国哲学"一方面区别于只述不作的哲学史,另一方面则在哲学创造中突出中国特色。第二,"生活经验"是沟通古今的中介。不同于以概念、命题为中心,陈少明主张哲学创造应当回归经典中的生活经验。这虽然属于古典中国,但并不排斥当下中国与西方,因为经验中总蕴含着一定的普遍性。第三,"做中国哲学"是开放的。"哲学"本身并没有地方性，是普遍的。而之所以讲"做中国哲学"而非"做哲学"，原因在于哲学本身的汉语表达，以及要面向中国的现实问题。总之，"做中国哲学"的要旨就在于面向现实问题，将经典理解为古典的生活经验，以此构建既"中国"又"哲学"的体系。

第二场发言纪要

张永义　吴　飞　陈　赟
朱　承　张　伟　张　曦

中山大学哲学系张永义的发言题目是《庄子哲学的几种做法》。张永义指出，陈少明对《庄子》中许多问题的分析是"做中国哲学"的具体案例。过往《庄子》研究的方式有两种：一是文献、训诂，二是思想、哲学。第一种方式重视文献的版本源流、文字的考订训诂，其长处在于对一些文本的基础问题有所考辨。清代的子学著作大多采取这种方法。在第二种方式中，思想史注重发掘庄子本人或《庄子》的思想，最终目的则在于揭示庄子自身的思想脉络及其与时代的关系，类似于"我注六经"；而哲学则更近于"六经注我"，即借庄子的思想或语词来另立新说，典型的例子是王夫之的《庄子通》。就其关系而言，第一种方式是第二种方式的基础，而哲学的研究又必须以文献、训诂和前人思想为基础。陈少明的"做中国哲学"和《庄子》研究应当处于二者之间。例如，《梦觉之间》将论域拓展到梦境、死亡的讨论，接近于对庄子引而未发的思想的揭示。这是以思想史为基础进行哲学创造。

北京大学哲学系吴飞的发言题目是《经义新诠与当代中国的哲学问题》。吴飞指出,"做中国哲学"一方面涉及传统中国人的生活经验,这集中体现在经典世界中,其源头则是三代文明;另一方面又涉及当代中国人的生活经验,也就是哲学创造的现实性。关于这二者的关系,吴飞认为更多的是差异,而非融通。以"旧瓶装新酒"和"新瓶装旧酒"而言,陈少明可能更近于后者。那么,"做中国哲学"直接面对的就是当代人的生活经验,只不过解决的方式是一个更中国化的方式。但这样一来的问题是,哲学具有普遍性,为什么我们要做"中国"哲学?吴飞认为,这里的原因并非民族意义上的"我们是中国人",不能做西方的附庸。更重要的是,面对当今世界的种种危机与难题,西方的方式可能已无法提供解决的方案,故而我们有必要从中国传统寻找思想资源,这才是一个更具现实性的原因。在"做中国哲学"时,我们应当充分注意古与今、中与西的差异。因为差异往往能刺激我们更好地寻找解决问题的方式。

华东师范大学哲学系陈赟的发言题目是《日常经验的回归与"做中国哲学"》。陈赟指出,陈少明的研究的最大特色是兼顾"哲学性"与"中国性",即用普遍的哲学方法来表达具备中国风土性的生活经验。这样一种哲学创造的关键,在于会通、互释古典与当下的两种生活经验。"哲学"与"经验"是陈少明哲学工作的两个关键词。首先,从"哲学"来说,笛卡尔以来的理论哲学重在哲学的对象,即万物共有的存在本质,其弊端在于脱离经验、外在于生活。相比之下,中国哲学则更侧重于哲学的活动性。陈少明所致力于的，是对哲学的活动性的恢复。作为一种理智活动的哲学，其任务在于探寻生活的意义；其次，从"经验"来说，概念本质上都是通往经验的引得或索引，理论则是整理经验的方式，一旦经验离场，那么概念与理论便失去活力。陈少明重视的并非形而上学的抽象演绎或者神秘的超越性体验，而是面向一切人的日常生活经验，因而与现代人的声息相通。学术的专业性、技术性、体制化越来越强，距离生活越来越远，面对这一处境，陈少明以自己的哲学创作给出了典范性的回应。

华东师范大学哲学系朱承的发言题目是《新题、新证、新思与"做中国哲学"》。朱承指出，近十几年出现了一系列本土哲学的创新书写，相关主题包括"生生""王道""家国"等。陈少明的"做中国哲学"是其中的代表，也是对时代与现实的理论回应。"做中国哲学"既是方法典范，也有重要的理论开拓意义，其特点有三：第一，找出新题目。陈少明善于从司空见惯的题目中发掘新意。典型的案例为对"气"、"羞耻"、"忧"以及近期对《兰亭序》的解释，此外，还有从思想配角的角度对杨朱的哲学史意义的展开分析、从"说服力"的角度对儒家的价值问题进行的理解等。第二，做出新证。陈少明在材料上未拘泥于思想性材料，而是扩展到经典世界中的人、事、物。在方法上则兼收并蓄，广泛汲取现象学、分析哲学的研究方法，极大地改变了中国哲学研究的套路化倾向。第三，得出新思。例如，陈少明从克服生命阻力的角度对庄子"庖丁解牛"的分析，便令人耳目一新。这三个方面的"新"集中展现了"做中国哲学"的坚实性。

中山大学哲学系张伟的发言题目是《在"之间"做中国哲学》。张伟指出，陈少明的一系列论著都以"之间"为题，如《梦觉之间》《仁义之间》《思史之间》《情理之间》。"之间"意味着敞开一定间距。这既包括思想空间的打开，也包括观念空间、意义空间的打开。陈少明很多工作都以此为基础。通过"间距"，我们便可以"照镜子"，在中与西、古与今之间展开沟通、阐发的工作。同时，"之间"也是一种关节。如果说庄子"庖丁解牛"的对象是"关节"之间，那么"做中国哲学"便是去解思想的关节。张伟将此概括为四点：第一，汉宋与现代之间。"做中国哲学"是以古今之变为大背景的，涉及思想与时代的关系。第二，儒、道与后经学之间。"后经学时代"是陈少明提出的概念，指的便是西学时代，而儒、道则是中学。处理中西问题，关键在于找到新的论题，继而以中国的方式论述。第三，经典与世界之间。回溯经典，思考经典产生意义的空间，进而连接经典观念与生活世界。第四，常识与哲学之间。哲学强调论证的清晰性，强调概念分析、逻辑推理，应当同常识保持一种高于常识而又不离常识的状态。

厦门大学哲学系张曦的发言题目是《精神世界中的哲学操作》。张曦认为，求索"有思想的哲学"是陈少明"做中国哲学"方法论的初心和目标。在这一方法论的探索过程中，《经典世界中的人、事、物》具有标志意义。它集中展现了"做中国哲学"的三个特质：经典的经验化、经验的生活化、生活的哲学化。张曦认为，经典、经验、生活和哲学，是所有"有思想的哲学"都要兼顾的四个要素。

所谓"思想"，应当是一个过程，也就是"哲学"本身。在此意义上，"做中国哲学"的"做"必然是一个充满活性的心智活动。张曦继而区分了哲学的两种"做"法：一种是法国思想家阿多式的，它致力于使哲学事业的性质和功能重回其古代的原初含义中去，重新成为人的一种精神生活方式，发挥重铸人的精神世界的功能；另一种是维特根斯坦式的，旨在运用哲学概念，对思想加以论证与清晰化，但对"精神世界"内部的问题采取悬置态度，将之留给体验。张曦认为，两个"做"法之间，存在着不能自动弥合的裂隙，需要一个世俗化的工夫论学说来填充。"做中国哲学"在具体操作上，虽然往往强烈表现出维特根斯坦式"做法"倾向，从而有可能落入他称为"精神世界的不可穿越性"的困难之中，但这也并非"做中国哲学"方法论的必然命运。因此，在未来的试验性研究中，"做中国哲学"方法论需要找到它的明确定位。

第三场发言纪要

李长春　高海波　程乐松　孟庆楠

刘　伟　王　鑫　周展安　郑泽绵

中山大学哲学系李长春发言的题目是《由"经验"之中国到"实在"之中国——陈少明老师"做中国哲学"对我的启发》。他认为，"做中国哲学"植根于中西哲学传统。它既受分析哲学影响，也有现象学方法的运用。从中国哲学传统来讲，"做中国哲学"又和三个古典哲学的元素既相关又有区别。一个是孔子的下学上达，区别在于，它并不指向天道天命。另一个是宋儒（朱子）的格物致知，区别在于，它并不期待豁然贯通。第三个是清儒的"即器言道"，区别在于，它并不预设任何"道"，而是代之以一个网状的意义世界。"做中国哲学"具有鲜明的经验品格，经验大致可以分为三种类型：生活经验、文化经验、思想经验。文化经验又可以细分为道德-伦理经验、情感-认知经验、政治-历史经验。文化经验既属于特定文化，又能超越特定文化而对整个人类具有普遍有效性。"做中国哲学"既向经验世界开放，也向实在领域开放。向经验世界开放，意味着揭示经典世界和生活世界"之间"的价值；向实在领域开放，意味着在参与中推进意义世界的生成和创造。当代中国人的文化经验本身就包含了世界，"让世界内在于中国"的文化经验，将成为中国人创造其意义世界的资源。

清华大学哲学系高海波的发言题目是《现代中国哲学家方法论溯源及自觉》。高海波指出，晚明以来，学者面临的基本问题是如何应对西方文化的挑战。严复、王国维、梁启超等人认为中国学术和西方相比存在一个问题，即论理学的法则讲得比较少。从胡适的《中国哲学史大纲》到冯友兰的两卷本《中国哲学史》，都强调用逻辑分析、实证的方法来整理中国哲学史，摆脱形式上的无系统性。20世纪80年代是一个文化自觉的时代，而90年代以后文化自觉变成学术的自觉，新世纪则是哲学的自觉，包括陈少明在内的很多学者都在哲学方法上进行创新。他接着讨论了回到原初的生活经验的问题，指出陈少明的相关研究揭示出真正的哲学必须立足于生活经验，既包括当下的生活经验，也包括古人的生活经验。文化的传承、哲学的传统某种意义上就是生活经验的传统。高海波提到杜威对于经验的界定，反对反映论、认识论的经验论，认为经验是参与和应对生活，是全身心投入，在这个过程中理性与想象力不能严格分开；在这个意义上陈少明与杜威有相似之处。而陈少明讨论的不可说的问题也让他想到冯友兰的"负的方法"。不管是冯友兰的讨论还是陈少明所论的直觉、"观"的问题都值得学习。最后，高海波向陈少明请教：您所论的经验是一种"下学"，而这到底需不需要"上达"？对经验的把握是一种家族相似性，还是能"上达"，发展出一种普遍性？

北京大学哲学系程乐松的发言题目是《重访、拼图与激生——"做中国哲学"的"手筋"》。"手筋"一词原是围棋的术语，是指在关键的技术处理上的高超技巧和手法，直意就是"灵感之下的妙招"。陈少明做了一系列"做中国哲学"的尝试，覆盖主题十分广泛，而且保持着内在的关联。我们可以看到，他总是以一种重访的态势面对文本和思想事件，重访在这里不是简单的再解读或者再阅读，而是要换一个视角理解文本和事件的情境性、经验的激生性，以及人在历史时间中的经验层累。始终让事与物中的人处于隐匿性的主导地位。此外，陈少明的研究的另一个重要特征就是不拘泥于经验的文化传统，而是基于经验性世界的共通性，选取不同文化传统中的哲学议题进行线索性勾连，形成一种全新的思想拼图。重访经典、思想拼图，一起激生了独特的哲学反思的景观，它呈现为一系列具有高度启发性的成果，也指出了很多原本隐匿或晦暗的思想空间，大大地拓展了中国哲学的理论视域，也提升了中国哲学实践的活力。对于陈少明而言，中国哲学的特殊性并不在于被中国定义的哲学性，而是中国经验激生的哲学反思空间和表达形态。之所以要用"手筋"而不是"方法"来作为讨论的主题，是因为陈少明的系列研究的方法论意义，并不必然被呈现为某些具体且高度规范化的方法，而是一些独特的视角、高超的技巧和勾连问题的灵感。这就类似《庄子·天道》中所见的轮扁所说的"可传而不可受"的经验与体悟，如果我们尝试从这些专题研究中提出直接可用的方法，是比较困难的。从直接经验出发的描述性，基于同一个思想关切展开的理论拼图，不断展开文化经验中的哲学意蕴抽绎，这些似乎都是直接的方法，但却完全不能技艺化。这既不是文本注释，也不是文献考证，更不是概念分析，而是一种独特的视角下的思想操练。陈少明的研究给我们提示了中国哲学中最为关键的问题，即自身文化经验与形式化概念处理之间的恒久张力。实际上，任何哲学研究都不得不面对一个恒久的张力：经验的持续描述和刻画所带来的丰富性，是否会被一种形式化和高度规范性的框架破坏？如何在经验的具体性与概念的形式化之间取得平衡？如果保留其具体性，就会牺牲由形式化规范保证的经验分析的可应用性。陈少明的许多研究在这个问题上做了提示，但后来者往往很难模仿，其中重要的原因是，如果要对描述进行形式化的处理，就不得不面对概念范畴对经验的"筛子"式的功能，经验的当下性会被概念性的建构消磨掉。孙向晨强调哲学在根子上是去语境、去当下的，这种形式化和规范性实际上保证了哲学一开始就要保持与经验的疏离、拒绝模糊性。但建构展开之后，哲学又会陷入一种不断追求形式化和技术性的陷阱，越来越远离经验本身，成为一种为经验立法，而非从经验出发的技术操作，其后果就是直接导致从直接经验出发的精神生活出现某种匮乏的症状。而如果抵抗技术性，又回到经验的丰富和模糊，那么具体经验是没有办法形式化的。拒斥形式化的结果就是哲学思考转向某种经验中的观念分析。就此，陈少明强调想象力的重要性，尝试用反复的思想实验去映照另一种方式的存在，以此说明哲学还有另一种可能性。这就具有两个功能，一是以经验为出发点突破当下的具体经验，二是突破哲学与思想之间的区隔。

北京大学哲学系孟庆楠的发言题目是《通变与同情——对"做中国哲学"的一点思考》。孟庆楠发言的第一个关键词是"通变"。他指出，陈少明书中与其他与会者的发言都提到中国哲学与中国哲学史的关系，以及中国哲学史研究所面临的一些问题。实际上，在中国古代的学术传统中，历史的研究始终伴随着对当下，乃至于未来的关注与思考。司马迁自道自己的工作是要通古今之变，由古而知今。通变是通过对历史的研究来完成的，网罗天下放失旧闻，并考之行事，但最重要的还是稽其成败兴坏之理。这种对理的把握才是通古今之变的关键。孔子回答子张问十世可知时，也有着类似的自觉。孔子要从三代之间的因循与损益去寻找通达古今乃至于未来的道理。在这个意义上，传统学术中的史学是承载着道的。也正是因此，我们可以看到，在目录学所体现的古代学术谱系中，史学是从六艺之学或经学中分离出来的，史学原本与经学一样都承载着对生活世界最根本的道理的认识。今天，我们所做的中国哲学史的研究，也是为了通古今之变，为了把握帮助我们通达古今的道理。当然，这里值得不断探讨的问题在于，帮助我们通达古今的道理是形而上学的，还是非形而上学的？是体系化的，还是针对具体问题的？而另一个重要问题在于，中国的哲学或思想传统是否为一些根本的哲学问题提供了特殊的理解或理解的视角、思路？孟庆楠发言的第二个关键词是"同情"。"同情"指向一种"真了解"，即要求与立说之古人处于同一境界。处于同一境界，正是要进入经验的世界。这一讲法提示我们，对于古代哲学义理的把握不能离开经验的世界。在这个意义上，陈少明从经典世界的人、事、物出发，在真实的经验的场景中探讨哲学义理的工作是极富启发的。孟庆楠向陈少明请教的问题与陈赟的问题类似，当我们以网状的方式而非金字塔式的结构去理解生活世界的时候，这种网络本身有没有结构，或者说关键性的节点？

中山大学哲学系刘伟的发言题目是《物的精神向度——从陈少明老师"物"的研究说起》。刘伟谈到，物、物的意义建构一直是近年来陈少明特别关切的问题。陈少明老师所关注的物有一个共同特点，即具有丰富的精神属性。从这些物中可以摘取两个关键词，即人格和历史：具有丰富的精神属性之物往往是独一无二的，而物所承载的人格性和物的历史感标记了"这一个"物。刘伟指出，陈少明之所以特别讨论艺术品、纪念品、文物等物，一是意图揭示其与商品等具有实际功能效用的物品的区别；二是对于这些物的关注包含对于物自身的关切,而商品关乎的是人的感觉;三是艺术品与人具有共在和保存的关系,而商品是处在被消耗和替代中的。刘伟认为,陈少明是要通过具有丰富精神属性的物,打开更具有精神性的生存场域,这是他在思想上的目标。今天,物品是极度丰富的,人们在使用和消耗中寻求新鲜感和刺激,物的泛滥同时导致人与人关系的改变,人无事可做。由此,关注物本身就是回到当下,基于当下思考值得追求的生活方式。因此,物的思想意义是需要被充分思考的,物的问题可以成为形而上学的基础问题。

北京大学哲学系王鑫的发言题目是《问题与方法——做中国哲学》。王鑫指出,自己在系统阅读陈少明论著的过程中发现,对于陈少明来说,"做中国哲学"本身是一套系统地思考和实践中国哲学研究的整全方案,而"方法"是理解这一方案的一条关键性线索。在陈少明看来,使一种论述或者观点成为哲学的条件的,不是它思考了什么,而是它如何思考。换言之,思想的方式、方法才是哲学存在的基础。这就以方法重新界定了哲学。王鑫的疑问是,是否存在以问题来界定哲学的可能?陈少明以方法界定哲学的一个逻辑前提是,如果以问题来界定哲学,就会发现问题是复数的,它们也可以是其他学科的研究对象。但复数的问题本身是否就意味着问题之间的不可通约性?抑或其内部也存在着某种关系?也即,是否存在着一种根源性的问题,统摄或统贯所有的问题?问题的复数可能只是一种表象,只是根源性的问题在不同层面或不同方面的表现而已。与之相关,如果说承认有这样的一种根源性问题存在的话,那么与之相呼应的或许是我们在中国哲学的研究经验和思想经验中，经常可以体会到的一种古典哲人对世界试图进行一种整全性的理解或把握的倾向。如果我们承认中国古代精神经验是追求贯通的、整全的整体，那么从人的行动上来讲，它势必涉及由知到行的整体，如果哲学只是作为一种知识活动，它如何落实在生活方式上？它是否足够为现实生活的开展确立价值基础，为现代生活立法？

复旦大学马克思主义研究院周展安的发言题目是《中国古典全幅精神世界的情境呈现与当代激活——"做中国哲学"的旨归与启示》。周展安指出，陈少明提出的"做中国哲学"具有鲜明的方法论自觉，即对经典世界中的人、事、物进行多层次的情境化、立体性的深入探讨。周展安认为，这种探讨在形而上学化的哲学之外提出了中国人之生命史、精神史这一新的课题，指向对中国古典全幅精神世界富有生存感的呈现其目的在于激发古典之活力，在普遍性的视野中将古典与当代相贯通，展现一个有深度同时又是"活的"中国。接下来周展安具体说明了何以说"做中国哲学"是对中国古典全幅精神世界的呈现，他认为，这是因为它包括：第一，个别的人、事、物所呈现的精神史和生命史；第二，整个经典世界呈现的精神史和生命史；第三，中国古人整体生活的精神维度和哲学性。最后，周展安还特别从古今一体的角度分析了"做中国哲学"中的"中国"这个关键词的内涵，提出要在"中国当前思想关切"的大格局中把握"做中国哲学"的问题，并根据陈少明的徐复观研究分析了"精神世界"与"现实"之间、道理义理和情理事理之间如何沟通的问题。

香港中文大学哲学系郑泽绵的发言题目是《"做中国哲学"的领域与路径略探》。郑泽绵说，陈少明的研究及其对精神世界的开拓，常常让自己耳目一新，而自己的一些研究工作也常常可以引用陈少明的方法论作为辩护。郑泽绵指出，陈少明开创的对经典世界的人、事、物的研究范式是对中国哲学史通行研究范式的重要补充，中国哲学史学科自建立以来，一直重视概念与范畴的界定和理论的推演。陈少明曾说，在现代西方，先有哲学，然后有哲学史，但在现代中国，却是先有哲学史，然后有哲学。这导致某种先天的不足。陈少明提议开创新的论域，尝试对经典世界进行不以范畴为中心的探索，作为教科书思路的重要补充。同时，陈少明深谙分析哲学、现象学和实用主义等，因此能够自信、成规模地走出一条自己的路。郑泽绵指出，陈少明的研究方式具有跨学科的价值，如果对比法国哲学对于其他人文学科的影响力，中国哲学对中国其他人文学科的影响力还不足，陈少明的方法对文学和历史的研究都具有启发意义。我们可以期待其跨学科影响的逐步形成。

第四场发言纪要

王　正　雷思温　孟　琢　赵金刚
徐　翔　龙涌霖　宫志翀

中国社会科学院哲学研究所王正的发言题目是《"做""作"之别及其哲学趋向》。王正首先说，陈少明讨论经典世界时用的几个比喻很有趣，例如"活化石""矿藏""拟真的历史生活图景"等。"是真的同时又是拟真的"，这体现出当下中国哲学的特性。陈少明认为自己的做法具有边缘性，而王正认为这恰恰意味着活力性。王正发言题目中的"做"与"作"的区别是编辑工作中必须留意的，而"做"与"作"在古代可能差别不大，但在今天其差异是很有趣的。"做"针对具体的对象，有很强的过程性，也隐含着职业性、专业性、关系性。"作"在现代汉语中更多指向抽象的含义，动作性弱，较常用于书面语、古代成语。在"装模作样""装腔作势"等词中，"作"有一种"转化""当作""以为是""不那么真实"的含义。陈少明所论的"做中国哲学"用"做"字，这就把哲学史研究变活了、变得生动了。陈少明的研究的关键意义在于，过去的研究往往局限于名词概念，但"做中国哲学"却能凸显中国哲学关于身体、姿势、操作等的理解，这些是过去并不重视的。另外，"做"与"作"其实是相通的，具体与抽象之间不是完全割裂隔绝的。陈少明对经验、具体的重视，以及它们同形而上的东西是否能完全割裂，这是可以考虑的问题。

中国人民大学哲学院雷思温的发言题目是《经验与概念——面向中国思想的实情本身》。雷思温说，中国哲学在当代的阐发，很难完全脱离西方哲学的语境；但这不是简单的套用，而是包含对于西方哲学的取舍和消化。陈少明论著中讨论的反本质主义等问题，就与他对于后期维特根斯坦哲学的理解有关系。而陈少明所注重的经验，同胡塞尔讲的经验不一样，那种被笛卡尔所普遍怀疑的经验，恰恰是陈少明要重新拯救的。也就是说，陈少明对西学的运用，已经包含了对西学的深刻思考。雷思温自己在阅读陈少明论著的过程中产生的三点疑惑是，第一，对日常经验的描述其实是十分困难的，描述势必要借助形式性的东西，而经验是活生生的、流动的，它在被反思的时候就停住了；要保住"哲学"两个字，就不能彻底取消经验的反思性，而反思又会产生疏离感；日常经验在这方面因其日常性就更加艰难，因为日常性预设了非反思性的结构。这种状况如何避免？第二，在道器关系问题上，是否可以寻找对经验的无前提的描述？由于解释学循环的存在，雷思温个人认为不可能做到无条件、无前提。第三，经验是不断生发的，过去的经验会变得不那么日常，由此如何理解历史的连续性、旧经验和新经验的关系？

北京师范大学文学院孟琢的发言题目是《游观——范畴之外的中国哲学风景》。孟琢指出，"做中国哲学"、建立中国哲学自身的特色，已然凝聚为中国哲学研究中共性化的问题意识。维特根斯坦和韦伯对陈少明的影响，一是使本质主义的哲学路径受到质疑，二是使哲学的出发点由理论转向了生活，三是其基于价值参照的理想型与"语言游戏"一样，都揭示着某种认识的可能性，而非规范性。因此，陈少明在研究中既要避免其他学科对哲学研究的强势影响，也要反思哲学与哲学史研究中的固化与"成心"。摆脱定式与固化，意味着在经典世界中自在游观：随着学术视角的不断变换，经典世界中的人、事、物、器，在范畴之外的中国哲学的多重"理想型"，被淋漓尽致地豁显出来。孟琢也提出了对于陈少明研究路径的进一步期待：第一，如何把握中国人独具特色的、根基性的思想单元？第二，"观"是自由开拓的，但这并不意味放弃了整体性的系统，我们可以不断期待这位游观者所构建的"做中国哲学"的更恢宏完整的思想殿堂。

清华大学哲学系赵金刚的发言题目是《事与具体的形上学》。赵金刚指出，无论是2021年初围绕丁耘《道体学引论》的讨论，还是年末的这次工作坊，背后有一个共通的主题，即形而上学。自己的体会是，所做的哲学有趣还是无趣，这本身是一个有趣的话题。在百年来的中国哲学研究中，很多情况下哲学是无趣的，表现出了脱离经验、脱离事件导致的问题。赵金刚认为，陈少明所描述的具体的事有一种贯通性，贯穿着陈少明所有的思考。刹那的事是最为具体的，构成了"本真"，没有了事就脱离了本真，事的存在就导致我们需要讲哲学。并不是所有的事都能成为事件，能够成为事件，背后就有了形而上学的背景。而面对这样的事件，我们是停留在事件中，还是进行分析？分析本身就构成了形上学，这正是"即事显理"的结构。换言之，事件构成了形而上学的可能；事件是特殊的、地方性的，但事件化的能力是普遍的。在这个意义上，即使不主张形而上学作为哲学研究的前提，也具有了某种形而上学。赵金刚也提到自己近来的困惑是"即事显理"能不能彰显出普遍的、永恒的理，或者说这还有没有必要。

中山大学哲学系徐翔的发言题目是《编织物的精神图景》。徐翔认为，在"做中国哲学"这个大问题下，陈少明的工作可以用"人""事""物"来概括："人"是庄子这个人物，"事"是指对儒家伦理和道德情感的再思考，"物"则是指作为精神现象之物。徐翔梳理了陈少明对物的关注的文本线索，认为近十篇文章构成了陈少明整个关于物的精神图景的体系。陈少明的重要观点涉及对器的分析、从用具到礼器、由心物关系引申出精神意义、精神化的过程、对物的分类等，并产生出一种道器形而上学。在此基础上，徐翔指出陈少明关于物的工作的方法论意义，可以用"编织物的精神图景"来概括。这区别于两种哲学方式，一是宋学式的通过语义来构思义理，力图做宏大的思想建构；二是掘井式地挖掘思想的源头，把形上学的观念解构掉。陈少明的方式的重要概念是拼图。这并非要编织出预制的图景，而是一种旅程式的东西。编织不是还原，而是重新编织；编织是有节点的，会开启新的思考，不同思想要素会展开出不同的思想图景。

中国社会科学院哲学研究所龙涌霖的发言题目是《从"言说系统"看经典解释学的发展》。龙涌霖说，言说系统或言说方式是文本思想内涵之外的表达形态、文学体裁等，即内容之外的形式性的东西，例如《论语》之师生对话，《大学》之纲领，《中庸》之玄言。陈少明"言说方式"的提法与他对"经典世界"的关注密切相关。这对理解经典解释的演变机制，乃至对中国哲学的开拓创新都具有重要的方法论意义。龙涌霖具体以《大学》的诠释为例，指出程、朱在重新解释文本之前，还有一系列言说系统的重新塑造工作，由此才为理学化解释打开了空间。言说方式的更新使经典的新生得以可能。陈少明的中国哲学创作也富于言说方式上的自觉，为中国哲学的现代转化提供了富有生命力的前景。由此龙涌霖认为，中国哲学未来的发展不妨有"新瓶装新酒"的道路，但保留并提纯传统的味道和神韵，即既在思想内容上日新日成，相应地也需要发展出符合时代的新的说理方式。

中国人民大学哲学院宫志翀的发言题目是《经验、论证与文明传统的新生》。宫志翀关注的问题是陈少明"做中国哲学"方法论背后的文明意义。在他看来，陈少明"做中国哲学"的方法论最重要的钥匙有两柄：经验和论证；经验保证"中国"，论证体现"哲学"。就经验来说，相较于概念范畴，具体情景的经验更符合我们的哲学传统；"经典世界"构成了中国人文化经验的源头；经验可以在古今中西之间共享和沟通融合。就论证来说，重焕经典世界的思想力量，沟通古今中西经验的工作，需要哲学论证来完成。换言之，"做中国哲学"的两柄钥匙，"经验"上溯中国文明的经典，又通往当下；"论证"则是保证其哲学品格，并且使古今得以沟通的方法。由此，这种"做中国哲学"的方式，可以被理解成用哲学思考来激活并拓展经典世界的思想力量，乃至被用来延续和重焕文明传统的生机。

综合讨论纪要

张志强　干春松　吴重庆
王　颂　王　博

中国社会科学院哲学研究所张志强在讨论引言中指出，陈少明的"做中国哲学"研究开辟了一条新的道路。它的意义从"做中国哲学"这个提法中可以看到："做"，打开了哲学的可能性。"做哲学"的"做",不同于过去研究哲学的历史的、现象学的、分析的方式,本身是一种解放。"做哲学"的意义就是实践哲学,让哲学成为一个在任何条件下,在任何国度、任何传统里面,都可以实践的跟世界打交道的方式。这特别是相对于希腊哲学传统的一种解放。张志强指出,"做中国哲学"之所以可能的重要的理论前提是从现象学的方法产生出来的,而分析哲学的背景与现象学的结合,带来了陈少明"做哲学"的特性。陈少明的思想中有描述、有解释、有经典、有文本,其中"解释"是海德格尔所讲的本体解释学意义上的,是此在面对世界所进行的实践活动,是一种意义生成的机制、主体创造的机制。对于中国人来说,此在是在此,此既是空间的方位,也是时间的方位。我们通过做中国人而在世,通过做中国人而在世界当中,也通过成为一个当下的中国人而在历史当中。中国传统中的古今天人问题,对于当代中国人来说加上了中西的维度,要求在古今天人中西之间创造出更广大更饱满的主体。因此,做中国哲学就是做哲学,在中国做哲学就是做中国哲学。总之,陈少明研究方式的创造性就在于从西方哲学传统中实现思想解放,让我们找到在各自的文化传统里做哲学的方式。

北京大学哲学系干春松在发言中说,在中国哲学研究中,冯友兰、张岱年先生代表了一个很强的哲学史传统,当我们研究中国哲学史上的人物时,这样一个强传统会让我们下意识地依循相应的路径、选取相应的材料。但如果反过来,一个人在没有读过张岱年先生等人论著的前提下去读

《张载集》，会如何看待与思考张载呢？对此，干春松言及了自己曾做过的一个"实验"：在研究陆九渊的"本心"概念时，他试着从宋明理学既成的研究范式之外思考这一概念的提出究竟有何意图。他发现，宋代的知识分子在考虑收税、记账等问题时，也常常自然地将其与"本心"联系起来，而这在上述哲学史的传统里可能是不重要的。干春松据此提出，如果回到生活世界本身，我们应该如何看待这些经验？陈少明向我们提出的这个问题，可能比陈少明本身做了什么更加重要。我们不必都模仿陈少明，但每个人都应该有自己的问题，找到自己的视角与方法。

中山大学哲学系吴重庆在发言中说，陈少明的"做中国哲学"是试图把古今中外的经验与经典熔于一炉，展示出在学科化的中国哲学史框架之外"做中国哲学"的可能。吴重庆谈了自己对陈少明"做中国哲学"的理解，包括对人、事、物的强调，对"体知能力"的强调，对如何不以"认知"害"体知"的思考，对描述经验的重视。吴重庆指出，如何把具体的事物放到天下万物的背景下，这是"做中国哲学"要考虑的问题。吴重庆特别提出，期待陈少明在"描述"之后如何处理好"认知""体知"关系的问题上，在人、事、物、境的问题上更加浓墨重彩地下力气。

北京大学哲学系王颂在发言中说，陈少明的研究对自己最重要的两点启发，一是对近代以来中国哲学史书写的反思，二是对中国哲学传统的回溯与生发，它指向未来也指向当下和现实。前者是对胡适、冯友兰等研究传统的反思，特别是思考"格义"之外我们还可以做什么。后者则是陈少明对重要思想史人物诸如王夫之、章太炎的研究。王颂认为，物的精神性是陈少明重要的哲学贡献；而陈少明对物的哲学性的阐释，内在脉络是对王夫之等人思想的发展。陈少明多次强调区分道器和理气，"器"是要强调物的具体性、个别性、经验性，这不是彻底否定哲学运思所运用的抽象性法则，而是始终保持反思，对抽象造成的空洞化保持警惕。王颂也提出，陈少明对艺术品的分析，可能存在着一种"能""所"视角的转换，这是不是也可以视作一种"哥白尼革命"？另外，陈少明的"做中国哲学"也面对和回应着如何处理古典与现代经验之间张力、矛盾的问题。总体而言，陈少明的研究既有对西方资源的化用，又不失中国底色；既有哲学味道，又不限于教条僵化的形式。王颂化用刘知几之言，认为陈少明的研究兼具胆识、气度、才性。

北京大学哲学系王博在发言中首先说，陈少明的"做中国哲学"引起的高度关注，反映出人们的一种共同的认识，即在对前辈中国哲学学者表达敬意的同时，也总有不满足、不满意，总感到中国哲学应该有另外一副甚至几副样子。因此，自己时常反思，中国哲学的研究者是不是失去了承接传统的能力，还有没有跟生活世界互动、跟其他学科对话的能力。哲学家发出的声音让人总觉得还不过瘾，是何原因？王博认为，其一，我们困在了"哲学"之中，我们对哲学的定义，是由某个哲学家或体系规定的，以至于我们觉得哲学只有一种做法。其二，我们困在了"经典"之中，遗忘了经典和经验之间的互动关系，仅仅将其当作固定的、僵化的、神圣的东西。陈少明的工作正是针对这两点，试图用经验来激活经典，用碎片、实验来消解体系性的东西。陈少明的工作也代表着一种趋势。中国哲学的从业者应当思考如何拓展哲学的内涵、拓展中国的内涵。王博强调，哲学既是做出来的，也是说出来的。所有人说，所有人听，这样"做中国哲学"的路才会越来越宽，这也符合陈少明的研究旨趣。

本次工作坊的引言人陈少明最后做了简短的回应，表示在一天的时间里所获甚多，自己会把记录的所有问题认真地思考消化。他说，自己过去的工作是实验性的，今天听了大家的意见之后可能会有所改变，对于不变的部分，也会再次陈述自己的理由，并进行更加细致和具体的回应，以便进一步的学术讨论的展开。

把哲学当作动词

敬答"做中国哲学"工作坊上的朋友们

陈少明

在《"做中国哲学"再思考》中,我尝试对论题的由来及我本人的思考做一个初步的概述。感谢这个工作坊,在得到朋友们的鼓励之余,让我有缘直接面对更具体的问题,虽然这些提问不完全是针对我本人,而且很多重要问题,朋友们也没有期待我能够解决。但是,这给我进一步反思问题的机会,我们可以把它视作讨论的延续。感谢大家花时间帮我改进工作。下面的问题取自会议纪要,听会笔记,还有大家的书面发言稿。为了使论述略有整体感,下面的回答采取综合讨论而非按程序分别答辩的方式,在提及发言人时直接使用姓名,略去敬称。

定位

定位是个大问题,也是我的一种概括。哲学的定位通常相对于其他知识领域,如科学或者史学而言。"中国哲学"

的定位则涉及它的文化价值取向，大而化之的说法，就是在古今中西坐标中找位置的问题。关于它的最通俗的说法，就是酒与瓶的关系。它本是陈寅恪在冯友兰《中国哲学史》审查报告中对冯的评论，意指冯氏用现代哲学（新实在论）的形式，表达传统（宋明理学）的思想内容，且有"宜系统而多新解"的效果。这与冯本身"旧瓶装新酒"的说法刚好相反。有意思的是，针对这个问题，这次的评论刚好呈现类似的对比。一种是陈立胜提出的："旧瓶装新酒，对传统中国哲学中的命题，如心外无物、吾丧我等，予以重新解释，这种'老命题，新意义'的做法，既照顾到传统中国哲学已有的解释，同时又对相关的西方哲学解决此类问题的路径了如指掌。'新意义'的创发是建立在对中西深厚传统底蕴的通透理解的基础上，能够令人信服地展示出其与前人思想的不同之所在。"而吴飞则认为，以"旧瓶装新酒"和"新瓶装旧酒"而言，我本人可能更近于后者。我以为，这是比喻角度的不同，如果把传统命题当思想传达的形式，而把意义引申到当代问题上来，立胜的说法合乎逻辑。但是，如果把中国哲学当作一个整体，则哲学作为一种知识形态，是一种形式，而其表达的文化经验或精神取向，便是思想内容，我也接受吴飞的评论。这个对比涉及两个并行不悖的问题，一个是在知识表述上更哲学，一个是在精神视野上更中国。但陈建洪就此追问："如果说即便古代中国学术没有哲学，我们仍然可以以哲学的方式创作它，那么这就意味着我们要创作一种不同于传统中国学术的哲学方式。"这里有以"如果"开头的让步状语，针对否认中国学术有哲学者而言。但是，不管承认者还是否认者，都应当接受"中国文化和中国生活方式"的存在，而且与西方文化一样，它不一定存在于纯粹的哲学文本中，其内容同样是哲学反思的对象。这个"哲学"是在当代学术常规意义上使用的。其实，即使承认古代中国哲学的现代学者，其哲学表述方式，也不可能是古代中国的。问题依然是酒与瓶的关系。工作坊上周展安、陈壁生还有宫志翀的论述，也都关注中国性的问题。它应是几代现代中国哲学家共同面对的考题。

与定位相关的另一个问题，就是我们要什么样的"做"哲学？朱承和张曦不约而同地提到"做哲学"的不同含义。朱承指出它存在维特根斯坦式的"做哲学"与中国传统知行合一意义上的道德践履，以及思想实验或者一般哲学创作多种意思。而张曦概括为两个类型，即维特根斯坦式与阿多式的。我的理解是，维氏的做哲学，主要指区别于哲学史研究的哲学创作。他后期哲学中的语言分析，一般教科书提及的思想实验，都在此范围。而阿多的做哲学，指的是"作为生活方式的哲学"。虽然阿多也重视维特根斯坦（好像是其作品的法文译者），但他的哲学来自哲学史，只是焦点不在哲学史上的学理成果，而是哲学家的生活经验。所以他把做哲学理解为过有哲学品质的生活本身，其哲学工作就是描述这种生活图景（参见《何为古代哲学？》）。我的做哲学在不严格的意义上，承续维特根斯坦的观点，即哲学创作可以区别于哲学史研究。然而，在这个前提下，我也接纳阿多的思路。哲学面对生活经验，而做中国哲学必须同时面对经典文献所记载的古典生活经验，否则其"中国性"会是无源之水。在《论语》《庄子》《世说新语》《传习录》等经典文献中，我们有大量的类似资料可资运用。因此，阿多式的方法同样有用武之地。当然，如果把它理解为我们要在现实生活中，像古代圣贤那样从事修身或教化的工夫，则不是作为学术的哲学可以规定的任务。

以上两种做哲学外，我们还可以把"做"当作一个过程，即不是以构成某种概念知识为目的，而是展示思考、探讨意义的过程。这样做时，还可以不启用或者尽量少用任何现成的哲学概念。我在探讨《兰亭序》的问题时，除了"临摹的现象学"有点"标题党"外，几乎不使用专业哲学词汇。其实，当代哲学的很多重要作品，也是这样制作出来的。它在我们时下的哲学教育中，很难成为主流。不过，它可能让更多的人加入做哲学的队伍，或者提高文化的哲学含量。

分析哲学，还是现象学？

做中国哲学离不开西方哲学的参照，中国哲学史学科就是通过中国思想传统资料与西方哲学比较而建立起来的。虽然这个学科在为中西文化价值或抽象思想方式之间建立可以沟通的学问途径，但囿于某些思想框架，中国传统思想价值传达仍不充分，同时也没有促进中国哲学创作的繁荣。由此而引发的关于中国哲学正当性的讨论中，出现一种排除学习西学的倾向。我期待的做中国哲学，则需要对西方哲学有更深入的学习。这一努力荣幸得到包括做西方哲学的朋友的注意，同时还对我利用的西学资源有所分析。让我感兴趣的问题是，究竟是现象学，还是分析哲学塑造了我的哲学认知？朱刚、张伟、张曦、雷思温等的发言都触及这个问题。

朱刚是专业做现象学研究的，他认为我以人、事、物为研究对象的选择，对某些道德情感经验的分析，以及"道器不二"、本质不离现象的认知，均体现一种至少与现象学暗合的思路。张伟的观点也一致。他们都是中大现象学"团伙"的，我在他们的边缘游荡。雷思温则有不同的看法，除追溯我早期习作中的维特根斯坦因素及疏离黑格尔主义的立场外，他还注意到我对经验的处理与经典现象学不同："胡塞尔对于意识经验的描述和显现，恰恰继承了笛卡尔主体性哲学革命的遗产，亦即它是从对日常经验、自然态度的悬置而出发的。所谓现象学还原，正是要从这一人伦日用的、朴素的、前反思的自然经验中回撤入纯粹意识的明见性中。相反，陈少明对于经验的强调，乃是立足于这一经验世界的日常性、生活性。这种经验具有更为平面的结构，而非深度反思性的哲学经验。"但这种"从日常经验入手展开哲学思考，也包含着对这一现代哲学基本立场的修复和纠正，亦即重新夺回被主体性哲学所怀疑的经验日常性"。

他们两位对问题的理解更专业，我没有足够的资格做回应。然而，问题启发我的思考。我的确学习并力图把现象学和分析哲学的方法运用到做中国哲学上来。举几个例子，我写过《关于羞耻的现象学分析》，描述相关的现象结构及其与中国文化、儒家人格理想的关系。当然还有《解惑》《问乐》《释忧》等类似文章。这是公然的标榜。同时，我也写如《广"小大之辩"》这种由日常语言入手，分析经验生活中的价值结构的文章。此外，还做过两种方法并用的尝试：《由"鱼之乐"说及"知"之问题》，直接引用维特根斯坦《论确定性》的观点，疏解这则寓言中"知"的多重含义，解释其扭曲的原因和修辞效果；同时，又仿现象学手法，描述万物有情这种观念的一般心理感受，认知的尽头通向生命意义的体验。张伟的评论也注意到这一点。

问题在于，这两种看起来格格不入的哲学，如何能够协调工作。我的理解是，哲学是对象不确定的学科，因此，没有固定的能解决所有问题的方法。成功或有重大成就的学派或方法，只是相对于其中重要部分而言，如分析哲学相对于语言经验，现象学相对于意识现象。同时，两者都属于现代哲学，其共同点是拒绝或疏离思辨哲学中的形而上学。因此，借鉴这些方法时，我们没有负担，不需要先讨论中国有没有西式形而上学之类所谓奠基性的问题。甚至于，这两种哲学的某些观点，我也不准备接受，例如思温提及的现象学还原，或者以为哲学问题就是语言问题之类。因此，李长春会说我不接受任何排他性的哲学定义。从西方哲学的观点看，我的工作肯定不正宗，这与我知识不专精有关。但是，这样做比不这样做，对显示中国哲学的丰富性更有价值。而且，还有助于避免把做中国哲学重新变成寻找西方哲学在中国的例证。

当然，西方哲学资源，即使从现代讲，也不限于上述两大学派。例如上文提及的阿多就很难归入哪个阵营。还有福柯，我们都很难把他定位为哲学家，然而其知识考古学对揭示文明深处的哲学问题也很有助益。总体上，我更喜欢现代哲学，这是个人的偏好，但没有把它作为拒斥古典哲学的理由。

经验、概念与描述

为了与哲学史研究拉开距离，做哲学强调对象首先不是哲学理论或概念，而是经验。这种经验范围广泛，内容复杂。它既包括外在的行为操作经验，也包括内在的意识经验。可以是现代生活经验，也可以是记载在经典文献中的古典文化经验。不同的经验之间，可以寻求在理解上能够通约的内容。这是做哲学的对象或依据。这一强调带来贬低甚至抛弃哲学概念的误解，需要适当澄清。所有经验的处理，都在意识中进行，它需要借助某种记号。这种记号的抽象形态就是概念，在语言中用词语表示。因此，所有的知识，都需要概念来形成。不同的学科知识，实质就是不同的概念系统。从哲学史看，无论从何经验入手，哲学往往试图形成超越具体经验限制的概念，这就导致其既有普遍性，又带抽象性的特征，两者是相互关联的。我对经验的强调导出两个问题。一个是，把传统的重要概念如道、玄、理等，还原为具体的经验起源后，其先验性何在？另一个是，面对当下的经验时，不使用通行的哲学概念，如何谈论其哲学意义？

第一个问题与思温的评论有关。我的理解是，道、玄或理之类大号哲学概念或者范畴，其意义不像自然科学的基本定律。后者只要具备应用的条件，工程学上就能实现其意义。至于它是如何推导出来的，不是运用者都非掌握不可的问题。哲学的大概念，无论是形而上学说的存在还是本体，都不具备这样的功能。其意义在于理解在其概念覆盖下的各种事物及其相互关系。不过，事物在逻辑上也分层次。如果越过分层，用大概念直接解释具体事物，那无异于指着一个苹果或者茶杯，告诉人家这叫作"存在"。抽象是哲学的一般特征，而抽象的理解离不开具象。还是借用毕加索《牛的变形图》的例子：一头牛的套图，从一头高度写实的牛开始，连续画很多幅，每一幅是前一幅图像的逐步简化，最后变成一个矩形的线圈。如果孤立截取最后一幅矩形图，不知道简化的过程，是绝无可能理解它的原初意义的。我们可能臆想成羊，也可以当成房子，或者就只是个几何图形。把哲学理解为思想的结果（概念或理论），还是思想的过程（展示思维的程序），是个见仁见智的问题。两者在逻辑上是兼容的，但强调后者，可以把做哲学的"做"展示出来。应该把哲学当作动词。我甚至觉得，学哲学的学生基本不做哲学，与对这个环节的忽视有关。基于这一认识或者偏好，我也花一定的功夫研究某些重要观念的起源及转化，如追溯道器、无有到理气观念的演变，分析中国形上学思想的起源与发展。又如，把儒家伦理的"亲亲为仁"，从亲情、亲属及双亲，还原到作为身体之亲上，揭示它的人性论根据及道德实践品格。对于那些涉及人类社会根源性经验的观念，这种尝试是有意义的。当然，不是所有的哲学问题都可以通过经验的溯源来解决，更不能把哲学问题还原为经验现象。经验是充实概念意义的基本途径。因此,不是排斥或抛弃哲学概念。希望这能够解除思温,还有郑泽绵在这方面对我的担忧。掌握两者之间的平衡,是做哲学的功夫。

第二个问题,或者可以概括为,先于概念的经验如何向哲学转化?换个角度,再说经验的理解。它有两个层次,一个是经历过,一个是经历在意识上的内在化。后者更自觉的情形叫反思。有人会说,没有在意识上内在化的经历不算经历,也等于没有经验。对健忘者来说,的确如此。但正常人的经历内在化的角度可以不一样,因此纯经历与内在化的意义还是不一样。我的"经验"指后者,主要是反思过的经验。其实,经验都是内在化甚至是事后反思的。单纯的经历是杂多的感触,对它的理解一定是理智或思想所塑造的。它可能再分不同的层次:一是基本事实,是人的生物特性或建立在其基础上的能力可以感知的,一是被不同的知识或教养所影响的。对经验的描述在不同程度上包括这两者在内。思考者,特别是哲学家就需要有一种通过经验的描述来传达哲学观点的能力。下面的分析,同时也回答高海波关于"下学"(经验)与"上达"(概念)的关系问题。

描述是哲学的原初方法,类似于现象学说的"面对事情本身"。首先它必须传达经验,用具体名词或动词组成的句子叙述事物的状况,让接受者对内容或情境有直观的感受,避免或降低需要定义的概念的运用。但不是任何描述都具有哲学意义,它必须能呈现某种观念的结构。维特根斯坦的"家族类似"概念,就是从"游戏"多样性的描述开始,从而跟本质主义传统的概念观形成对比,由此导出对概念意义的新认识。以"家族相似"命名的做法其实也来自描述。庄周梦蝶也是描述，一个极简的故事加一个意味深长的提问，没有使用任何哲学概念。可其中蕴含的意义非常哲学，我们可以理解为彻底的怀疑主义，也可以归结为对主体的解构，其启发性远超许多长篇大论。上文对毕加索《牛的变形图》的介绍，也是一种描述。借助它，我们更容易直观到抽象与具象的关系，对抽象的含义有更深的认识。再举一个视觉的例子。"看"与"观"都是视觉行为，但"看"最多变成"看法"，"观"则演化为观点、观念以至世界观。从静态的"看"到动态的"观"的对比，描述"观"的过程前后视觉图像的关系，我们就可以获得思想（观念）如何渗透到视觉行为，以至可以脱离眼前直观的事物，从而获得更广阔的精神视野的机制（参见拙作《作为精神现象之"物"》）。其实，哲学所描述的经验是设计出来的，设计使经验摆脱杂芜的状态。如果概念是经验的形式化，起步从描述开始。因此，也可以设计想象的经验，如当代流行的各种思想实验，像缸中之脑、中文屋、道德电车，还有安斯康姆《意向》中那张用来分辨意向行为与认知行为的购物单。它不是不要概念，而是在论证中不要概念先行，让观念在描述的内容中更直观地呈现出来。避免说"道就是一，一就是玄，玄就是无"这类套话。这种设计的确与想象力的培养与运用有关。我们也可以说，描述是哲学论证的起点，因为在基本的哲学观点形成之前，没有现成的概念可资利用。即便在哲学发展到一定阶段后，它也不会被抛弃。现代哲学中许多具有原创性的论证，都与成功的描述有关。用程乐松的评论说，这就是思想的"手筋",有类围棋的妙着,它如《庄子》"轮扁斫轮"所说,"可传而不可授"。说它不可模仿,是指具体的桥段不能复制。这种描述,也是发明。一旦成功,发明权就不会动摇,其意义还会在其后被不断引申讨论。这是思想的艺术,它可以学习,但必须活用,更值得推广。

观念的"形状"

熟习西方哲学的朋友,都有把哲学想象成思想建筑的习惯。顾名思义,就是先清扫地基,立就柱和梁,然后垒墙,并一层层叠加起来。地基宽广、柱梁坚固,就有可能借逻辑的途径,筑就观念的大厦。这就是所谓思想体系的意象。当然,这种体系也有两重含义,一种是世界观的实质论述,一种是一般学说(包括局部理论)的建立。前者一般要从"形而上学"开始打基础,后者则从某个论域或某个假设开始。现代中国哲学的前辈从熊十力、冯友兰、金岳霖到牟宗三都在这个方向上有伟大的贡献。而学说的建立,则与一般理论知识的规范差不多。陈赟说我对"这样的古代经典世界并不预设那种有待去发现但在本质上业已完成了的非参与性的静态真理或客观规律",思温认为我的"思考方法偏向于通过个案进行描述和显现,而非依据于本原和根据进行体系奠基",孟琢也表达对"做中国哲学""不放弃整体性的系统",有"更恢宏完整的思想殿堂"的期待。我的工作属于"非体系化"的。

先做一个分辨,我的"非体系化"主要是疏离陈赟说的以整全的客观真理为对象的思想建构,或者说,就是不以

"形而上学"为理论目标或思想前提。但是，系统且合乎逻辑地论述某个思想观点，我完全接受且愿意为之努力。后者是否能取得成就，与选题、工作条件以及能力有关，而与意愿无必然联系。那为什么要疏离（而非反对）形而上学呢？不是因为它是错的，而是其意义抽象，形式上类似自然科学的概念逻辑关系，但功能其实大不相同。马克思批评其为抽象、片面、静止的思想方式，并非无的放矢。西式形而上学最有魅力的思想，其实还是整体联系的观念。特别是金字塔式的思想图式，克服事物的分散状态，借助逻辑的手段，获得一定的秩序感，正是理性的表现。我们得承认，这种观念在认知上经济且便于操作，有纲举目张的效果。

不过，除了金字塔之类的建筑图式外，我们也可以想象其他的可能形态，例如网状结构。这种图式中没有唯一的中心。它有很多点，互相联结，每个节点都以自己为中心，联结的方向可以四面扩展。它没有边界，但也不均匀，有时某些节点成为热点，有时又会被其他节点代替。群龙无首，或者见首不见尾。其实，人类知识的现实，不就是这种状况吗？还有互联网上的人或问题，也处于这种好像"无序"的状态中。某些大厦式的学科，其实是思想从人类经验的整体中分割出来的。哲学不应只模仿某个学科，它面对人类的整体状况。从整体上掌控整个秩序的角度考虑，金字塔式的结构是最方便的，那也是权力的投影。但从生活在系统中的大多数人而言，网状结构更能描述各自的处境。每个人都以自己为出发点，都寻求适度的自主性，展示具体的存在感；都不乐意接受一个异己的自上而下的网管。哲学形式问题的背后，不仅有认知问题，还有伦理境况。

说形而上学是理论金字塔，一般是指概念的逻辑结构而言的。在中国思想传统中，有一系列重要的观念，如天人、阴阳、道德、有无、体用、本末、心物、性命、仁义、精神、理气等，这些结对的概念，从各自的角度解释世界，很多视角是交叠的。有时候，也可以是道器，精气，心性，心身，物我这样的组合。我们很难建立起一个清晰说明其逻辑关系的概念系统。古人在使用这些概念时，也大都可以互相解释。没有严格的层级，更非线性可以说明。我们无妨把它们看作观念之网上的不同节点。随便拎出其中任何一个，都可以从中追溯与其他观念的联系。《易传》说"形而上者谓之道"，但它不是西式的"形而上学"。后者不仅与讨论对象有关，更与论说方式不可分割。

孟庆楠说，一个重要问题在于，中国的哲学或思想传统是否为一些根本的哲学问题提供了特殊的理解或理解的视角、思路。他提出，当我们以网状的方式而非金字塔式的结构去理解生活世界的时候，这种网络本身有没有结构，或者说关键性的节点？这是一个重要的观察。如果不是把网络理解成人工织网那样大小均匀、排列整齐，而是有自组织状态的，就必然有位置与关系的远近或疏密之分，而且位置或重要性还是会变化的。什么是结构？事物构成的内在要素及其相互关系。如果要素与关系是固定不变的，那网状则不然，它是动态的，其元素会生灭。上述随机举出的那些术语，可以说都是传统思想之网上的大节点。不同的思路或眼界，形成不同的偏好。我们想一想，"道"在一定程度上被后来的"理"

所取代，而再看今日"道理"合并的例子就知道。孟琢则说："对做中国哲学而言，如何把握中国人独具特色的、根基性的思想单元，恐怕是一个根本挑战。无论'事'也好，'物'也好，'器'也好，生活与经验的视域可以展开丰富的形而上学论说，但就其思想统摄而言，尚不足以和'仁学''道体'这样的基本范畴相比。想要在范畴之外建立思想根基，真是一个难题！"在我这里，事与物，是经验或对象，只有转化成观念内容，它才成为思想或哲学观念。"道"就是这样从"路"转化来的。只是我对其意义的理解方式不一样。

"道"在中国哲学中的重要性是不言而喻的，诸子百家俱言道，它不是道家的专利，宋明理学本来也称"道学"。但我"问道"的出发点，既不是《老子》，也不是理学，而是《易传》，即"道器"之道。虽然"形而上者谓之道，形而下者谓之器"，但道器不二，显微无间，必须即器言道。器是什么？器是人工设计或选择的物品，是文明的物质基础。器分类型，首要的器是各种生活和生产用具。《周易·系辞》对圣人功绩的称颂，就是罗列他们对这类器具的发明与创造。这符合礼以养人的儒家思想。这种"器"（用具）的应用就是它的"道"。在用器基础上产生的是礼器。礼器包括权力象征与祭祀用品两大类，两者大约对应于政治与宗教。它们绝大部分来源于生活用具，如钟鼎与樽爵。但是，作为生活用具与作为礼器，其意义是不一样的。用具之道基于其物质特性与人的生物需要，所谓有用、无用就从这里来。礼器则是人赋予它超物理的意义，用鼎象征权力或尊贵，把各种生活用品放置在祭台上，其使用方法或规则，同单纯的用具不一样。它是社会制度的产物。同一件器物，用途不同，可以从用具、礼器到艺术甚至文物变化，其意义即道也就一同变化。如果我们再把特殊的器，如货币、文字，特别是人纳入考察，把社会生活、政治生活和精神生活联系起来，对道的丰富性将有更深刻的理解。孔子的天下"有道"或"无道"，指的就是器的占有或支配是否遵循值得期待的秩序。或者说，是社会的器用制度是否合理的问题。同是面对春秋礼崩乐坏的局面，孔、老分道扬镳，采取不同的救世方略。孔子修《春秋》，依凭传统，用思想整顿现实，让器向道复位。老子则主张道器分离，贬器扬道，让道从器用之道、经世之道，向无形、无名的方向发展，变成一种"无物之物"，即纯思之"道"。这是道的一个另类版本（参见拙作《道器形上学新论》），它不同于理解成道术或者道体的版本。但它具体而不失整体感，虽然没有抽象出涵盖万有的逻辑有效性，却能够说明历史及生活意义的多样性及发展，让观念呈现出立体感来。意义之道不是一条，而是网状的，它多层次且可能互相缠绕。从任何一条小径起步，最终都有机会通向其中任一节点。各种人、事、物都是意义之网上的节点。孔子说"能近取譬，可谓仁之方也已"。庄子论道可以观鱼，可以梦蝶，也可以解牛，这才是高手。

王鑫关于哲学是由问题，还是方法决定的疑惑，我的理解是，如果任何事物都可能成为哲学的对象的话，那么，哲学就不是由对象决定的。我们也不知道，有什么东西原则上不能被哲学研究。而很多事物实际上没有成为哲学问题，原因就是缺少对其的哲学式探讨。当然，如果是哲学史，的确研究对象必须就是哲学。但对待哲学史，也存在非哲学方式的问题。为什么我们的哲学史研究，没教会学生做哲学，可能与此有关。

诠释学及其他

在"做中国哲学"之外，我努力的另一个论域是"经典与解释"，两者存在着交叠关系。做中国哲学的重要资源中国文化经验或精神，来自（但不限于）经典。它涉及如何哲学地吸收这些精神资源的问题。但"经典与解释"也包括思想史或观念史等并不能用哲学界定的领域。当然，划分是相对的。唐文明指出，20世纪90年代以来对中国哲学学科及方法的反思，产生了一次诠释学转向，而我的"经典与解释"与此相关。与20世纪二三十年代把经典解构为史料相比，诠释学转向提出真理的历史性问题，是向哲学的推进。然而，与传统以经学为中心的经史之学相比，两者对真理的理解依然不同。在经学的立场上，经载道，寻道只能问经。是经典的真理塑造了历史。而对诠释学而言，真理是历史性的，经典在历史中得到肯定。这是传统与现代的对比。我在评论现代新儒家时，解释过他们对经典的态度。同是尊经，经师以经典出自圣人，是道或正确的根源，而新儒家则以为经典的正确，是应该或能够证明的。所以新儒家不是经学家而是哲学家。在这一点上"做哲学"应偏向于新儒家。然而，如何证明道的正确性，则可能有不同的思路。新儒家对来自经典的"道"给予逻辑的重构，从熊十力、冯友兰到牟宗三，莫不如是。我的思路是，在经典文化中，既寻找"道"起源及变迁的踪迹，也追溯"道"塑造历史的经验。相关的价值结构需要哲学分析而不是历史学描述。

我不知道这是否落入伽达默尔的窠臼，但它同唐文明希望的重启经典的教化作用是一致的。教化不只是观念，而是落实观念的行为。文明说基于教化概念来确立经典的权威意味着经典的权威是超越历史的，因为这里的经典被认为承载了永恒真理；于是，历史反倒是要通过与经典的关系来被理解，或者说，历史就是经典与经典所占据的人类的一个互动的过程，由此而言经典的历史性。我与文明的差别不在于经典是否塑造历史，而可能在于经典的权威是先验的，还是也存在一个经典化的过程？经典化就是权威的确定过程，它也不是一时一地的个别人操纵的产物。

训诂与义理的关系是另一个诠释问题，不过它不是诠释学哲学而是方法。这是孟琢的评论带出来的问题。对待两者关系存在两种不同的主张。第一种是肯定训诂的价值，但目的在于消解义理，这是傅斯年从阮元的《性命古训》引申出来的观点。即把抽象概念还原为原始经验，从而解构虚幻的哲学问题。胡适称其为"剥皮主义"。第二种则是像戴震、章太炎，肯定训诂对义理的意义。章太炎还从语言文字的起源及思想的见、蔽问题对之提供知识论上的支持，虽然他对戴震义理水平评价不高。在这个问题上，我倾向于戴、章的立场。虽然哲学家不是训诂专家，但义理可以借助训诂知识来阐发。庞朴关于中国智慧的探索，关于"无"，关于"义"的分析启发了我，我觉得这个方法还有进一步实践的价值。

虽然不是所有的古典哲学问题都可以或需要从训诂知识得到帮助，也非所有的文字训诂都能产生义理，但是，从漫长的历史途程跋涉而来的那些观念，尽管远离它的原初土壤，但一经追溯，都可以发现它是根源性的经验，诸如道、器、性、命等，而且，这些原初经验在后来还会左右人们对它的理解。因此，明确揭示它的起源，不在于回到原点，而是加厚了概念的意义。从海德格尔哲学论述对相关古希腊词语语义的溯源也能发现，这不是汉字特有的现象，但由于汉字发展的连贯性，使得它特别具有优势。这也是经典与解释的重要问题。

本篇不是对全部发言的评述，而是回应掌握到的问题，而且可能是选择性的。工作坊还有很多只论述而没提问的发言，如张永义对《庄子》研究的评论，刘伟、徐翔对"物"的观点的分析与补充，龙涌霖对论说方式的注意，张伟对"之间"的分析，王正对"做"与"作"的对比，赵金刚对事与形而上学的发挥，王颂增补的对佛学的评论，还有孙向晨关于"汉语哲学"的论述，都对我同样重要而未能提及。真正的回应，是如何把中国哲学继续做下去的问题。我把哲学理解为动词，关键就在"做"字上。最后，再次感谢仰海峰等北大、中大、清华三校哲学系领导对这个工作坊的支持！感谢王博、吴重庆、张志强、干春松、郑开诸位老友的鼓励！做中国哲学把我们联系在一起。

初稿于 2022 年 5 月 2 日至 8 日

哲学是追寻意义的思想过程

答《学衡》*

陈少明、龙涌霖

如果有什么内在动力，那就是经常想寻找有趣的问题

龙涌霖 2021年下半年，您在北京大学文研院做访问学者。半年期间，您为北京学界带来了多场精彩的讲座，引起了热烈的反响。能否谈谈您这段时间在文研院的经历，以及您对北京大学乃至北京学界的感受？

陈少明 很荣幸成为北大文研院2021年秋季访问学者。按计划，我参与16位来自不同学科的同期学者的报告会。每人讲两次，包括学术论题与治学经验，一共32次。我的题目是《精神世界中的空间向度》和《我为什么讨论〈兰亭序〉？》。这一连串非常切实、富于启发的交流，还有精心准备的信息

---

* 2021年下半年陈少明于北京大学文研院任访问学者期间，多次受邀讲学、参与研讨，引起热烈反响。本篇为当时《学衡》辑刊编辑部邀请龙涌霖围绕学术经历等方面对他所做的访谈，曾收录于乐黛云主编：《学衡》第四辑，北京联合出版公司，2023年。

传播，均得益于文研院的安排。文研院院长邓小南老师、渠敬东教授的品位、眼界和能力，都令人钦佩。这是我所向往的组织水平高的人文社科研究机构。当然，这方面北大拥有得天独厚的条件。

这首先帮助了我加强与北大哲学系的朋友们的联系。这既是我的计划，也是文研院对来访学者的期望。访问期间，我被安排主讲了哲学系主办的两个讲座，一个是"虚云讲座"，报告题目是《物、人格与历史》；另一个是"严复学术讲座"，报告题目是《道器形上学新论》。今年适逢北大首任校长严复逝世100周年，能在这个场合向这位伟大的思想前辈致敬，倍感荣幸。至于在其他高校和社科院的报告，则是计划外的。不过，在问答互动或其他交流的过程中，我向学界同人甚至学生学到很多东西，同时也感受到北京整体学术力量具有的绝对优势。

龙涌霖　时间放长来看，您于20世纪80年代已经在学界崭露头角，那时您的成长也与当时的"文化热"有关。这么多年来，您的研究领域和重心一直在更新，从讨论儒学的现代转折开始，到研究《齐物论》的解释史问题，到关注《论语》的经典世界、发掘忧、乐、耻、惑等传统意识的现象学意义，再到对经典问题和观念（如小大之辩、仁义之间）的哲学阐发，以及最近对物与精神世界的逻辑构建，等等。请问，在其中是否有一贯的问题意识作为您不断开拓的原动力？

陈少明　我是77级的，读书（包括本科与研究生）主要是在80年代上半期。硕士毕业后就在中山大学哲学系工作，恰好就是所谓"文化热"的时候。对于"文化热",我的理解是在思想解放运动的政治背景下,以当时所了解到的西学为参照,对中国传统文化的反思热潮。这种反思包括两种互不协调的倾向,一是继续五四以来的从启蒙的立场反传统,一是对反传统特别是"文革"式的反传统的批评。后者也与港台新儒家的影响有关,甚至20世纪90年代以后的"国学热"也由此而来。这些不同的声音对我都有影响,这些影响体现在我的硕士论文《康德哲学在近现代中国的传播与影响》,还有《儒学的现代转折》一书上。

在那个年代进入传统学术领域的人,如果是自觉的选择,多半不是为了做某种文史专家,而是基于对文化的某种立场或热情。我的情形也差不多。这部分解释了我没有长期在特定学术园地耕耘的原因。当然,也有偶然的因素。例如在世纪之交转向《庄子》,就是因为陈鼓应老师的"诱惑"。这一点,我在《〈齐物论〉及其影响》的再版后记中有具体的交代。一个人转移课题或领域的动力,可以来自社会,也可以基于知识的内在驱动。我可能兼而有之。不同于那些潜沉专注的学者,我不会长时间在一个地方重复劳动。如果有什么内在动力,那就是经常想寻找有趣的问题,或者想把问题做得更有趣。追求创造性可能是创造力的前提,至于是否有真正的创造,那是另外的问题。

龙涌霖 您的博士导师是杜维明先生和冯达文先生。您认为自己哪方面受到他们的影响?您是否方便谈谈您与硕士导师丁宝兰先生的交往?此外,还有哪些学界前辈对您影响较大?

陈少明 丁宝兰先生是中山大学原校长许崇清先生的学生，学教育学。据说反右时被划成"右派"，1960年哲学系复办后，到哲学系任教。他很有风度，但言行极谨慎。记得有一次课堂讨论，他问我们对"两个对子"写哲学史的看法，听到大家七嘴八舌的议论后，他很严肃地把我们批评了一顿。还有，看完我硕士论文初稿时，他提了几个问题，其中一个我还有印象，就是要我补充引用"经典作家"对康德哲学的评论。可能是年龄与阅历的差距太大，还有相处时间不长，我对丁先生了解不深。但他对我很好，同意我写《康德哲学在近现代中国的传播与影响》，毕业后让我留在他领导的中国近现代哲学研究室工作。这对我迈出学术生涯的第一步，非常关键。

冯达文老师是我博士论文的导师，他写过一本谈道家哲学的《回归自然》，我选《庄子》做论文，顺理成章，自然而然。也可以说，冯老师成全我从近现代思想回到古代哲学的变动。冯老师对生活自然遂顺，对他人宽厚仁爱，具有古典的人格风范。中大中国哲学团队的局面，是冯老师开创的。在冯老师70寿庆文集《情理之间》的序言中，我对此有具体的表述。2021年他80岁，在中大学习工作60年之际退休，在退休仪式上得到了中大不同年代的师生的高度赞誉，名至实归。

杜维明先生在任哈佛-燕京学社社长时，让我以访问研究员的名义，到哈佛东亚系完成博士论文的写作，成为我学位论文的联合导师。虽然我论文选题是道家，但杜先生的影响主要是使我从此重视且认同儒家传统，这是我在进入学问领域后重要的思想变化。他对我的帮助不限于在哈佛访学期间，2000年他从美国专程回来参加我的毕业论文答辩，后来又支持我在中大举办关于比较思想史的系列研讨会。杜先生誉满天下，对我的影响，不是三言两语能说清楚的，以后会专文论述。

对我有影响或给过我帮助的师长当然很多，这里无法一一陈述。例如，庞朴、汤一介、袁伟时、张华夏、陈方正、陈鼓应、黄俊杰等老师，他们价值偏好、学术论域可能很不一样，但均有恩于我。这还不包括像李泽厚这样没有直接交往的前辈。我写过记述庞先生的《智者的归隐》，有机会还应该记述其他老师们。

把哲学理解为动词而不是名词，才会有思想训练的效果

龙涌霖　据了解，您的第一篇有"做中国哲学"味道的文章应该是《由"鱼之乐"说及"知"之问题》，当时您约43岁，在此之前很长一段岁月是在进行较为传统的中国哲学史的工作，想听听您是如何做到这一"突破"的？做哲学需要什么样的积累和条件？尤其考虑到您曾经说要"寻找自己的思想出路"。

陈少明　"做哲学史研究"到"做中国哲学"的变化，经历了漫长的时间。我从历史系转读哲学系，原本是基于对哲学的兴趣。这可能是因为读了普列汉诺夫的几本书，如《一元论历史观的发展》、《论一个人在历史上的作用问题》，还有

《论艺术——没有地址的信》等，也可能是受李泽厚《批判哲学的批判：康德述评》的影响。按理应该读西方哲学，但我当时觉得中国哲学容易考，先进哲学系再说。所以后来读书便不分中西。这也能解释为什么硕士论文的选题是讨论康德在中国的影响。而读中国哲学时，又觉得除了哲学史外，只有新儒家几个人的作品是哲学著述。因此，我一边思考这种现象的成因及改变它的理由，一边试图在"做"方面有所表现。前者比较明确的论述，是《中国哲学史研究与中国哲学创作》；后者第一次尝试就是这篇讨论"鱼之乐"的论文。

比较而言，"做"比"说"困难得多。这很可能与我们的哲学教育有关，我们教哲学的目的主要是帮助学生判断一种哲学理论是对还是错，而非尝试自己把它"做"出来。不仅中国哲学情形是这样，在中国学西方哲学者大部分也是这样。另一个问题是，这也可能与把形而上学当成哲学的标准形态有关。它会使大多数人对它望而却步，而少数人试图建立的所谓的哲学系统，又很有"民哲"色彩，即便是出自教授的手笔。分析哲学与现象学在拒斥或悬搁形而上学，要求立足经验或面对事实方面，对我很有启发。这也体现在对"鱼之乐"的讨论中。它是做庄子的论文的副产品。文本中关于"知"的绕口令般的辩论，让我想起维特根斯坦《论确定性》中对"知道"与"相信"的著名区分，用这个区分对问题进行疏解，关系清楚了然。但是，庄子无法用知识证明的"鱼之乐"，为何在我们的文化中影响深远？我借鉴现象学的手法，通过人们面对各种生物受难过程的体验的描述，揭示这种世界观的心理基础。论证无效的观点未必没有意义。不过，论文投稿时连连受挫。首先被刘东主编的《中国学术》拒了，理由很客气，大概是与刊物宗旨不符之类。接着投《哲学研究》，又如石沉大海。拖延一年多后，才刊于《中大学报》。这可能意味着，大家还没做好接受"做"而不是"述"的中国哲学的准备。但是，这没有影响我继续写《解惑》《明耻》等做哲学的文章。

至于做哲学应该如何准备，则是个不容易回答的问题。我自己就比较笨，问题在想很久后才有点眉目。如果是谈个人经验，我有几点可说。第一、读经典，这跟学中国书画先临摹名作一样。而且要从摹到临，即从形象到神似，由此进入自己风格的拓展。经典提高我们的眼界和基本要求，形成法度，创造才有意义。第二，读书范围不能太窄，不能只读哲学，更不能只读哲学的某个领域。因为，哲学不是哲学史，没有固定的研究对象。读书视野小，等于画地为牢。很多人几十年做学问不超过写博士论文的范围，别的行当我不敢说，做哲学肯定不行。即使做中国哲学，这样也不行。第三，读书不都是阅读研究资料，不要总想这本书对我们的研究有什么用。这样想会让我们少读很多书，同时即使勉强读下去，也缺少乐趣，且常常读不到应该读的东西。第四，不能把哲学当作某种科学理论，读书不是要寻求各种定理或命题，而是要被理解为一种思想探索的过程。把哲学理解为动词而不是名词，这样才会有思想训练的效果。当然，我要声明，我不反对哲学史的学习，即使做哲学，也不能离开哲学史的资源，只是希望两者之间有个恰当的平衡。

龙涌霖 您对西学的涉阅非常广泛，常常自称是西方哲学的"票友"。有几位西方哲人对您的影响很大，经常出现在您的作品中，如维特根斯坦、阿多、海德格尔、福柯。是否可以谈谈他们对您致思的影响？

陈少明 我喜欢阅读西方哲学，但相关知识修养远达不到专业研究的水平。与前面所说的一样，我的阅读基于学习的兴趣，而非想做专业研究。即使早期与张志林合写的习作《反本质主义与知识问题》，你也可以从中看出学习"做"哲学的苗头。在西方哲学中，我对现代部分的兴趣更大，这可能也是我与西式形而上学保持距离的原因。阅读名单当然远不只这几位，不过没法细说。可以提一下维特根斯坦。第一次知道这个人，印象中是在杜任之主编的《现代西方著名哲学家述评》中。而让我印象加深的，则是舒炜光的《维特根斯坦哲学述评》。他特别提到维氏在20世纪一个人创立了两个哲学系统，而后一个系统致力于对前一个系统的批判。我读维特根斯坦的一本原著，还是一位学现象学的同学到北大图书馆帮我复印的《论确定性》(*On Certainty*)。我对其后期哲学更有兴趣，他的深刻与明晰，不是靠复杂的术语或高深的理论，而是建立在对经验质朴的描述上。例如著名的"家族类似"概念就建立在对"游戏"的描述上。这是一种思想的"手筋"，是做哲学应当学的。

龙涌霖 您的写作风格极具标志性，往往以优雅凝练的文章见长。请问您对摆脱教科书式的哲学书写有什么经验吗？

陈少明 我不知道我的写作是否形成某种风格，但我强调论文不是教科书。哲学史教科书往往是对公认或者大多数人接受的观点的陈述，并不注重论证的环节。论文必须提供新观点，所谓问题意识与论证意识是相辅相成的，它需要用合乎逻辑的方式把读者导入作者的思路中。论文中的逻辑有两个层次，一个是句子关系结构，一个是思路即整篇论文各个段落的布局。两者都要注意。论证其实是把思考中杂乱的过程整理得可以理解或说服读者的程序。我不喜欢滥用新概念，有些人的新概念只是让人觉得陌生的字眼而已，往往是掩饰作者无思想能力的表现。我们看庄周梦蝶，或者鱼乐之辩，有什么概念吗？没有，但一点也不削弱其思想的力量。我在想，如果你不用哲学概念而能讨论哲学问题，那可能是真的有原创性的表现。另外，除教科书文风外，还应该尽量避免写带有"翻译腔"的论文。总之，词语更准确些，句子更短些，逻辑更清晰些。

龙涌霖 我们看到，除了《儒学的现代转折》《〈齐物论〉及其影响》二书外，您更多是以论文集的形式出书，似乎不太喜欢写作专著，请问您是怎么考虑的？

陈少明 写论文多的原因是多方面的。首先，论文比专著更要求严谨，更能有效展示一个观点的逻辑结构。即便是专著，我也喜欢更精简的，至少从阅读的观点看是这样。可以用一篇论文表达的内容，千万不要拉成一本书。给文字注水最后会败坏文风。其次，由于我的很多观点包括表达方式都有"试验性"，不容易做成长篇大论。哲学不仅关注思想内容，更要关注表达方式，很多哲学观点的深浅高低，不是体现在价值取向上，而是取决于表达或论证的能力。庄子的表达方式就非常迷人。再次，学问评估方式的转变，即文科模仿自然科学的评估方式，要求在指定的刊物上发表论文，并将数量作为生产能力的指标。这种方便外行管理的办法，也对知识生产有深远的影响。写论文才能完成工作量，这是无奈之举。最后，工作时间碎片化，考核、填表、评选、申请不断，导致没有充分的时间构思结构更复杂的论题，如果还想保持写作的热情，也只能写短篇论文。上述四点理由或原因，前两点是积极的，后两点是消极的。不过，整体上讲，专著与专题文集，形式上各有所长，尽量发挥其优点即可。

哲学是追寻意义的思想过程

龙涌霖 在2021年12月18日的"做中国哲学：思路、方案与实践"会议上，与会老师们对您的方法论思考提出了一些问题，归纳一下，这些问题主要集中在两方面。第一，您说您的"做中国哲学"并不以形而上学预设为前提，这是否可能？您在引言时提到，您设想的意义世界的结构不是金字塔式的，而是网状的。所谓"网状"结构，本身是否也是一种形而上预设？未来您是否会对形而上学问题做一些说明？

陈少明 非常感谢北大、清华和中大哲学系联合举办的这个工作坊，我本人除受到鼓励外，还从众多师友的评论中学到很多东西。这里简略提一下我的想法。关于不作为前提的"形而上学"，我指的是亚里士多德意义上的以"存在"为研究中心的西式哲学系统及其变种，而非中国道器结构表达的形而上学。不以之为前提的意思是，不必要求每种哲学论述都先建立这种理论，或者寻找一种作为其他哲学论述的推论前提的东西。哲学的出发点是经验，而非实在论式的概念。但我不反对别人做形而上学，也能欣赏其中的出色者。至于做哲学是否都预设形上学问题，还要看"预设"及"形而上学"是什么意思。预设有时指以常识或自明的观念为讨论的基础，有时指作者以其所信奉的某种知识立场为前提。我的观点是，前者是无可避免的，后者则越少越有说服力。我讲的不以形而上学为前提，指的就是后者。而"形而上学"，如果依"道器"结构的思路，那是指经验之中或经验背后的意义，形而上的意思就是对象不直接呈现在感官面前。对此，我不但没有任何异议，而且会致力于这种探讨。

龙涌霖 第二个问题集中在"经验"的概念上。您认为古今经验的贯通性是古代思想得以实现现代转化的基础。但在历史学家、人类学家或者社会学家看来，古今经验的差异性很可能是大于贯通性的。这样看来，至少不是所有古代观念都是当下能理解、有意义的。不知您会怎么回应？

陈少明 经验是个复杂的概念，最基本的意思，一方面指行为的过程，一方面指相关过程的内在感受。有些个人经验是偶然的，有些是相通的。后者才有可能成为人类知识。但由于经验过程包含的人、事、物诸因素的区别，经验也需要分类，例如身体经验、语言经验、道德经验等。只有分类，才能让经验呈现秩序。但即使是分类，每一类中也可能有层次的区分，例如相对于汉语或英语而言，语言就是抽象的说法。汉语相对于内部各种方言来说，也是抽象的表达。其实，抽象与具体是相对的。谈哪个层次的经验，取决于谈论的目的。另外，还有综合经验的问题。历史学家或社会学家一般谈论综合经验。如果我们要整体地讨论古代生活经验与现代生活经验，或者欧洲文化经验与亚洲文化经验，自然差别比可通约的因素更明显。而从使用汉语特别是汉文的经验看，如果古今不可通约，中国文化就不会形成。存在可通约的可能，是文化形成与发展的基础。这是我寻找古今经验可融贯性的基本预设。

龙涌霖 在文研院访问期间，您做过几场与"物"相关的讲座。相关论题是非常吸引人的。它们是否也可以视为您在形而上领域方面的努力？它们在您的学思之路上是如何形成？未来有何相关研究计划？

陈少明 关于"物"的研究，肇始于我的《经典世界中的人、事、物》一文。提及物原本是为了拓展做中国哲学的素材范围，后来写《说器》，开始有正面观察这个领域的想法，特别是注意到礼器与精神文化的关联。由此又联系到纪念品与文物的意义上来，并写了《从古雅到怀古》及《怀旧与怀古》两篇探讨精神文化现象的文章。此外，还有一篇论"心外无物"，从阳明心学出发谈心物关系的文章。个案研究应该是关于《兰亭序》的哲学分析，综合论述则是《作为精神现象之"物"》。在北大文研院访问期间，因做"虚云讲座"和"严复讲座"，沿着这个思路，又做了《物、人格与历史》

和《道器形上学新论》两个报告。前者由"特修斯之船"提出的物之"同一性"问题，引出"物"在人类生活中的不同身份或地位，勾画出物的谱系图。后者则回归《易传》中的"形而上学"概念，颠倒重道轻器的传统，探讨并扩展器物对人类生活的意义。前后联系起来，好像有一个物的研究的思想轮廓。我不知道是无心插柳的结果，还是潜意识中被问题所牵引的产物。不过，我知道这是立足中国传统的观点。如果它算做哲学，就是做中国哲学。有机会我会再编本书。

龙涌霖 说到您关于《兰亭序》的个案研究，您刊在《哲学研究》2021年第9期的《经典世界中的〈兰亭序〉》，在微信公众号、朋友圈推送时便引起很多关注，相当"出圈"。很多人没想到书法作品也可以从哲学角度读出这么一种趣味。很好奇，您当时为什么会尝试这一领域，以及怎么捕捉到这些灵感的？

陈少明 《兰亭序》是我讨论精神文化之物的一个例证。它是史事记载，文学作品，书法艺术以及历史文物等多种身份合一的特殊对象。我的分析主要有几个方面，一是借"经典世界"这个概念讨论它的出没、沉浮及机遇。二是通过对临、摹技术的区分描述精神活动在书法实践中的作用及对相关作品的塑造意义。三是借临摹与文物复制的区别，揭示书法传统形成的特殊性，并由此观察精神传统中的某些侧面。我不是书法爱好者，更非书法研究者。不止一个朋友问我为什么谈论《兰亭序》，就因为他们知道我在书法上是外行。选择这个问题，其实也有偶然的因素。20世纪70年代末，我大学同宿舍的同学订了一份《文物》，里面有郭沫若认为《兰亭序》是伪作的论文，曾给我一个模糊的印象。后来大概是十来年前，我旅行经过兰亭纪念地，看到大量对《兰亭序》的临摹，感到很惊奇。因为临摹者中不乏帝王将相，才子佳人，骚人墨客，甚至高僧大德。起初我惊奇的是它的艺术影响力，其他并未深思。此前疫情中，我在写《"精神世界"的逻辑》时，想到把它当作说明多重时空变化的例子，就重读相关资料，结果产生一个疑问，这件在世为人所知时间并不长，且真迹早已绝世的作品，为什么会成为千古名帖？思考下去，就有了这篇论文的构思。哲学没有固定的对象，它只是理解事物的思想行为，只要能有效揭示对象对人类精神生活的意义，特别是揭示人们在与它的日常接触中并不注意的内在或深层联系，就是在做哲学。简言之，哲学是追寻意义的思想过程。不过，以什么为对象，取决于人的修养、关注度，或许还有偶然或外在的因素。

龙涌霖 2021年您的大著《梦觉之间：〈庄子〉思辨录》问世，为我们提供了"做中国哲学"的典范案例。但此书之于您不仅是"尝试"的场域，您还提到过它对您言说方式的塑造，是否可稍加引申？

陈少明 这是我第二本关于《庄子》的书，第一本《〈齐物论〉及其影响》是我在博士论文的基础上修改而成的。它是"经典与解释"的个案研究。借《齐物论》这个核心文本解释《庄子》一书的思想结构及其形成，再扩展到对其后的哲学传统的影响，是有吸引力的思路；考虑到在二十年前想摆脱哲学史的套路，且解释学在国内刚兴起，也是有开拓意义的尝试。不过，从一开始，我就着迷于庄子玄妙的思想，在从事思想史写作的同时，思考其哲学问题。所以，第一篇做哲学的论文，就是从庄子那里找题材的。由此出发，断断续续近二十年的写作，构成第二本书的内容。《梦觉之间：〈庄子〉思辨录》内容分四编，第一编"文本"与第四编"历史"，大致和《〈齐物论〉及其影响》略有承续关系。但第二编"思维"与第三编"哲学"，则是新的思考。庄子的魅力不仅表现在思想内容上，更体现在思维或者论述方式中。庄子同维特根斯坦一样，对我理解什么是哲学有很深的影响。对我来说，对经验做哲学解释，比用经验证明哲学观点更有意义。重构庄子哲学，也可以看作我"做中国哲学"在道家论域中的试验。另一本《仁义之间》则是儒学方面的哲学探讨。对待儒道关系，我没有受道统观念的影响，但也不认为庄子与儒家同源，我只是把两者都当成中国文化传统中并行不悖的思想资源。

从揣摩经典入手学习哲学，养成有自己风格的学问

龙涌霖 您在中大常年开设"中国哲学方法论"课程，与您"做中国哲学"的方法论探索相辅相成，很多同学在您这门课程中打开了思路。请问您开设这门课的缘起、目标和侧重点是什么？

陈少明 我常年开设哲学史方法论的课程，这是研究生教学计划中的必修内容。同时，由于我写了一些可称作方法论的

文章，大家也愿意把这任务交给我。我大概讲几个方面的内容：一，哲学史与相邻学科如观念史、思想史甚至知识社会学等学问的关系。二，中国哲学史学科的形成与相应的古典学问的关系，同时总结这个学科的得失。三，对"经典与解释"作为沟通古典与现代学术的研究方向进行一些理论的分析，主要聚焦以解释为中心的经典思想方式，以及经典文本所负载的古典生活经验的讨论。四，我对"做中国哲学"的理解与尝试的介绍。不是一开始就讲这么多，课程规模是随着自己的研究或写作的进展而慢慢积累形成的。所以，虽然这是同一门课，但每次总有部分更替。如果有人相隔几年听同一门课，说不定会以为听的是不同的课程。《做中国哲学》一书也可以看作这一课程的副产品。

学问，特别是哲学方法，与技术操作不一样，不能把它理解成有既定程序并能得出所期待的产品的秘诀。很多方法论论述其实是学科层面的划分问题，不是具体的方法指南。或者说，很多规范性的说法，至多起到防止离题的作用，不能保证成果一定出色。因此，讨论方法时，我常通过经典作品的分析来呈现它。从揣摩经典入手，才是学习的正道。这与学习艺术可能差不多，因为共同点都是追求创新。

龙涌霖 您很早就担任硕、博士生导师，对研究生的培养倾注了很多心血，想必学生们也想从您身上学到一些本领，对此您有什么经验之谈和期待吗？

陈少明 这方面我没有特别值得介绍的经验。跟其他老师差不多，学生总是少数优秀，极少数较差，而大多数常规吧。

虽然我倡导做中国哲学，但没有让学生的论文选题也跟着我。原因在于，我们的哲学教育都是在教哲学史研究，很少训练哲学创作。我的尝试失败关系不大，让资质平常的学生去冒险，会得不偿失。多数学生的选题保持在经典解释的传统，或者观念史领域，类似我写《齐物论》的影响，或者关于《论语》的分析，会相对保险些。我也支持传统哲学史意义上的有意思的选题。另外，我也不喜欢给学生出题目。我对学生的了解并不比他们自己多，我觉得有意思或合适的问题，由于知识背景的不同，学生未必能领会，不要弄巧成拙。较好的做法，是学生报两三个选题，挑相对合适的。不必自己非常熟悉，但不要自己完全不了解。如果完全不了解，即意味着没有指导的条件，会耽误学生。优秀的学生，不是老师教出来的。很差的学生，也不是老师能教好的。碰到两者都是教师的运气。当然，我也发明过训练学生的小伎俩，例如，针对读书只读结论不重视论证，或者写作思路不清晰的问题，我指定一些章法严谨的论文让学生压缩，一万多字的文章，先后压缩成3000字和500字，并要求在限定的字数中保留原文的结构要素。作业完成后让学生互相对照，他们就明白谁做得好谁做得差。多做几次，就可能养成正确阅读的能力。教师的主要任务是让合格的学生更优秀，这是我的理解。不过，这方面我还有很长的路要走。我带学生，主要是完成教师工作任务，完全没有培养一个由自己观点主导的学术团队的奢望。每代人都会产生有自己风格的学问。